全国计算机技术与软件专业技术资格（水平）考试辅导用书

信息系统项目管理师考试百题精解

希赛软考研究院　主编

電子工業出版社
Publishing House of Electronics Industry
北京 · BEIJING

内容简介

本书是由希赛软考研究院组织编写的信息系统项目管理师考试辅导与培训教材。它根据最新的考试大纲，对历年试题进行了深入分析和总结，对大纲规定的内容进行了细致的解读和深化。

通过阅读本书，考生可以全面掌握考试大纲规定的知识点，了解考试的重点和难点，熟悉考试方法、试题形式、试题的深度和广度，以及考试内容的分布。同时，本书还提供了解答问题的方法和技巧，帮助考生提高答题的效率和准确性。

无论对于刚开始准备信息系统项目管理师考试的新手，还是已经有一定基础的考生，本书都是一本不可或缺的考试辅导书。它将帮助考生更好地理解考试要求，有针对性地进行复习，从而提高通过率。

图书在版编目（CIP）数据

信息系统项目管理师考试百题精解 / 希赛软考研究院主编. -- 北京 : 电子工业出版社, 2025. 3. --（全国计算机技术与软件专业技术资格（水平）考试辅导用书）. -- ISBN 978-7-121-49666-0

Ⅰ. G202

中国国家版本馆 CIP 数据核字第 2025F93D43 号

责任编辑：孙学瑛
文字编辑：葛　娜
印　　刷：河北鑫兆源印刷有限公司
装　　订：河北鑫兆源印刷有限公司
出版发行：电子工业出版社
　　　　　北京市海淀区万寿路 173 信箱　　邮编：100036
开　　本：787×1092　1/16　　印张：19.5　　字数：452.2 千字
版　　次：2025 年 3 月第 1 版
印　　次：2025 年 3 月第 1 次印刷
定　　价：99.00 元

凡所购买电子工业出版社图书有缺损问题，请向购买书店调换。若书店售缺，请与本社发行部联系，联系及邮购电话：（010）88254888，88258888。

质量投诉请发邮件至 zlts@phei.com.cn，盗版侵权举报请发邮件至 dbqq@phei.com.cn。

本书咨询联系方式：sxy@phei.com.cn。

前言

全国计算机技术与软件专业技术资格（水平）考试（简称“软考”）中的信息系统项目管理师考试自2005年开考以来，已培养了大批高级项目管理人员。然而，作为国内难度较高的计算机专业资格考试，考生的平均通过率相对较低。主要原因在于，考试科目包括综合知识、案例分析、论文写作三科，考试知识面涵盖项目管理十大知识域、八大绩效域等内容，同时还包括管理科学、专业英语、信息系统和信息化等专业知识。这要求考生不仅具备扎实的理论基础知识，还要有丰富的实践经验。

《信息系统项目管理师考试百题精解》是一本专为备考信息系统项目管理师的人员编写的考试辅导用书。全书对历年信息系统项目管理师考试的考题进行了详细的分析与解答，对相关重点和难点进行了深入的分析。

本书亮点

全方位架构设计：本书根据历年考试的分值分布，对知识架构进行了重新梳理和编排，以突出考试的重点内容，帮助考生全面掌握考试要点。

智能题库精选好题：结合希赛的考试题库（包括真题、模拟题、知识点练习题、章节习题和高频错题），智能筛选出高频考题和学员常见易错题，旨在提高考生的答题技巧和应试能力。

三科融合（综合 + 案例 + 论文）：本书以习题为核心，同时在各核心章节中融入案例分析题和论文实战写作技巧。这种融合不仅加强了对综合知识习题的练习，还提升了考生在案例分析和论文写作方面的实际操作能力。

学习方法

理解考试大纲和要求：在使用本书之前，首先要熟悉考试大纲，了解考试题型和评分标准。这样做有助于考生在学习过程中有针对性地复习，提高学习效率。

制订学习计划：根据自己的时间和学习习惯，制订一个合理的学习计划。计划应包括每天的学习时间、每周的学习目标，以及整个复习周期的安排，以确保学习有条不紊地进行。

错题记录和复习：在做题过程中，要记录下错题，并进行详细的分析。通过错题本来避免同类错误再次发生，并在考试前对错题进行多次复习，巩固知识点。

持续练习和反馈：持续进行习题练习，并寻求反馈。反馈可以来自自我评估，也可以通过学习小组等方式获取他人的意见和建议，以便及时调整学习方法和策略。

模拟考试：在复习的后期，进行模拟考试以检验学习效果，适应考试的时间压力和环境。模拟考试有助于提高应试能力，增强考试信心。

目标人群

软考信息系统项目管理师考试的备考人员包括多种类型的个人。

备考人员：那些有意向参加软考信息系统项目管理师考试的人员，他们希望通过考试来获得专业资格认证。

在职专业人士：已经在信息系统项目管理领域工作的专业人士，他们希望通过考试来提升自己的专业技能和职业资格。

寻求职称评定人员：那些需要通过软考来评定相应职称的在职人员，考试通过后可以获得更高的职称，从而提升职业地位和待遇。

个税抵扣人员：根据国家相关政策，通过软考的人员可以享受个税抵扣的优惠政策，这对于个人来说是一种经济上的激励。

愿意接受挑战的个人：那些对信息系统项目管理领域感兴趣，愿意接受挑战、有强烈自我驱动力和学习能力的个人，他们希望通过考试来证明自己的能力，并不断提升自己。

作者权威，阵容强大

希赛网是一家专注于人才培养、教育产品开发和教育图书出版的机构，其在职业教育领域享有极高的权威性。特别是在在线教育方面，希赛网在国内稳居领先地位，其远程教育模式得到了国家教育部门的认可和推广。

希赛网的下属机构希赛软考研究院，作为全国计算机技术与软件专业技术资格（水平）考试的顶级培训机构，拥有一支由近 40 名资深软考辅导专家组成的团队。这些专家参与软考辅导教材的编写工作。希赛软考研究院共组织编写和出版了 100 多本软考辅导教材，涵盖了初级、中级和高级的各个专业领域。此外，希赛软考研究院的专家还录制了包括软考培训视频教程、串讲视频教程、试题讲解视频教程、专题讲解视频教程在内的多个系列软考视频教程。这些教材、视频和辅导服务为考生提供了宝贵的助考资源，极大提高了考生的通过率，因此在软考领域享有极高的声誉。特别是在高级资格考试领域，无论是考试教材还是在线辅导和面授，希赛软考研究院都处于领先地位。

本书由希赛软考研究院的王勇和马小军担任主编，编写团队还包括王龙、熊铅石和杨家雄等人员。他们的专业知识和经验为本书的内容质量和实用性提供了坚实保障。

诸多帮助，诚挚致谢

在本书出版之际，我们特别感谢全国软考办的命题专家们。本书中引用了部分考试原题，以方便读者阅读和理解。在编写本书的过程中，我们参考了许多相关的文献和书籍，对于这些参考文献的作者，我们表示由衷的感谢。

我们还要感谢电子工业出版社的孙学瑛老师。在本书的策划、选题的申报、写作大纲的确定，以及编辑和出版过程中，孙老师付出了大量的辛勤劳动和智慧，并给予了我们宝贵的支持和帮助。

此外，我们感谢参加希赛软考研究院辅导和培训的学员们。他们的想法和意见是本书编写的原动力，也使得本书更加贴近读者的需求。

由于编者水平有限，且本书涵盖的内容广泛，书中可能存在错漏和不妥之处。我们诚恳地期望各位专家和读者能够不吝指正和帮助，对于您的宝贵意见，我们将不胜感激。

希赛软考研究院

2025 年 2 月

目录

第 1 章
信息化发展

1.1 考点分析

根据考试大纲，本章要求考生掌握以下知识点：

- 信息的特征与质量、信息系统生命周期、信息化的内涵、信息化的体系和发展趋势
- 新型基础设施建设的定义
- 工业互联网平台体系及融合应用
- 车联网的体系架构、链接方式和场景应用
- 两化融合的基本概念、智能制造能力成熟度模型
- 数字经济的主要内容、数字政府的主要内容、智慧城市的基本原理、智慧城市成熟度等级参考模型
- 数字化转型的驱动因素和基本原理、元宇宙的主要特征

本章考查重点是现代化基础设施、数字中国和数字化转型。其中，数字中国的考查次数相当多，复习时应作为重点，并熟练掌握相关的概念。信息化发展历年考查知识点分布情况如表 1-1 所示。

表 1-1 信息化发展历年考查知识点分布情况

试　题	考查知识点
2023 年 5 月试题考 3 分	新型基础设施的基本概念、数字经济的内容、数字化转型的概念
2023 年 11 月试题考 2 分	车联网的体系架构、数字经济的内容
2024 年 5 月第一批次试题考 3 分	新型基础设施建设的定义、两化融合的基本概念、数字化转型
2024 年 5 月第二批次试题考 4 分	信息的基本概念、信息系统生命周期、车联网的链接方式、数字政府的主要内容

1.2 信息系统生命周期

例题 1

关于信息系统生命周期的描述，不正确的是（ ）。

A. 信息系统的产生、建设、运行、维护、完善构成一个循环的过程，并有一定的规律可循

B. 信息系统随着各种环境变化，需要不断地维护和修改，必要时可由新系统替代

C. 信息系统的生命周期可简化为系统规划、系统分析、系统设计、系统实施、系统运行和维护等阶段

D. 信息系统建设周期长、投资大、用户习惯难以改变，定制化开发后无法进行重建和升级

1.3 现代化基础设施

例题 2

新型基础设施是以新发展理念为引领，以（ ）为驱动，以信息网络为基础，面向高质量发展需要的基础设施体系。

A. 区块链　　B. 人工智能　　C. 技术创新　　D. 工业互联网

例题 3

工业互联网是新一代信息通信技术与工业经济深度融合的新型基础设施、应用模式和工业生态，工业互联网平台体系具有四大层级：它以（ ）为基础，（ ）为中枢，（ ）为要素，（ ）为保障。

A. 安全；网络；数据；平台　　B. 数据；平台；网络；安全

C. 网络；平台；数据；安全　　D. 平台；网络；安全；数据

例题 4

（ ）不属于车联网的网络链接范畴。

A. 车内设备之间进行用于对设备状态实时监测的信息数据传输

B. 人通过运营商移动网络与车辆之间进行用于控制车辆的信息沟通

C. 通过无线通信技术实现与服务平台的信息传输

D. 人与人之间在车上通过运营商的移动网络进行通话与短信沟通

例题 5

车联网系统是一个“端、管、云”三层体系。其中，（ ）解决互联互通问题，（ ）是多源海量信息的汇聚。

A. 云系统；端系统　　B. 端系统；云系统

C. 端系统；管系统　　D. 管系统；云系统

1.4 两化融合与智能制造

例题 6

两化融合是信息化和工业化高层次的深度结合，主要在技术、产品、（ ）、产业四个方面进行融合。

A. 软件　　B. 网络　　C. 硬件　　D. 业务

例题 7

GB/T 39116《智能制造能力成熟度模型》规定了企业智能制造能力在不同阶段应达到的水平。成熟度分为五个等级，自低向高分别是一级（规划级）、二级（规范级）、三级（集成级）、四级（优化级）和五级（引领级）。其中（ ）企业能够对核心业务活动进行流程化管理。

A. 规范级　　B. 集成级　　C. 优化级　　D. 规划级

1.5 数字中国

例题 8

《“十四五”国家信息化规划》中提出了打造协同高效的数字政府服务体系，深入推进“放管服”改革，加快政府职能转变，打造市场化、法治化、国际化营商环境，坚持整体集约建设数字政府，推动条块政务业务协同，( )，深化推进“一网通办”“跨省通办”“一网统管”，畅通参与政策制定的渠道，推动国家行政体系更加完善、政府作用更好发挥、行政效率和公信力显著提升，推动有效市场和有为政府更好结合，打造服务型政府。

A. 加快政务数据开放共享和开发利用

B. 提高政务数据资产使用的便捷性

C. 加快推动政务数据的价值提升和变现

D. 严格管控政务数据的质量和使用范围

例题 9

数据价值化是指以（　）为起点，经历数据资产化、数据资本化阶段，实现数据价值化的经济过程。

A. 数据智能化　　B. 数据资源化　　C. 数据安全性　　D. 数据产业化

1.6 数字化转型与元宇宙

例题 10

元宇宙本身不是一种技术，而是一个理念和概念，它需要整合不同的新技术，强调虚实相融。元宇宙主要有以下几项核心技术：一是（　），包括 VR、AR 和 MR，可以提供沉浸式体验；二是（　），能够把现实世界镜像到虚拟世界，在元宇宙里面，我们可以看到很多自己的虚拟分身；三是用（　）来搭建经济体系，经济体系将通过稳定的虚拟产权和成熟的去中心化金融生态具备现实世界的调节功能，市场将决定用户劳动创造的虚拟价值。

A. 扩展现实；数字孪生；区块链　　B. 增强现实；虚拟技术；区块链

C. 增强现实；数字孪生；大数据　　D. 扩展现实；虚拟技术；大数据

1.7 答案与解析

例题 1

试题答案：D

试题解析：本题考查信息系统生命周期。

信息系统的目的、性能、内部结构和秩序、外部接口、部件组成等由人来规划，它的产生、建设、运行和完善构成一个循环的过程，这个过程遵循一定的规律。（A 选项正确。）

信息系统随着生存环境的变化，需要不断地维护和修改，当它不再适应的时候就要被淘汰，由新系统代替老系统。（B 选项正确。）

信息系统的生命周期可简化为系统规划、系统分析、系统设计、系统实施、系统运行和维护等阶段。（C 选项正确。）

信息系统建设周期长、投资大、风险大，比一般技术工程有更大的难度和复杂性，其在使用过程中，随着生存环境的变化，需要不断地维护和修改，当它不再适应的时候就要被淘汰，由新系统代替老系统。（在 D 选项中，“无法进行重建和升级”这一描述不妥。）

综上所述，本题参考答案为 D 选项。

例题 2

试题答案：C

试题解析：本题考查新型基础设施建设。

新型基础设施是以新发展理念为引领，以技术创新为驱动，以信息网络为基础，面向高质量发展需要，提供数字转型、智能升级、融合创新等服务的基础设施体系。目前，新型基础设施主要包括如下三个方面。

（1）信息基础设施：主要指基于新一代信息技术演化生成的基础设施。信息基础设施包括：①以 5G、物联网、工业互联网、卫星互联网为代表的通信网络基础设施；②以人工智能、云计算、区块链等为代表的新技术基础设施；③以数据中心、智能计算中心为代表的算力基础设施等。信息基础设施凸显“技术新”。

（2）融合基础设施：主要指深度应用互联网、大数据、人工智能等技术，支撑传统基础设施转型升级，进而形成的融合基础设施。融合基础设施包括智能交通基础设施、智慧能源基础设施等。融合基础设施重在“应用新”。

（3）创新基础设施：主要指支撑科学研究、技术开发、产品研制的具有公益属性的基础设施。创新基础设施包括重大科技基础设施、科教基础设施、产业技术创新基础设施等。创新基础设施强调“平台新”。

综上所述，本题参考答案为 C 选项。

例题 3

试题答案：C

试题解析：本题考查工业互联网平台体系。

工业互联网平台体系具有四大层级：它以网络为基础，平台为中枢，数据为要素，安全为保障。

综上所述，本题参考答案为 C 选项。

例题 4

试题答案：D

试题解析：本题考查车联网知识。

车联网是新一代网络通信技术与汽车、电子、道路交通运输等领域深度融合的新兴产业形态。智能网联汽车是搭载先进的车载传感器、控制器、执行器等装置，并融合现代通信与网络技术，实现车与车、路、人、云端等智能信息交换和共享，具备复杂环境感知、智能决策、协同控制等功能，可实现“安全、高效、舒适、节能”行驶的新一代汽车。

车联网是指车与云平台、车与车、车与路、车与人、车内设备等全方位网络链接。A 选项正确，“车内设备之间进行用于对设备状态实时监测的信息数据传输”属于车内设备之间的通信。B 选项正确，“人通过运营商移动网络与车辆之间进行用于控制车辆的信息沟通”属于车与人之间的通信。C 选项正确，“通过无线通信技术实现与服务平台的信息传输”属于车与云平台之间的通信。D 选项是指人与人之间的信息交换，故不属于车联网的网络链接范畴。

综上所述，本题参考答案为 D 选项。

例题 5

试题答案：D

试题解析：本题考查车联网知识。

车联网（Internet of Vehicles，IoV）系统是一个“端、管、云”三层体系。

- 端系统。端系统是汽车的智能传感器，负责采集与获取车辆的智能信息，感知行车状态与环境，是具有车内通信、车间通信、车网通信的泛在通信终端；同时，它还是让汽车具备 IoV 寻址和网络可信标识等能力的设备。
- 管系统。管系统解决车与车、车与路、车与网、车与人等的互联互通问题，实现车辆自组网及多种异构网络之间的通信与漫游，在功能和性能上保障实时性、可服务性与网络泛在性。同时，它还是公网与专网的统一体。
- 云系统。车联网是一个云架构的车辆运行信息平台，它的生态链包含了 ITS、物流、客货运、危特车辆、汽修汽配、汽车租赁、企事业车辆管理、汽车制造商、4S 店、车管、保险、紧急救援、移动互联网等，是多源海量信息的汇聚，因此需要虚拟化、安全认证、实时交互、海量存储等云计算功能，其应用系统也是围绕车辆的数据汇聚、计算、调度、监控、管理与应用的复合体系。

综上所述，本题参考答案为 D 选项。

例题 6

试题答案：D

试题解析：本题考查两化融合。

信息化与工业化主要在技术、产品、业务、产业四个方面进行融合。

综上所述，本题参考答案为 D 选项。

例题 7

试题答案：D

试题解析：本题考查两化融合与智能制造。

GB/T 39116《智能制造能力成熟度模型》规定了企业智能制造能力在不同阶段应达到的水平。成熟度分为五个等级，自低向高分别是一级（规划级）、二级（规范级）、三级（集成级）、四级（优化级）和五级（引领级）。

- 一级（规划级）：企业应开始对实施智能制造的基础和条件进行规划，能够对核心业务活动（设计、生产、物流、销售、服务）进行流程化管理。
- 二级（规范级）：企业应采用自动化技术、信息技术手段，对核心装备和业务活动等进行改造和规范，实现单一业务活动的数据共享。

- 三级（集成级）：企业应对装备、系统等开展集成，实现跨业务活动的数据共享。
- 四级（优化级）：企业应对人员、资源、制造等进行数据挖掘，形成知识、模型等，实现对核心业务活动的精准预测和优化。
- 五级（引领级）：企业应基于模型持续驱动业务活动的优化和创新，实现产业链协同并衍生新的制造模式和商业模式。

综上所述，本题参考答案为 D 选项。

例题 8

试题答案：A

试题解析：本题考查数字政府。

《“十四五”国家信息化规划》中提出了打造协同高效的数字政府服务体系，深入推进“放管服”改革，加快政府职能转变，打造市场化、法治化、国际化营商环境，坚持整体集约建设数字政府，推动条块政务业务协同，加快政务数据开放共享和开发利用，深化推进“一网通办”“跨省通办”“一网统管”，畅通参与政策制定的渠道，推动国家行政体系更加完善、政府作用更好发挥、行政效率和公信力显著提升，推动有效市场和有为政府更好结合，打造服务型政府。

综上所述，本题参考答案为 A 选项。

例题 9

试题答案：B

试题解析：本题考查数字中国——数字经济。

数据价值化是指以数据资源化为起点，经历数据资产化、数据资本化阶段，实现数据价值化的经济过程。上述三个要素构成数据价值化的“三化”框架，即数据资源化、数据资产化和数据资本化，其细化描述如下。

- 数据资源化：使无序、混乱的原始数据成为有序、有使用价值的数据资源。数据资源化阶段包括通过数据的采集、整理、聚合、分析等，形成可采、可见、标准、互通、可信的高质量数据资源。数据资源化是激发数据价值的基础，其本质是提升数据质量，形成数据使用价值的过程。
- 数据资产化：数据通过流通交易给使用者或者所有者带来经济利益的过程。数据资产化是实现数据价值的核心，其本质是形成数据交换价值，初步实现数据价值的过程。
- 数据资本化：主要包括两种方式，即数据信贷融资与数据证券化。数据资本化是拓展数据价值的途径，其本质是实现数据要素社会化配置。

综上所述，本题参考答案为 B 选项。

例题 10

试题答案：A

试题解析：本题考查元宇宙。

元宇宙的核心技术主要包括以下几个方面：

一是扩展现实（eXtended Reality，XR）技术，包括虚拟现实（Virtual Reality，VR）、增强现实（Augmented Reality，AR）和混合现实（Mixed Reality，MR）。这些技术可以为用户提供沉浸式体验，使用户能够在虚拟环境中进行交互，仿佛置身于另一个世界。

二是数字孪生（Digital Twin）技术，它能够将现实世界中的物体、环境或过程在虚拟世界中创建一个高度精确的数字化模型。这使得元宇宙中的虚拟分身或对象能够反映现实世界的状态和变化，实现虚实融合。

三是区块链（Blockchain）技术，用于构建元宇宙内的经济体系。区块链可以提供一个去中心化的、透明的交易记录系统，确保虚拟资产的所有权和交易的安全性。通过使用加密货币、NFT（非同质化代币）等，元宇宙能够形成一个稳定的虚拟产权体系，并支持去中心化的金融服务，如 DeFi（去中心化金融），使虚拟经济活动更加成熟和稳定。

这些技术共同作用，支撑起元宇宙的理念和应用，使其成为可能。

综上所述，本题参考答案为 A 选项。

第 2 章 信息技术发展

2.1 考点分析

根据考试大纲，本章要求考生掌握以下知识点：

- 计算机网络基础、存储技术、数据库与数据仓库
- 信息安全基础、加密和解密、安全行为分析技术、网络安全态势感知
- 物联网的定义、技术基础、关键技术及应用和发展
- 云计算的定义、技术基础、关键技术及应用和发展
- 大数据的定义、技术基础、关键技术及应用和发展
- 区块链的定义、技术基础、关键技术及应用和发展
- 人工智能的定义、技术基础、关键技术及应用和发展
- 虚拟现实的定义、技术基础、关键技术及应用和发展

本章考查重点是信息安全技术和新一代信息技术。其中，云计算、人工智能和信息安全技术的考查次数相当多，复习时应作为重点，并熟练掌握相关的关键技术。信息技术发展历年考查知识点分布情况如表 2-1 所示。

表 2-1 信息技术发展历年考查知识点分布情况

试　题	考查知识点
2023 年 5 月试题考 2 分	网络安全态势感知、云计算之虚拟化技术
2023 年 11 月试题考 2 分	云计算核心技术中的多租户和访问控制管理、人工智能关键技术之自然语言处理
2024 年 5 月第一批次试题考 3 分	信息安全的基本概念、大数据的关键技术、虚拟现实的关键技术
2024 年 5 月第二批次试题考 3 分	网络标准协议、物联网的技术基础、人工智能关键技术之自然语言处理

2.2 计算机网络基础

例题 1

（ ）不属于 TCP/IP 的应用层协议。

A.DHCP（Dynamic Host Configuration Protocol，动态主机配置协议）

B.FTP（File Transfer Protocol，文件传输协议）

C.SMTP（Simple Mail Transfer Protocol，简单邮件传输协议）

D.ARP（Address Resolution Protocol，地址解析协议）

2.3 信息安全技术

例题 2

网络安全态势感知在（ ）的基础上进行数据整合、特征提取等，应用一系列态势评估算法生成网络的整体态势状况。

A. 安全应用软件　　B. 安全基础设施　　C. 安全网络环境　　D. 安全大数据

例题 3

信息安全管理的 CIA 三要素指的是（ ）。

A. 一致性、可用性、完整性　　B. 保密性、有效性、可用性

C. 一致性、可用性、有效性　　D. 保密性、完整性、可用性

例题 4

关于信息安全的描述，不正确的是（ ）。

A. 网络安全技术主要包括防火墙、入侵检测与防护、VPN、安全扫描、网络蜜罐技术、用户和实体行为分析技术

B. 随着物联网、云计算、人工智能、大数据等新一代信息技术的广泛应用，信息安全面临着新的问题和挑战

C. 信息安全可以被划分为设备安全、数据安全、平台安全和行为安全四个层次

D. 信息系统安全包括网络安全、操作系统安全、数据库系统安全和应用系统安全等

2.4 物联网

例题 5

在物联网架构中，云计算平台属于（ ）。

A. 感知层　　B. 网络层　　C. 会话层　　D. 数据链路层

例题 6

The（ ）can realize the seamless integration of various manufacturing devices equipped with sensing, identification, processing, communication actuation and networking capabilities.

A.Internet of Things　　B.Cloud Computing

C.Big Data　　D.Artificial Intelligence

例题 7

物联网应用中的两项关键技术是（ ）。

A. 传感技术与遥感技术　　B. 传感技术与嵌入式技术

C. 虚拟计算技术与智能化技术　　D. 虚拟计算技术与嵌入式技术

2.5 云计算

例题 8

（ ）是指在一个操作系统中多个程序并行运行，（ ）是指可以同时运行多个操作系统，而且每个操作系统中都有多个程序运行，而（ ）只是单 CPU 模拟双 CPU 来平衡程序运行性能，这两个模拟出来的 CPU 是不能分离的，只能协同工作。

A. 虚拟化技术；多任务；超线程技术　　B. 超线程技术；虚拟化技术；多任务

C. 虚拟化技术；超线程技术；多任务　　D. 多任务；虚拟化技术；超线程技术

例题 9

（ ）puts computers resources on the web, and must meet the requirements of super capacity, super concurrency, super speed and super security.

A.Cloud Computing　　B.Big Data

C.Blockchain　　D.Internet of Things

例题 10

某云计算服务商向用户提供多租户、可定制的 CRM 和 OA 软件。其所提供的此项云服务属于（ ）服务类型。

A.IaaS　　B.CaaS　　C.PaaS　　D.SaaS

2.6 大数据

例题 11

（ ）主要关注大数据存储、大数据协同和安全隐私等方面。

A. 大数据获取技术　　B. 大数据可视化技术

C. 大数据处理技术　　D. 大数据管理技术

例题 12

（ ）can be described by the following characteristics: volume, variety, velocity, veracity and value.

A.Artificial Intelligence　　B.Integrated Circuit

C.Parallel Computing　　D.Big Data

例题 13

证券领域的信息系统对存储数据量的要求较高，其平均存储数据量在（ ）级别。

A.MB　　B.GB　　C.TB　　D.PB

例题 14

关于大数据的描述，不正确的是（ ）。

A. 大数据相比传统的数据仓库应用，具有查询及分析简单的特点

B. 大数据的意义不在于掌握庞大的数据信息，而在于对这些数据进行专业化处理

C. 大数据主要依托云计算的分布式处理、分布式数据库和云存储、虚拟化技术

D. 大数据具有类型繁多、结构多样、处理速度快、时效性强的特点

例题 15

（ ）的目的是缩小数据的取值范围，使其更适合数据挖掘算法的需要，并且能够得到和原始数据相同的分析结果。

A. 数据清洗　　B. 数据集成　　C. 数据变换　　D. 数据归约

2.7 区块链

例题 16

（ ）is the underlying architecture of Bitcoin, and it is used for other cryptocurrencies, because it provides a verifiable list of ownership, it is also used for contracts, fundraising and the recording of legal documents. The incentive is undeniable proof of digital authenticity.

A.Internet of Things B.Big Data

C.Blockchain D.Artificial Intelligence

例题 17

区块链在（ ）网络环境下，通过透明和可信的规则，构建可追溯的块链式数据结构，实现和管理事务处理。

A. 分布式 B. 集中式 C. 关系式 D. 共享式

例题 18

区块链的特征不包括（ ）。

A. 中心化 B. 开放性 C. 信息不可篡改 D. 匿名性

2.8 人工智能

例题 19

（ ）是利用复杂的算法、模型和规则，从大规模数据集中学习，以创造新的原创内容的人工智能技术。这项技术能够创造文本、图片、声音、视频和代码等多种类型的内容，全面超越了传统软件的数据处理和分析能力。

A.NLP（自然语言处理） B.AIGC（生成式人工智能）

C.OCR（光学字符识别） D.CV（计算机视觉）

例题 20

Advancements in（ ）have contributed to the growth of the automotive industry through the creation and evolution of self-driving vehicles.

A.Artificial Intelligence B.Cloud Computing

C.Internet of Things D.Big Data

例题 21

智能音箱是（ ）的典型应用。

A. 人工智能　　B. 数据库　　C. 两化融合　　D. 区块链

2.9 答案与解析

例题 1

试题答案：D

试题解析：本题考查网络标准协议。

应用层中的协议主要有 FTP（File Transfer Protocol，文件传输协议）、TFTP（Trivial File Transfer Protocol，简单文件传输协议）、HTTP（HyperText Transfer Protocol，超文本传输协议）、SMTP（Simple Mail Transfer Protocol，简单邮件传输协议）、DHCP（Dynamic Host Configuration Protocol，动态主机配置协议）、Telnet（远程登录协议）、DNS（Domain Name System，域名系统）和 SNMP（Simple Network Management Protocol，简单网络管理协议）等。

网络层中的协议主要有 IP、ICMP（Internet Control Message Protocol，网际控制报文协议）、IGMP（Internet Group Management Protocol，网际组管理协议）、ARP（Address Resolution Protocol，地址解析协议）和 RARP（Reverse Address Resolution Protocol，反向地址解析协议）等，这些协议处理信息路由和主机地址解析。

综上所述，本题参考答案为 D 选项。

例题 2

试题答案：D

试题解析：本题考查信息安全——网络安全态势感知。

网络安全态势感知的前提是安全大数据，其在安全大数据的基础上进行数据整合、特征提取等，然后应用一系列态势评估算法生成网络的整体态势状况，应用态势预测算法预测态势的发展状况，并使用数据可视化技术将态势状况和预测情况展示给安全人员，方便安全人员直观便捷地了解网络的当前状态及预期的风险。

综上所述，本题参考答案为 D 选项。

例题 3

试题答案：D

试题解析：本题考查信息安全管理的三要素。

CIA 是保密性（Confidentiality）、完整性（Integrity）和可用性（Availability）三个词

的英文缩写。

综上所述，本题参考答案为 D 选项。

例题 4

试题答案：C

试题解析：本题考查信息安全。

信息必须依赖其存储、传输、处理及应用的载体（媒介）而存在，因此针对信息系统，安全可以被划分为四个层次：设备安全、数据安全、内容安全和行为安全。

信息系统一般由计算机系统、网络系统、操作系统、数据库系统和应用系统组成。与此对应，信息系统安全主要包括计算机设备安全、网络安全、操作系统安全、数据库系统安全和应用系统安全等。

网络安全技术主要包括防火墙、入侵检测与防护、VPN、安全扫描、网络蜜罐技术、用户和实体行为分析技术等。

综上所述，本题参考答案为 C 选项。

例题 5

试题答案：B

试题解析：本题考查物联网技术架构。

从技术架构上看，物联网可分为三层：感知层、网络层和应用层。

- 感知层由各种传感器构成，包括温湿度传感器、二维码标签、RFID 标签和读 / 写器、摄像头、GPS 等感知终端。感知层是物联网识别物体、采集信息的来源。感知层的作用相当于人的眼、耳、鼻、喉和皮肤等，其主要功能是识别物体，采集信息。
- 网络层由各种网络，包括互联网、广电网、网络管理系统和云计算平台等组成，是整个物联网的中枢，负责传递和处理感知层获取的信息。
- 应用层是物联网和用户（包括人、组织和其他系统）的接口，它与行业需求结合，实现物联网的智能应用。

会话层是 OSI 七层协议中从下到上的第五层，它负责在网络中的两个节点之间建立和维持通信，以及提供交互会话的管理功能。常见的协议有 RPC、SOL、NFS。

数据链路层是 OSI 七层协议中从下到上的第二层，它控制网络层与物理层之间的通信。它的主要功能是将从网络层接收到的数据分割成特定的可被物理层传输的帧。常见的协议有 IEEE 802.3/.2、HDLC、PPP、ATM。

综上所述，本题参考答案为 B 选项。

例题 6

试题答案：A

试题解析：本题主要考查对物联网概念的理解。

本题翻译如下：

（ ）可以实现各种制造设备的无缝集成，这些制造设备配备有感知、识别、处理、通信、驱动和联网功能。

A. 物联网　　B. 云计算　　C. 大数据　　D. 人工智能

现在，我们来逐一分析每个选项，以便找到最合适的答案。

A.Internet of Things（物联网）：物联网是指通过信息传感设备，如射频识别（RFID）、红外感应器、全球定位系统、激光扫描器等装置与技术，将任何物品与互联网连接起来，进行信息交换和通信，以实现智能化识别、定位、跟踪、监控和管理的一种网络。它确实能够实现配备有感知、识别、处理、通信、驱动和联网功能的各种制造设备的无缝集成。这与题目描述完全吻合。

B.Cloud Computing（云计算）：云计算是一种基于互联网的计算方式，通过这种方式，可以将共享的软硬件资源和信息按需提供给计算机和其他设备。它主要关注的是计算资源和服务的提供，并不直接涉及制造设备的无缝集成。因此，这个选项与题目描述不符。

C.Big Data（大数据）：大数据是指无法在一定时间范围内用常规软件工具进行捕捉、管理和处理的数据集合，是需要新处理模式才能具有更强的决策力、洞察发现力和流程优化能力的海量、高增长率和多样化的信息资产。它关注的是数据处理和分析，同样不直接涉及制造设备的无缝集成。因此，这个选项也不符合题目要求。

D.Artificial Intelligence（人工智能）：人工智能是研究与开发用于模拟、延伸和扩展人的智能的理论、方法、技术及应用系统的一门新的技术科学。它关注的是机器的智能行为，如学习、推理、决策等，同样不直接涉及制造设备的无缝集成。因此，这个选项也不正确。

综上所述，能够实现配备有感知、识别、处理、通信、驱动和联网功能的各种制造设备无缝集成的技术是物联网。因此，本题参考答案是 A 选项。

例题 7

试题答案：B

试题解析：本题考查物联网的关键技术。

针对给出的选项，我们逐一进行分析。

- 传感技术：物联网的核心技术之一，用于感知和采集物理世界中的各种信息，如温度、湿度、光照等，并将其转换为可处理和可传输的数字信号。这一技术在物联网中起着基础性的数据采集作用。
- 遥感技术：虽然这也是一项重要技术，但它主要侧重于从远距离获取目标及其环境的几何与物理信息，并对其进行处理和分析。在物联网的广泛应用中，遥感技术并不是其核心或普遍使用的关键技术。
- 嵌入式技术：将计算机硬件和软件集成在一起，嵌入系统或设备中的技术。在物联网中，嵌入式技术常被用于各种智能终端和节点，使它们能够执行特定的功能并与其他设备或系统进行交互。

- 虚拟计算技术：虽然这一技术在现代计算领域中具有重要意义，但它并不是物联网应用中的关键技术。物联网更侧重于物理世界与数字世界的连接和交互。
- 智能化技术：这是物联网发展的一个重要方向，但它通常是在传感技术、嵌入式技术等基础上实现的，并不是物联网应用中的关键技术。

综上所述，物联网应用中的两项关键技术是传感技术与嵌入式技术。这两项技术共同构成了物联网的基础架构和功能实现，使得物联网能够实现对物理世界的智能感知、识别、交互和控制。

可见，本题参考答案是 B 选项。

例题 8

试题答案：D

试题解析：本题考查云计算——虚拟化技术。

虚拟化技术与多任务及超线程技术是完全不同的。多任务是指在一个操作系统中多个程序同时并行运行，而在虚拟化技术中，可以同时运行多个操作系统，每一个操作系统中都有多个程序运行，而且每一个操作系统都运行在一个虚拟的 CPU 或者虚拟主机上。超线程技术只是单 CPU 模拟双 CPU 来平衡程序运行性能，这两个模拟出来的 CPU 是不能分离的，只能协同工作。

综上所述，本题参考答案为 D 选项。

例题 9

试题答案：A

试题解析：本题考查新一代信息技术的特点。

本题翻译如下：

（ ）将计算机资源放到网上，必须满足超容量、超并发、超速度和超安全的要求。

A. 云计算　　B. 大数据　　C. 区块链　　D. 物联网

针对给出的选项，下面逐一进行分析。

A.Cloud Computing（云计算）：云计算是一种基于互联网的计算方式，允许企业或用户通过网络以按需、易扩展的方式获得所需的计算资源（包括服务器、存储、数据库、软件等）。它确实将计算机资源放到了网上，并且为了满足广泛的应用场景和用户需求，云计算平台必须具备超容量（能够处理大规模数据）、超并发（能够同时处理大量用户请求）、超速度（提供快速的数据处理和访问能力）和超安全（确保数据的安全性和隐私保护）等特性。这一选项与题目描述完全吻合。

B.Big Data（大数据）：大数据是指无法在一定时间范围内用常规软件工具进行捕捉、

管理和处理的数据集合。它主要关注的是数据的规模、类型、速度和价值，而不是将计算机资源直接放到网上。因此，这一选项不符合题目要求。

C.Blockchain（区块链）：区块链是一种分布式数据库技术，它通过去中心化、去信任的方式集体维护一个可靠数据库的技术方案。虽然区块链技术也涉及网络资源的使用，但它并不直接将计算机资源放到网上以满足超容量、超并发、超速度和超安全的要求。因此，这一选项同样不符合题目要求。

D.Internet of Things（物联网）：物联网是指通过信息传感设备（如射频识别、红外感应器、全球定位系统等）将任何物品与互联网连接起来，进行信息交换和通信，以实现智能化识别、定位、跟踪、监控和管理的一种网络。物联网主要关注的是物理世界与数字世界的连接和交互，而不是将计算机资源放到网上以满足特定的性能要求。因此，这一选项也不符合题目要求。

综上所述，本题参考答案是 A 选项。这一选项准确地描述了将计算机资源放到网上，并满足超容量、超并发、超速度和超安全等要求的技术特性。

例题 10

试题答案：D

试题解析：本题考查云计算服务层次。

- IaaS（Infrastructure as a Service，基础设施即服务）：提供给用户的服务是对所有设施的利用，包括处理器、存储、网络和其他基本的计算资源，用户能够部署和运行任意软件，包括操作系统和应用程序。用户不需要管理或控制任何云计算基础设施，但能够控制操作系统的选择、存储空间、部署的应用，也可能获得有限制的网络组件（如防火墙、负载均衡器等）的控制。
- CaaS（Communications as a Service，通信即服务）：将传统电信的能力如消息、语音、视频、会议、通信协同等封装成 API（Application Programming Interface，应用编程接口）或者 SDK（Software Development Kit，软件开发工具包），通过互联网对外开放，提供给第三方（企业、SME、垂直行业、CP/SP 以及个人开发者等）使用，将电信能力真正作为服务对外提供。
- PaaS（Platform as a Service，平台即服务）：提供给用户的服务是把用户采用所提供的开发语言和工具（如 Java、Python、.NET 等）开发或收购的应用程序部署到供应商的云计算基础设施上。用户不需要管理或控制底层的云基础设施，包括网络、服务器、操作系统、存储等，但能够控制部署的应用程序，也可以控制运行应用程序的托管环境配置。
- SaaS（Software as a Service，软件即服务）：提供给用户的服务是云计算服务商运行在云计算基础设施上的应用程序，用户可以在各种设备上通过瘦客户端界面访问，如浏览器。用户不需要管理或控制任何云计算基础设施，包括网络、服务器、操作系统、存储等。

综上所述，本题参考答案为 D 选项。

例题 11

试题答案：D

试题解析：本题考查大数据的关键技术。

目前，对大数据获取技术的研究主要集中在数据采集、数据整合和数据清洗三个方面。（A 选项错误。）

大数据可视化技术主要关注文本可视化、网络（图）可视化、时空数据可视化、多维数据可视化和交互可视化等方面。（B 选项错误。）

大数据处理技术主要指分布式计算，其核心是将任务分解成许多小的部分，分配给多台计算机进行处理，通过并行工作的机制，达到节约整体计算时间、提高计算效率的目的。（C 选项错误。）

大数据管理技术主要关注大数据存储、大数据协同和安全隐私等方面。（D 选项正确。）

综上所述，本题参考答案为 D 选项。

例题 12

试题答案：D

试题解析：本题考查新一代信息技术的特点。

本题翻译如下：

（ ）可以用以下特征来描述：体积、多样性、速度、准确性和价值。

A. 人工智能　　B. 集成电路　　C. 并行计算　　D. 大数据

人工智能的特征有自学习、自动化、智能交互等；集成电路的特征有低功耗、高性能等；并行计算的特征有多任务处理、速度快等。可见，本题参考答案为 D 选项。

例题 13

试题答案：D

试题解析：本题考查大数据存储单位。

在计算机的各种存储介质（如内存、硬盘、光盘等）的存储容量表示中，用户所接触到的存储单位不是位、字节和字，而是 KB、MB、GB、TB、PB 等，但它们不是新的存储单位，而是基于字节换算出来的。

- KB：早期用的软盘有 360KB 和 720KB 容量的，不过现在软盘已经很少被使用了。
- MB：早期微型机的内存容量为 128MB、256MB、512MB 等，目前是 1GB、2GB 甚至更大。
- GB：早期微型机的硬盘容量为 60GB、80GB，目前是 500GB、1TB 甚至更大。
- TB：目前个人用的微型机存储容量都能达到这个级别，而作为服务器或者专门的计算机，更是不可缺少这么大的存储容量。

- PB：PB 级别的数据库通常用于处理和存储大规模数据集，如大数据分析、科学研究、金融交易等领域。

证券公司需要存储和管理大量的交易数据，这些数据不仅包括股票、债券、期货、期权等不同金融产品的交易信息，还包括客户的账户信息、交易历史、资产状况等。这些数据的存储量随着市场活动的增加而迅速增长，因此需要使用 PB 级别的存储容量来确保系统的稳定运行和数据的安全存储。

综上所述，本题参考答案为 D 选项。

例题 14

试题答案：A

试题解析：本题考查大数据的技术基础。

大数据是具有体量大、结构多样、时效性强等特点的数据（D 选项），处理大数据需要采用新型计算架构和智能算法等新技术。大数据从数据源经过分析与挖掘到最终获得价值，一般需要经过 5 个主要环节，包括数据准备、数据存储与管理、计算处理、数据分析和知识展现。大数据技术涉及的数据模型、处理模型、计算理论，以及与之相关的分布计算、分布存储平台技术（C 选项）、数据清洗和挖掘技术、流式计算和增量处理技术、数据质量控制等方面的研究和开发成果丰硕，大数据技术产品也已经进入商用阶段。

大数据就像水、矿石、石油一样，正在成为新的自然资源。能否挖掘出数据资源的潜在价值，已经成为这个时代能否创富的重要条件（B 选项）。

可见，本题参考答案为 A 选项。

例题 15

试题答案：D

试题解析：本题考查数据挖掘预处理步骤。

- 数据清洗：包括填充空缺值、识别孤立点、去掉噪声和无关数据。
- 数据集成：把不同来源、格式、特点性质的数据在逻辑上或物理上集中起来，从而为企业提供全面的数据共享。
- 数据变换：将原始数据转换成适合数据挖掘的形式，包括对数据的汇总、聚集、概化、规范化，还可能需要进行属性的重构。
- 数据归约：在尽可能保持数据原貌的前提下，最大限度地精简数据量（完成该任务的必要前提是理解挖掘任务和熟悉数据本身内容）。

综上所述，本题参考答案为 D 选项。

例题 16

试题答案：C

试题解析：本题考查区块链的定义。

本题翻译如下：

（ ）是比特币的底层架构，因为它提供了一个可验证的所有权列表，所以既可被用于其他加密货币，也可被用于合同、筹款和法律文件的记录。这种激励为数字真实性提供了不可否认的证据。

A. 物联网　　B. 大数据　　C. 区块链　　D. 人工智能

物联网指的是将物理设备（如传感器、智能设备等）连接到互联网，使它们能够相互通信和交换数据的技术。

大数据指的是数据量巨大、类型多样、处理速度快的数据集合，它超出了传统数据处理工具的处理能力。

人工智能是计算机科学的一个分支，它试图理解智能的实质，并生产出一种新的能以与人类智能相似的方式做出反应、学习、推理和决策的智能机器。

可见，本题参考答案为 C 选项。

例题 17

试题答案：A

试题解析：本题考查区块链的定义。

区块链在分布式网络环境下，通过透明和可信的规则，构建可追溯的块链式数据结构，实现和管理事务处理。区块链本质上是一个去中心化的分布式账本数据库。区块链是对分布式数据存储、点对点传输、共识机制、加密算法的综合应用。因此，本题参考答案为 A 选项。

例题 18

试题答案：A

试题解析：本题考查区块链的特征。

区块链的特征包括：去中心化、开放性、独立性、信息不可篡改和匿名性。

- 去中心化：区块链技术不依赖额外的第三方管理机构或硬件设施，没有中心管制，除了自成一体的区块链本身，通过分布式核算和存储，各个节点还实现了信息的自我验证、传递和管理。去中心化是区块链最突出、最本质的特征。
- 开放性：区块链的技术基础是开源的，除了交易各方的私有信息被加密，区块链的数据对所有人开放，任何人都可以通过公开的接口查询区块链数据和开发相关应用，因此整个系统的信息高度透明。

- 独立性：基于协商一致的规范和协议（类似于比特币采用的哈希算法等各种数学算法），整个区块链系统不依赖第三方，所有节点都能够在系统内自动安全地验证、交换数据，不需要任何人为的干预。
- 信息不可篡改：只要不能掌控全部数据节点的51%，就无法肆意操控修改网络数据，这使得区块链本身变得相对安全，避免了主观人为的数据变更。
- 匿名性：除非有法律规范要求，单从技术上讲，各区块节点的身份信息不需要公开或验证，信息传递可以匿名进行。

综上所述，本题参考答案为 A 选项。

例题 19

试题答案：B

试题解析：本题考查人工智能的关键技术。

- 自然语言处理（NLP）是计算机科学领域与人工智能领域中的一个重要方向，它研究能够实现人与计算机之间用自然语言进行有效通信的各种理论和方法。（A 选项错误。）
- 光学字符识别（OCR）是用电子设备（如扫描仪或数码相机）检查纸上打印的字符，通过检测暗、亮的模式确定其形状，然后用字符识别方法将形状翻译成计算机文字的过程。（C 选项错误。）
- 计算机视觉（CV）是一门研究如何使机器"看"的科学，更进一步地说，就是指用摄影机和计算机代替人眼对目标进行识别、跟踪和测量等，并进一步进行图形处理，使其成为更适合人眼观察或传送给仪器检测的图像。（D 选项错误。）
- 生成式人工智能（AIGC）是利用复杂的算法、模型和规则，从大规模数据集中学习，以创造新的原创内容的人工智能技术。这项技术能够创造文本、图片、声音、视频和代码等多种类型的内容，全面超越了传统软件的数据处理和分析能力。（B 选项正确。）

综上所述，本题参考答案为 B 选项。

例题 20

试题答案：A

试题解析：本题考查新一代信息技术的应用场景。

本题翻译如下：

（ ）的进步推动了自动驾驶汽车的发明和发展，促进了汽车行业的发展。

A. 人工智能　　B. 云计算　　C. 物联网　　D. 大数据

人工智能是自动驾驶汽车的核心，它包括机器学习、深度学习、计算机视觉等技术。这些技术使汽车能够理解和解释周围的环境，做出驾驶决策。

综上所述，本题参考答案为A选项。

例题 21

试题答案：A

试题解析：本题考查人工智能的应用场景以及智能音箱的技术分析。

人工智能（Artificial Intelligence，AI）是研究与开发用于模拟、延伸和扩展人的智能的理论、方法、技术及应用系统的一门新的技术科学。

人工智能是计算机科学的一个分支，它试图理解智能的实质，并生产出一种新的能以与人类智能相似的方式做出反应、学习、推理和决策的智能机器。该领域的研究包括机器人、语言识别、图像识别、自然语言处理和专家系统等。人工智能从诞生以来，理论和技术日益成熟，应用领域也在不断扩大，可以设想，未来人工智能带来的科技产品将会是人类智慧的"容器"。人工智能是对人的意识、思维的信息过程的模拟。人工智能并非真正的人的智能，但能像人一样思考，也可能超过人类的智能水平。

智能音箱作为一种融合了多种技术的设备，其核心在于对人工智能技术的应用。它采用了自然语言处理、语音识别、语音合成等多种人工智能技术，使人们能够通过语音交互的方式与其进行沟通。这些技术使得智能音箱能够理解人类的自然语言指令，并执行相应的任务，如播放音乐、查询天气、控制智能家居设备等。

综上所述，本题参考答案为A选项。

第 3 章 信息系统治理

3.1 考点分析

根据考试大纲，本章要求考生掌握以下知识点：

- IT 治理的目标价值、IT 治理的管理层次
- IT 治理的五项关键决策、IT 治理体系框架的六大部分、IT 治理核心内容的六个方面、IT 治理任务
- IT 治理的方法与标准
- IT 审计的定义、目的、范围、风险
- IT 审计的方法与技术、IT 审计流程、IT 审计内容

本章考查重点是 IT 治理和 IT 审计。其中，IT 审计的考查次数相当多，复习时应作为重点，并熟练掌握相关的基础概念。信息系统治理历年考查知识点分布情况如表 3-1 所示。

表 3-1 信息系统治理历年考查知识点分布情况

试　题	考查知识点
2023 年 5 月试题考 2 分	IT 治理体系框架、IT 审计的目的
2023 年 11 月试题考 2 分	IT 治理体系中的治理机制、IT 审计流程
2024 年 5 月第一批次试题考 3 分	IT 治理任务、IT 审计内容、IT 审计的方法与技术
2024 年 5 月第二批次试题考 3 分	IT 治理体系的基本概念、IT 审计范围、IT 审计流程

3.2 IT 治理

例题 1

（ ）的核心是关注 IT 定位和信息化建设与数字化转型的责权利划分。

A.IT 技术　　B.IT 管理　　C.IT 架构　　D.IT 治理

例题 2

IT 治理活动的主要任务聚焦在全局统筹、价值导向、机制保障、创新发展、文化助推五个方面。其中“指导建立规范过程管理和痕迹管理，并向利益相关者公开质量设定举措”属于（ ）的内容。

A. 机制保障　　B. 创新发展　　C. 价值导向　　D. 全局统筹

例题 3

GB/T 34960.1 中定义了 IT 治理体系框架，（ ）不属于 IT 治理体系框架的三大治理域。

A. 管理体系　　B. 技术体系　　C. 顶层设计　　D. 资源

例题 4

在确定 IT 审计范围时，（ ）需要根据审计的目的和投入的审计成本来确定。

A. 逻辑范围　　B. 物理范围　　C. 组织范围　　D. 总体范围

3.3 IT 审计

例题 5

在 IT 审计流程中，“深入调查并调整审计计划”属于（ ）的工作内容之一。

A. 审计终结阶段　　B. 审计准备阶段

C. 后续审计阶段　　D. 审计实施阶段

例题 6

IT 审计常用的审计技术不包括（ ）。

A. 产品分析技术　　B. 审计抽样技术

C. 风险评估技术　　D. 大数据审计技术

例题 7

（ ）不属于 IT 审计的目的。

A. 对 IT 目标的实现进行审查和评价　　B. 识别与评估 IT 风险

C. 保护信息资产的安全　　D. 提出评价意见及改进

3.4 答案与解析

例题 1

试题答案：D

试题解析：本题考查 IT 治理体系。

- IT 技术：主要关注信息技术的具体实现和应用，如软件开发、网络架构、数据库管理等，并不直接涉及责权利的划分。因此，A 选项与题目描述不符。
- IT 管理：通常涉及对 IT 资源的规划、组织、指挥、协调和控制等活动，以确保信息技术资源的高效和有效利用。然而，它更多地侧重于日常运营和管理流程，而不是专门的责权利划分。因此，B 选项不是本题的答案。
- IT 架构：指企业 IT 系统的整体结构和组成部分，它定义了 IT 系统的不同部分如何相互连接和协作，以实现企业的业务目标。尽管 IT 架构对 IT 系统的构建和运行至关重要，但它并不直接涉及责权利的划分。因此，C 选项也不是本题的答案。
- IT 治理：是指导与控制企业 IT 相关活动的结构和过程，它涵盖了 IT 的决策权归属和责任担当的框架。IT 治理的核心是关注 IT 定位和信息化建设与数字化转型的责权利划分，确保 IT 活动与企业的战略目标和业务需求一致，同时明确各个相关方的责任和权利。因此，D 选项为本题参考答案。

例题 2

试题答案：A

试题解析：本题考查 IT 治理活动。

- 机制保障：通常涉及建立和维护一系列制度、流程和规范，以确保 IT 活动的顺利进行和质量的可控。这包括制定和执行各种管理政策、标准和流程，以及建立相应的监督机制。题目中提到的“指导建立规范过程管理和痕迹管理，并向利益相关者公开质量设定举措”显然与建立和管理规范、流程以及确保透明度有关，这符合机制保障的核心内容。
- 创新发展：侧重于推动新技术、新方法在 IT 领域的应用，以及促进业务与技术的深度融合。这与题目描述的任务不直接相关。
- 价值导向：强调 IT 活动应紧密围绕企业的战略目标和业务需求展开，以最大化 IT 投资的价值。虽然价值导向也涉及管理和控制，但它更侧重于结果和价值的实现，而非过程管理。
- 全局统筹：要求从整体上规划和协调 IT 活动，确保它们与企业的整体战略和业务目标相一致。这虽然也涉及管理和控制，但其重点在于整体规划和协调，而非具体的过程管理和质量设定。

综上所述，本题参考答案为 A 选项。

例题 3

试题答案：B

试题解析：本题考查 ITSS——IT 服务治理。

GB/T 34960.1《信息技术服务 治理 第 1 部分：通用要求》规定了 IT 治理的模型和框架、实施 IT 治理的原则，以及开展 IT 顶层设计、管理体系和资源的治理要求。该标准可用于建立组织的 IT 治理体系，并实施自我评价；开展信息技术审计；研发、选择和评价与 IT 治理相关的软件或解决方案；第三方对组织的 IT 治理能力进行评价。各级各类信息化主管部门可根据法律法规、部门规章的要求，使用该标准对所管辖的各类组织的 IT 治理提出要求，并进行评估、指导和监督。

综上所述，本题参考答案为 B 选项。

例题 4

试题答案：D

试题解析：本题考查 IT 审计范围。

IT 审计范围的确定，如下表所示：

IT 审计范围	说　明
总体范围	需要根据审计的目的和投入的审计成本来确定
组织范围	明确审计涉及的组织机构、主要流程、活动及人员等
物理范围	具体的物理地点与边界
逻辑范围	涉及的信息系统和逻辑边界

综上所述，本题参考答案为 D 选项。

例题 5

试题答案：D

试题解析：本题考查 IT 审计流程。

广义的审计流程是指审计机构和审计人员对审计项目从开始到结束的整个过程采取的系统性工作步骤，一般分为审计准备、审计实施、审计终结和后续审计四个阶段，每个阶段又包含若干具体内容。

（1）审计准备阶段。IT 审计准备阶段是指 IT 审计项目从计划开始，到发出审计通知书为止的期间。准备阶段是整个审计过程的起点和基础，准备阶段的工作是否充分、合理、细致，对提高审计工作效率，保证审计工作质量至关重要。准备阶段的工作一般包括：①明确审计的目的及任务；②组建审计项目组；③搜集相关信息；④编制审计计划等。

（2）审计实施阶段。IT 审计实施阶段是指审计人员将项目审计计划付诸实施的期间。

此阶段的工作是审计全过程的中心环节，是整个审计流程的关键阶段，关系到整个审计工作的成败。实施阶段主要完成的工作包括：①深入调查并调整审计计划；②了解并初步评估 IT 内部控制；③进行符合性测试；④进行实质性测试等。

（3）审计终结阶段。IT 审计终结阶段是指整理审计工作底稿、总结审计工作、编写审计报告、做出审计结论的期间。审计人员应运用专业判断，综合分析所收集到的相关证据，以经过核实的审计证据为依据，形成审计意见，出具审计报告。终结阶段的工作一般包括：①整理与复核审计工作底稿；②整理审计证据；③评价相关 IT 控制目标的实现；④判断并报告审计发现；⑤沟通审计结果；⑥出具审计报告；⑦归档管理等。

（4）后续审计阶段。后续审计是指在审计报告发出后的一定时间内，审计人员为检查被审计单位对审计问题和建议是否已经采取了适当的纠正措施，并取得预期的效果而实施的跟踪审计。后续审计并不是一次新的审计，而是前一次审计的有机组成部分。实施后续审计，可不必遵守审计流程的每一个过程和要求，但必须依法依规进行检查、调查，收集审计证据，写出后续审计报告。

综上所述，本题参考答案为 D 选项。

例题 6

试题答案：A

试题解析：本题考查 IT 审计技术。

常用的 IT 审计技术包括风险评估技术、审计抽样技术、计算机辅助审计技术和大数据审计技术。

- 产品分析技术：在 IT 审计的常规技术中，并不直接包含产品分析技术。IT 审计主要关注的是信息技术系统与相关流程的有效性、合规性和安全性，而非对特定产品的分析。产品分析可能更多地与市场营销、产品开发或质量管理等领域相关。
- 审计抽样技术：这是 IT 审计中常用的一种技术。审计抽样技术允许审计人员在大量数据中选取有代表性的样本进行测试和评估，从而推断出整体情况。这种方法可以提高审计效率，同时降低审计成本。
- 风险评估技术：风险评估是 IT 审计中不可或缺的一部分。它涉及对信息技术环境中潜在风险的识别、分析和评价，以确定审计的优先顺序和范围。风险评估技术有助于审计人员将有限的审计资源集中在风险较高的领域。
- 大数据审计技术：随着大数据技术的发展，大数据审计技术也逐渐成为 IT 审计的重要手段。它利用大数据智能分析、大数据可视化分析等技术，对大量的 IT 系统数据进行检查和分析，以识别异常、异常模式和潜在的违规行为。

综上所述，本题参考答案为 A 选项。

例题 7

试题答案：C

试题解析：本题考查 IT 审计的目的。

IT 审计的目的是指了解组织 IT 系统与 IT 活动的总体状况，对组织是否实现了 IT 目标进行审查和评价，充分识别与评估相关 IT 风险，提出评价意见及改进建议，促进组织实现 IT 目标。

组织的 IT 目标主要包括：组织的 IT 战略应与业务战略保持一致；保护信息资产的安全及数据的完整、可靠、有效；提高信息系统的安全性、可靠性及有效性；合理保证信息系统及其运用符合有关法律、法规及标准等的要求。

综上所述，本题参考答案为 C 选项。

第 4 章
信息系统管理

4.1 考点分析

根据考试大纲，本章要求考生掌握以下知识点：

- 管理方法中的规划模型和组织模型、信息系统设计和实施管理、信息系统运维和服务管理、优化和持续改进管理
- 管理要点包括数据管理、运维管理和信息安全管理
- 标准化文档包括数据管理能力成熟度评估模型（DCMM）、国家标准 GB/T 28827.1《信息技术服务 运行维护 第 1 部分：通用要求》、GB/T 22240《信息安全技术 网络安全等级保护定级指南》

本章考查重点是管理方法和管理要点。其中，管理要点的考查次数相当多，复习时应作为重点，并熟练掌握相关的基础概念。信息系统管理历年考查知识点分布情况如表 4-1 所示。

表 4-1 信息系统管理历年考查知识点分布情况

试 题	考查知识点
2023 年 5 月试题考 3 分	管理要点中的数据管理能力成熟度评估模型和信息安全管理、管理方法中的规划模型和组织模型
2023 年 11 月试题考 2 分	管理方法中的信息系统基础结构组件、管理要点中的运维管理标准文档
2024 年 5 月第一批次试题考 1 分	管理方法中的信息系统运维和服务管理
2024 年 5 月第二批次试题考 2 分	管理方法中的信息系统战略三角、管理要点中的数据管理能力成熟度评估模型

4.2 信息系统规划与组织

例题 1

信息系统战略三角不包括（ ）。

A. 安全技术　　B. 业务战略　　C. 组织机制　　D. 信息系统

例题 2

信息系统的四个基础结构组件包括硬件、软件、（ ）。

A. 资源和用户　　B. 网络和数据　　C. 数据和资源　　D. 网络和用户

例题 3

信息系统战略三角包括（ ）。

A. 业务战略、技术战略和组织机制　　B. 业务战略、组织机制和信息系统

C. 技术战略、组织管理和信息系统　　D. 发展战略、技术战略和组织管理

4.3 信息系统运维与服务

例题 4

在信息系统的运维与服务中，IT 服务管理是通过主动管理和流程的持续改进来确保 IT 服务交付有效且高效的一组活动，（ ）不属于 IT 服务管理的活动。

A. 服务台　　B. 事件管理　　C. 过程开发　　D. 配置管理

例题 5

在数据管理领域，数据管理能力成熟度评估模型（DCMM）将组织的管理成熟度划分为初始级、（ ）、稳健级、量化管理级和优化级。

A. 可进阶级　　B. 发展级　　C. 受管理级　　D. 安全级

4.4 数据管理

例题 6

数据管理能力成熟度评估模型（DCMM）将组织的管理成熟度划分为五个等级，每个级别中数据的重要程度会有所不同，从（ ）开始强调数据管理的规范化，数据被当作实现组织绩效目标的重要资产。

A. 量化管理级　　B. 稳健级　　C. 优化级　　D. 受管理级

4.5 运维管理

例题 7

GB/T 28827.1《信息技术服务 运行维护 第 1 部分：通用要求》定义的 IT 运维能力模型包含治理要求、运行维护服务能力体系和价值实现，其中（ ）为价值实现赋能。

A. 用户需求　　B. 治理要求

C. 战略要求　　D. 运行维护服务能力体系

4.6 信息安全管理

例题 8

根据数据在经济社会发展中的重要程度，以及一旦遭到篡改、破坏、泄露或者非法获取、非法利用，对国家安全、公共利益或者个人、组织合法权益造成的危害程度进行数据保护，这是实行的数据（ ）保护制度。

A. 分类分级　　B. 安全审查　　C. 风险评估　　D. 应急处置

4.7 答案与解析

例题 1

试题答案：A

试题解析：本题考查信息系统战略三角。

信息系统战略三角突出了业务战略、信息系统和组织机制之间的必要一致性。它用于描述信息系统与业务系统必要的协同关系，以及理解信息系统与组织机制之间的相互影响。当业务战略、组织机制与信息系统运转良好时，这种多方战略决策的一致性往往很难被组织认知。但是，当发生重大生产事故和灾难时，在规划一项业务时，需要正确调整业务战略、信息系统和组织机制之间的协同实践。

综上所述，本题参考答案为 A 选项。

例题 2

试题答案：B

试题解析：本题考查信息系统规划和组织——信息系统基础结构组件。

整体信息系统的四个基础结构组件与其他资源相关事项之间的关系构成了信息系统战略的关键点。基础结构组件包括：①硬件，如桌面单元和服务器；②软件，如用于开展业务、管理计算机本身以及在系统之间进行通信的程序；③网络，它是硬件组件之间交换信息的物理手段，例如，通过专用数字网络实现信息交换；④数据，数据包括存储在系统中的位和字节。

综上所述，本题参考答案为 B 选项。

例题 3

试题答案：B

试题解析：本题考查信息系统战略三角。

信息系统战略三角突出了业务战略、信息系统和组织机制之间的必要一致性。

综上所述，本题参考答案为 B 选项。

例题 4

试题答案：C

试题解析：本题考查 IT 服务管理。

IT 服务管理是通过主动管理和流程的持续改进来确保 IT 服务交付有效且高效的一组活动。IT 服务管理由若干不同的活动组成：服务台、事件管理、问题管理、变更管理、配置管理、发布管理、服务级别管理、财务管理、容量管理、服务连续性管理和可用性管理。

C 选项的“过程开发”属于管理信息系统运行的管理控制的活动。

综上所述，本题参考答案为 C 选项。

例题 5

试题答案：C

试题解析：本题考查 DCMM。

DCMM 将组织的管理成熟度划分为五个等级，分别是：初始级、受管理级、稳健级、量化管理级和优化级。

综上所述，本题参考答案为 C 选项。

例题 6

试题答案：B

试题解析：本题考查数据管理能力成熟度评估模型的等级特点。

国内外常用的数据管理模型包括：数据管理能力成熟度评估模型（DCMM）、数据治理框架（Data Governance Institute，DGI）、数据管理能力评价模型（Data Management Capability Assessment Model，DCAM），以及数据管理模型（DAMA 定义的模型）等。

DCMM 将组织的管理成熟度划分为五个等级，分别是：初始级、受管理级、稳健级、量化管理级和优化级。

- 初始级：数据需求管理主要是在项目级体现的，没有统一的管理流程，主要是被动式管理。
- 受管理级：组织意识到数据是资产，根据管理策略的要求制定了管理流程，指定了相关人员进行初步管理。
- 稳健级：数据已被当作实现组织绩效目标的重要资产，在组织层面制定了一系列的标准化管理流程，促进数据管理的规范化。
- 量化管理级：数据被认为是获取竞争优势的重要资源，数据管理的效率能量化分析和监控。
- 优化级：数据被认为是组织生存和发展的基础，相关管理流程能实时优化，能够在行业内进行最佳实践分享。

综上所述，本题参考答案为 B 选项。

例题 7

试题答案：D

试题解析：本题考查能力模型。

国家标准 GB/T 28827.1《信息技术服务 运行维护 第 1 部分：通用要求》定义了 IT 运维能力模型，该模型包含治理要求、运行维护服务能力体系和价值实现，如下图所示：

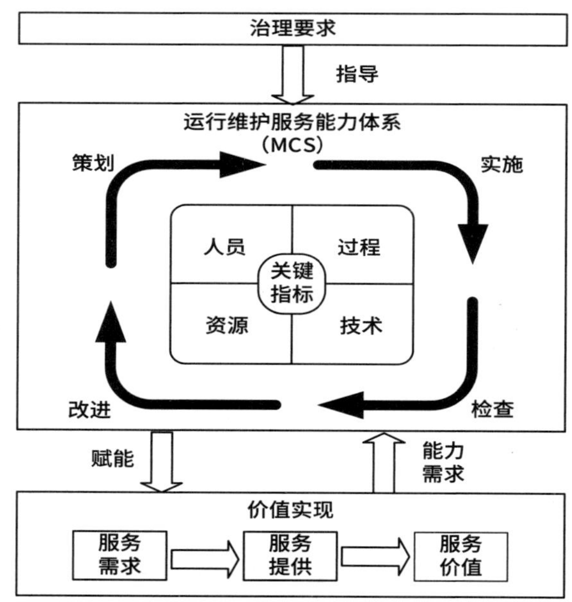

综上所述，本题参考答案为 D 选项。

例题 8

试题答案：A

试题解析：本题考查安全保护等级划分。

根据等级保护对象在国家安全、经济建设、社会生活中的重要程度，以及一旦遭到破坏、丧失功能或数据被篡改、泄露、丢失、损毁后，对国家安全、社会秩序、公共利益以及公民、法人和其他组织的合法权益的侵害程度等因素，等级保护对象的安全保护等级分为以下五级：

第一级，等级保护对象受到破坏后，会对相关公民、法人和其他组织的合法权益造成损害，但不会危害国家安全、社会秩序和公共利益。

第二级，等级保护对象受到破坏后，会对相关公民、法人和其他组织的合法权益产生严重损害或特别严重损害，或者对社会秩序和公共利益造成危害，但不会危害国家安全。

第三级，等级保护对象受到破坏后，会对社会秩序和公共利益造成严重危害，或者对国家安全造成危害。

第四级，等级保护对象受到破坏后，会对社会秩序和公共利益造成特别严重危害，或者对国家安全造成严重危害。

第五级，等级保护对象受到破坏后，会对国家安全造成特别严重危害。

综上所述，本题参考答案为 A 选项。

第 5 章 信息系统工程

5.1 考点分析

根据考试大纲，本章要求考生掌握以下知识点：

- 软件工程包括架构设计、需求分析、软件设计、软件实现和部署交付
- 数据工程包括数据建模、数据标准化、数据运维、数据开发利用和数据库安全
- 系统集成包括网络集成、数据集成、软件集成和应用集成
- 安全工程包括安全系统和工程体系架构
- 标准化文档包括软件过程能力成熟度模型（Software Process Capability Maturity Model）团体标准（简称 CSMM）、信息安全系统工程能力成熟度模型（ISSE Capability Maturity Model，ISSE-CMM）

本章考查重点是软件工程、系统集成、数据工程和安全工程。每次考试出题的分值都比较平均，考 4 分，每个小节考 1 分，复习时应熟练掌握相关的基础概念。信息系统工程历年考查知识点分布情况如表 5-1 所示。

表 5-1 信息系统工程历年考查知识点分布情况

试　题	考查知识点
2023 年 5 月试题考 4 分	软件工程的软件设计原则、数据工程的数据运维、应用集成的概念、信息安全空间的安全服务
2023 年 11 月试题考 4 分	软件工程的部署交付、数据工程的数据标准化、应用集成的概念、ISSE-CMM 评估
2024 年 5 月第一批次试题考 4 分	软件过程能力成熟度模型、数据库安全对策、ISSE-CMM 等级定义
2024 年 5 月第二批次试题考 4 分	软件工程的软件测试、数据工程的数据标准化、系统集成的数据集成、信息安全空间的安全机制

5.2 架构设计

例题 1

当前我国政府信息化和电子政务建设发展迅速，人民群众办理很多业务只需要通过浏览器就可以完成，这些业务提供单位的信息系统软件架构规划属于（ ）。

A. 文件服务器架构　　B. 典型客户 / 服务器两层架构

C. 客户 / 服务器 N 层架构　　D. 基于 Web 的架构

例题 2

图中的软件架构设计属于（ ）风格。

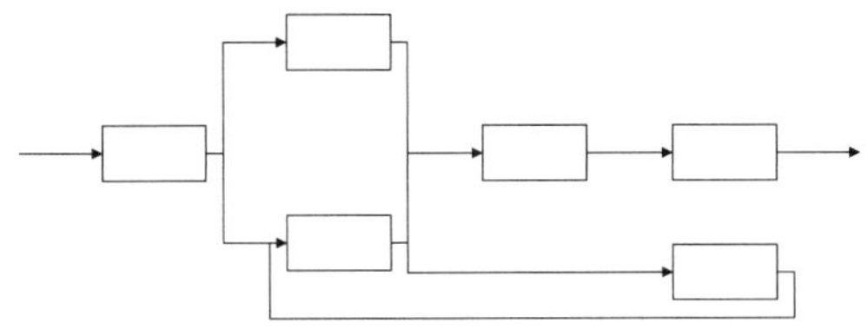

A. 虚拟机风格　　B. 调用 / 返回风格

C. 独立构件风格　　D. 数据流风格

例题 3

研究软件架构的根本目的是解决软件的复用、质量和维护问题，软件架构设计是软件开发过程中关键的一步，因此需要对其进行评估。在这一活动中，评估人员关注的是系统的（ ）属性。

A. 功能　　B. 性能　　C. 质量　　D. 安全

5.3 需求分析

例题 4

使用结构化分析（SA）方法进行需求分析，围绕数据字典建立的三个层次的模型不包括（ ）。

A. 实体关系图　　B. 业务流程图　　C. 数据流图　　D. 状态转换图

例题 5

质量功能部署（Quality Function Deployment，QFD）将软件需求分为常规需求、（ ）和意外需求。

A. 期望需求　　B. 业务需求　　C. 系统需求　　D. 行为需求

例题 6

使用 SA 方法进行软件需求分析，（ ）分别用来表示功能模型和行为模型。

A. 数据流图、状态转换图　　B. 状态转换图、E-R 图

C. 状态转换图、数据流图　　D.E-R 图、状态转换图

例题 7

软件需求是多层次的，包括业务需求、用户需求和系统需求，其中业务需求（ ）。

A. 反映了企业或客户对系统高层次的目标需求

B. 描述了用户的具体目标或者用户要求系统必须完成的任务

C. 从系统角度来说明软件的需求，包括功能需求、非功能需求和设计约束

D. 描述了用户认为系统应该具备的功能和性能

5.4 软件设计

例题 8

在常用的 OOD 原则中，（ ）原则是一个对象应当对其他对象有尽可能少的了解，该原则与结构化方法的（ ）原则是一致的。

A. 单职；高内聚　　B. 组合重用；低耦合

C. 迪米特；低耦合　　D. 开闭；高内聚

例题 9

关于设计模式的描述，不正确的是（ ）。

A. 设计模式包括模式名称、问题、目的、解决方案、效果、实例代码和相关设计模式等基本要素

B. 根据处理范围的不同，设计模式分为类模式和对象模式

C. 根据目的和用途的不同，设计模式分为创建型模式、结构型模式和行为型模式

D. 对象模式处理对象之间的关系，这些关系通过继承建立，在编译时就被确定下来，属于静态关系

5.5 软件部署交付

例题 10

（ ）是指当有新版本发布时，先让少量用户使用新版本，并且观察新版本是否存在

问题。如果存在问题，就及时处理并重新发布；如果一切正常，就稳步地将新版本适配给所有的用户。

A. 蓝绿部署　　B. 金丝雀部署　　C. 虚拟机部署　　D. 持续部署

5.6 软件开发过程管理

例题 11

软件过程能力成熟度模型（CSMM）包括治理、开发与交付、管理与支持、（ ）四个能力域。

A. 数据管理　　B. 组织管理　　C. 战略管理　　D. 运营管理

例题 12

企业能够将软件管理和工程两方面的过程文档化、标准化，并综合成该组织的标准软件过程。所有项目均使用经批准、剪裁的软件过程来开发和维护软件，软件产品的生产在整个软件过程中是可见的，由此判断，该企业达到了 CMMI（ ）级。

A.2　　B.3　　C.4　　D.5

5.7 数据标准化

例题 13

制定一个数据元标准的步骤是（ ）。

①界定业务范围　　②开展业务流程分析与信息建模

③描述数据的内容、质量等信息　　④提取数据元并规范属性

⑤发布数据元标准并维护

A. ①②③⑤④　　B. ③①②④⑤　　C. ①④②③⑤　　D. ③①④②⑥

5.8 数据运维

例题 14

（ ）是（ ）的基础，二者的目的都是在系统崩溃或灾难发生时能够恢复数据或系统。

A. 数据容灾；数据备份　　B. 数据存储；数据安全

C. 数据安全；数据存储　　D. 数据备份；数据容灾

5.9 数据库安全对策

例题 15

（ ）定位于在并发事务中保证数据库中数据的逻辑一致性。

A. 保证数据库的完整性　　B. 保证数据的操作完整性

C. 保证数据的语义完整性　　D. 防止非法的数据访问

5.10 信息系统数据集成

例题 16

实现异构数据源的数据集成，首先需要（ ）。

A. 进行数据清洗　　B. 实施数据标注

C. 获取原始数据　　D. 矫正数据质量

5.11 信息系统应用集成

例题 17

在应用集成中，有多个组件帮助协调连接各种应用。其中（ ）利用特定的数据结构，帮助开发人员快速访问其他应用的功能。

A. 事件驱动型操作　　B.API

C. 数据映射　　D.RNN

例题 18

从信息系统集成技术的角度来看，（ ）在最上层，主要解决（ ）问题。

A. 数据集成；互通　　B. 网络集成；互连

C. 软件集成；互适应　　D. 应用集成；互操作性

5.12 信息系统安全工程

例题 19

由安全机制、OSI 网络参考模型、安全服务三个轴形成的信息安全系统三维空间中，操作系统漏洞检测与修复属于（ ）。

A. 平台安全　　B. 应用安全　　C. 通信安全　　D. 授权和审计安全

例题 20

依据 ISSE-CMM 中公共特性的成熟度等级定义，（ ）不属于 ISSE-CMM 的 Level 2：规划和跟踪级。

A. 将过程域执行的方法形成标准化和程序化文档

B. 对组织的标准化过程族进行裁剪

C. 在执行过程域中，使用文档化的标准和程序

D. 验证过程与可用标准的一致性

例题 21

（ ）用于防止非法实体对交换数据的修改、插入、删除，以及在数据交换过程中丢失数据。

A. 对等实体认证服务　　B. 数据保密服务

C. 数据完整性服务　　D. 数据源点

5.13 答案与解析

例题 1

试题答案：D

试题解析：本题考查信息系统架构风格。

- 文件服务器架构：这种架构主要依赖文件服务器来存储和共享文件，并不涉及通过浏览器办理业务的功能。因此，A 选项不符合题目描述。
- 典型客户 / 服务器两层架构：在这种架构中，客户端和服务器直接通信，客户端需要安装特定的软件来与服务器交互。然而，题目中明确提到人民群众是通过浏览器来办理业务的，这并不需要客户端安装特定的软件。因此，B 选项也不符合题目描述。
- 客户 / 服务器 N 层架构：虽然 N 层架构在复杂系统中很常见，但它依然涉及客户端和服务器之间的直接交互，且客户端通常需要安装软件或应用程序。这与题目中人民群众通过浏览器办理业务的方式不符，因此 C 选项不对。
- 基于 Web 的架构：这种架构允许用户通过 Web 浏览器访问服务器上的应用程序，而无须在客户端安装额外的软件。在这种架构下，所有的业务逻辑和数据都被存储在服务器上，而用户只需要通过浏览器发送请求和接收响应即可。它完全符合题目中描述的“人民群众办理很多业务只需要通过浏览器就可以完成”的情况。

综上所述，基于 Web 的架构最符合题目描述的政府信息化和电子政务建设的软件架

构规划。因此，本题参考答案为 D 选项。

例题 2

试题答案：D

试题解析：本题考查软件架构风格。

- 数据流风格：包括批处理序列和管道 / 过滤器两种风格。本题图中的软件架构设计属于管道 / 过滤器风格，因此 D 选项正确。

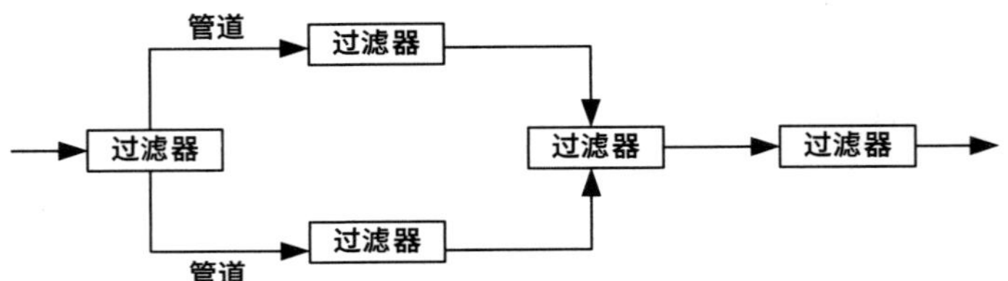

- 调用 / 返回风格：包括主程序 / 子程序、数据抽象和面向对象，以及层次结构。

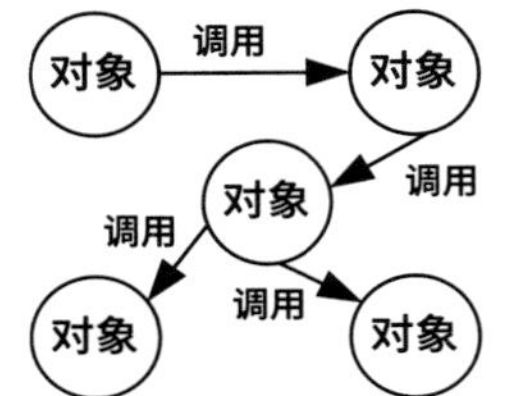

- 独立构件风格：包括进程通信和事件驱动的系统。

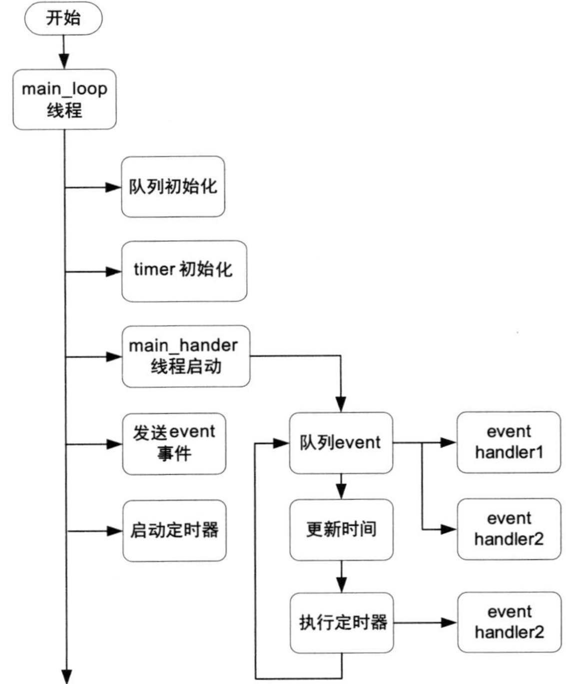

- 虚拟机风格：包括解释器和基于规则的系统。

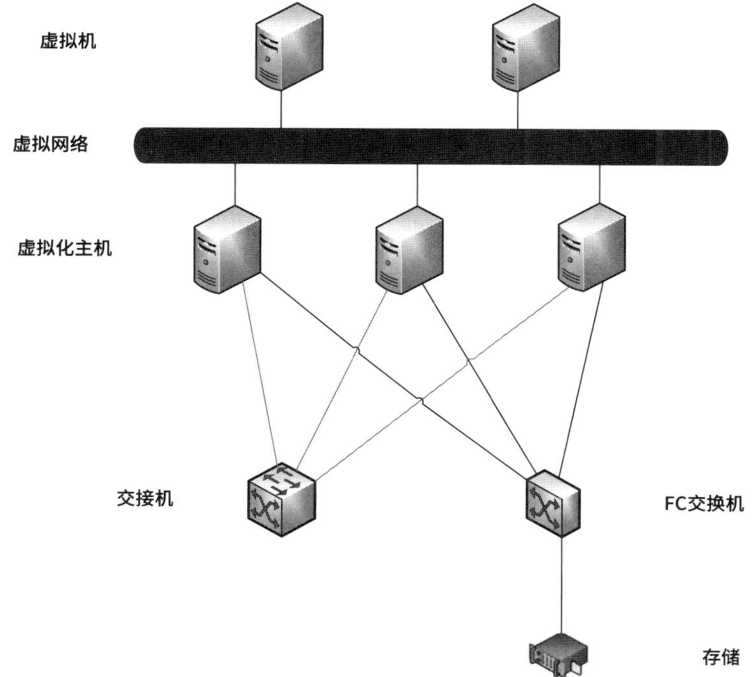

- 仓库风格：包括数据库系统、黑板系统和超文本系统。

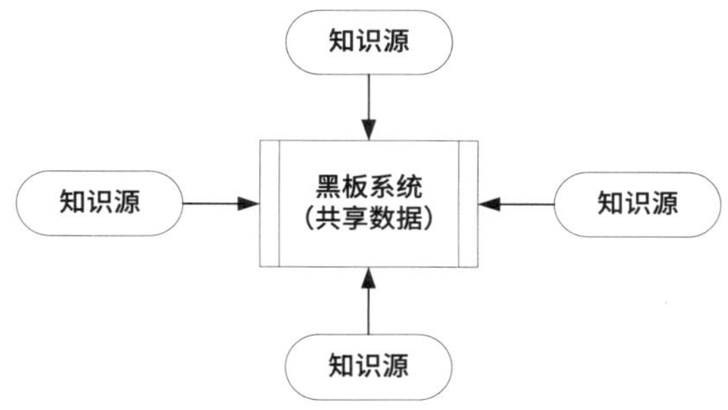

综上所述，本题参考答案为 D 选项。

例题 3

试题答案：C

试题解析：本题考查软件架构设计基础知识——软件架构评估。

在软件架构评估过程中，评估人员所关注的是系统的质量属性。因此，本题参考答案为 C 选项。

例题 4

试题答案：B

试题解析：本题考查需求过程的基础知识。

使用结构化分析（SA）方法进行需求分析，其建立的模型的核心是数据字典。围绕这个核心，有三个层次的模型，分别是数据模型、功能模型和行为模型（也被称为状态模型）。在实际工作中，一般用实体关系图（E-R 图）表示数据模型，用数据流图（Data Flow Diagram，DFD）表示功能模型，用状态转换图（State Transform Diagram，STD）表示行为模型。

综上所述，本题参考答案为 B 选项。

例题 5

试题答案：A

试题解析：本题考查需求分析的需求层次。

质量功能部署（Quality Function Deployment，QFD）是一种将用户要求转化成软件需求的技术，其目的是最大限度地提升软件工程过程中用户的满意度。为了达到这个目标，QFD 将软件需求分为三类，分别是常规需求、期望需求和意外需求。

综上所述，本题参考答案为 A 选项。

例题 6

试题答案：A

试题解析：本题考查需求分析的相关概念。

参见例题 4 的试题解析。

本题参考答案为 A 选项。

例题 7

试题答案：A

试题解析：本题考查需求分析的需求层次。

业务需求反映了企业或客户对系统高层次的目标要求，其通常来自项目投资人、购买产品的客户、客户单位的管理人员、市场营销部门或产品策划部门等。

“A. 反映了企业或客户对系统高层次的目标需求”：业务需求通常是由企业或组织的业务目标所驱动的，它关注的是系统应该如何支持这些业务目标，而不是具体的功能实现或技术细节。因此，这个选项与业务需求的定义高度吻合。

“B. 描述了用户的具体目标或者用户要求系统必须完成的任务”：这个描述更接近于用户需求，而不是业务需求。用户需求关注的是用户希望系统能够完成的具体任务或满足的具体需求，它更侧重于用户视角的功能描述。

“C. 从系统角度来说明软件的需求，包括功能需求、非功能需求和设计约束”：这个描述更符合系统需求的范畴。系统需求从系统的角度出发，详细说明了软件应该具备的功能，性能、可靠性、安全性等非功能需求，以及设计上的约束条件。

“D. 描述了用户认为系统应该具备的功能和性能”：这个描述同样更偏向于用户需求，特别是关于功能和性能的描述，它更多地从用户的角度出发来阐述系统的期望特性。

综上所述，本题参考答案为 A 选项。

例题 8

试题答案：C

试题解析：本题考查面向对象设计的基本概念。

常用的 OOD 原则如下所示。

- 单职原则：设计功能单一的类。本原则与结构化方法的高内聚原则是一致的。
- 开闭原则：对扩展开放，对修改封闭。
- 里氏替换原则：子类可以替换父类。
- 依赖倒置原则：要依赖抽象，而不是具体实现；要针对接口编程，而不是针对实现编程。
- 接口隔离原则：使用多个专门的接口比使用单一的总接口要好。
- 组合重用原则：要尽量使用组合，而不是继承关系以达到重用的目的。
- 迪米特原则（最少知识法则）：一个对象应当对其他对象有尽可能少的了解。本原则与结构化方法的低耦合原则是一致的。

内聚表示模块内部各成分之间联系的程度，是从功能的角度来度量模块内的联系的，一个好的内聚模块应当恰好做目标单一的一件事情；耦合表示模块之间联系的程度。紧密耦合表示模块之间的联系非常强，松散耦合表示模块之间的联系比较弱，非耦合则表示模块之间无任何联系，是完全独立的。

综上所述，本题参考答案为 C 选项。

例题 9

试题答案：D

试题解析：本题考查设计模式的相关概念。

设计模式是前人的经验总结，它使人们可以方便地复用成功的软件设计。类模式处理类和子类之间的关系，这些关系通过继承建立，在编译时就被确定下来，属于静态关系；对象模式处理对象之间的关系，这些关系在运行时变化，更具动态性。

综上所述，本题参考答案为 D 选项。

例题 10

试题答案：B

试题解析：本题考查部署交付内容。

蓝绿部署是指在部署时准备新旧两个部署版本，通过域名解析切换的方式将用户环境切换到新版本中，如果出现问题，则可以快速地将用户环境切换回旧版本，并对新版本进行修复和调整。

金丝雀部署是指当有新版本发布时，先让少量用户使用新版本，并且观察新版本是否存在问题。如果存在问题，就及时处理并重新发布；如果一切正常，就稳步地将新版本适配给所有的用户。

虚拟机部署是指在虚拟机上借助流程化的部署能够较好地构建软件环境，但是第三方依赖库重构的不稳定为整体部署带来了困难。

综上所述，本题参考答案为 B 选项。

例题 11

试题答案：B

试题解析：本题考查 CSMM 能力域。

软件过程能力是组织基于软件过程、技术、资源和人员能力达成业务目标的综合能力，包括治理能力、开发与交付能力、管理与支持能力、组织管理能力等方面。

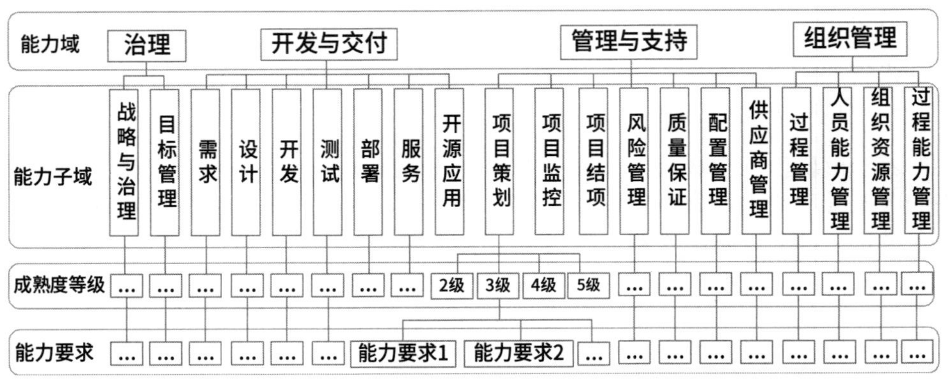

综上所述，本题参考答案为 B 选项。

例题 12

试题答案：B

试题解析：本题考查软件工程的过程管理。

由题干“企业能够将软件管理和工程两方面……”得知，此题考查的是能力成熟度模型集成（CMMI）的连续式模型，而连续式表示法相对于单个过程域，使用能力等级来描述组织过程状态的特征。

（1）能力等级 0 级：不完整级。

不完整的过程是没有得到执行或部分得到执行的过程。过程域的一个或多个特定目标没有得到满足，并且在该等级下也不具备通用目标，因为没有理由对一个部分执行的过程进行制度化。

（2）能力等级 1 级：已执行级。

能力等级 1 级的过程被描述为已执行的过程。已执行的过程是完成所需工作而产生工作产品的过程：过程域的特定目标得到满足。尽管能力等级 1 级会取得重大改进，但如果未进行制度化，那些改进经过一段时间后可能就会丢失。利用制度化（CMMI 能力等级 2 级与 3 级的通用实践）有助于确保改进得以保持。

（3）能力等级 2 级：已管理级。

能力等级 2 级的过程被描述为已管理的过程。已管理的过程是一种已执行的过程，这种过程按照方针得到计划和执行；雇用有技能的人，具备充分的资源以产生受控的输出；使相关干系人参与其中；得到监督、控制与评审，并且对其过程描述的遵守程度进行评价。

（4）能力等级 3 级：已定义级。

能力等级 3 级的过程被描述为已定义的过程。已定义的过程是一种已管理的过程，这种过程按照组织的剪裁指南，从组织的标准过程集中剪裁得到；它具有受维护的过程描述，并且将过程相关经验贡献给组织级过程资产。

综上所述，本题参考答案为 B 选项。

例题 13

试题答案：B

试题解析：本题考查数据标准化知识。

一般来说，制定一个数据元标准，应遵循若干基本过程，如下所示。

①描述。

②界定业务范围。

③开展业务流程分析与信息建模。

④借助信息模型，提取数据元，并按照一定的规则规范其属性。

⑤对于代码型的数据元，编制其值域，即代码表。

⑥与现有的国家标准或行业标准进行协调。

⑦发布实施数据元标准并建立相应的动态维护管理机制。

综上所述，本题参考答案为 B 选项。

例题 14

试题答案：D

试题解析：本题考查数据运维。

数据备份是数据容灾的基础，数据备份是数据高可用的最后一道防线，其目的是在系统崩溃时能够快速恢复数据。

综上所述，本题参考答案为 D 选项。

例题 15

试题答案：B

试题解析：本题考查数据库安全对策。

保证数据的操作完整性定位于在并发事务中保证数据库中数据的逻辑一致性。一般而言，数据库管理系统中的并发管理器子系统负责实现这部分需求。

综上所述，本题参考答案为 B 选项。

例题 16

试题答案：C

试题解析：本题考查数据集成。

“A. 进行数据清洗”：数据清洗是数据预处理的一个重要步骤，它通常发生在数据获取之后，用于处理数据中的错误、冗余、不一致等问题，以确保数据的质量和准确性。因此，它并不是数据集成过程中的第一步。

“B. 实施数据标注”：数据标注通常与机器学习或人工智能项目相关，用于为数据打上标签或注解，以便算法能够理解和处理这些数据。它与异构数据源的数据集成无直接关联，也不是数据集成过程的初始步骤。

“C. 获取原始数据”：在异构数据源的数据集成过程中，第一步通常是获取来自不同源（如数据库、文件、API 等）的原始数据。这些数据源可能具有不同的格式、结构和质量，但集成过程首先需要收集这些数据。

“D. 矫正数据质量”：虽然数据质量对于数据集成至关重要，但矫正数据质量通常是在数据获取和初步处理之后进行的。它涉及识别并解决数据中的质量问题，以确保后续数据处理和分析的准确性。

综上所述，实现异构数据源的数据集成的第一步是获取原始数据。因此，本题参考答案是 C 选项。

例题 17

试题答案：B

试题解析：本题考查应用集成。

应用编程接口（API）是定义不同软件交互方式的程序和规则，可以支持应用之间相互通信。API 利用特定的数据结构，帮助开发人员快速访问其他应用的功能。

综上所述，本题参考答案为 B 选项。

例题 18

试题答案：D

试题解析：本题考查应用集成。

从信息系统集成技术的角度来看，在集成的堆栈上，应用集成在最上层，主要解决应用的互操作性问题。使用语言进行比喻，将语法、语义、语用三者对应到系统集成技术上，网络集成解决语法的问题，数据集成解决语义的问题，应用集成解决语用的问题。

综上所述，本题参考答案为 D 选项。

例题 19

试题答案：A

试题解析：本题考查安全系统知识。

安全机制包括基础设施实体安全、平台安全、数据安全、通信安全、应用安全、运行安全、管理安全、授权和审计安全、安全防范体系等。

- 基础设施实体安全：主要包括机房安全、场地安全、设施安全、动力系统安全、灾难预防与恢复等。
- 平台安全：主要包括操作系统漏洞检测与修复、网络基础设施漏洞检测与修复、通用基础应用程序漏洞检测与修复、网络安全产品部署等。
- 数据安全：主要包括介质与载体安全保护、数据访问控制、数据完整性、数据可用性、数据监控和审计、数据存储与备份安全等。
- 通信安全：主要包括通信线路和网络基础设施的安全性测试与优化、安装网络加密设施、设置通信加密软件、设置身份鉴别机制、设置并测试安全通道、测试各项网络协议运行漏洞等。
- 应用安全：主要包括业务软件的程序安全性测试（Bug 分析）、业务交往的防抵赖测试、业务资源的访问控制验证测试、业务实体的身份鉴别检测、业务现场的备份与恢复机制检查、业务数据的唯一性与一致性及防冲突检测、业务数据的保密性测试、业务系统的可靠性测试、业务系统的可用性测试等。
- 运行安全：主要包括应急处置机制和配套服务、网络系统安全性监测、网络安全产品运行监测、定期检查和评估、系统升级和补丁的提供、跟踪最新安全漏洞及通报、灾难恢复机制与预防、系统改造管理、网络安全专业技术咨询服务等。
- 管理安全：主要包括人员管理、培训管理、应用系统管理、软件管理、设备管理、文档管理、数据管理、操作管理、运行管理、机房管理等。
- 授权和审计安全：以向用户和应用程序提供权限管理与授权服务为目标，主要负责向业务应用系统提供授权服务管理，提供从用户身份到应用授权的映射功能，实现与实际应用处理模式相对应的，与具体应用系统的开发和管理无关的访问控制机制。

- 安全防范体系：组织安全防范体系的建立，使组织具有较强的应急事件处理能力，其核心是实现组织信息安全资源的综合管理（Enterprise Information Security Resource Management，EISRM）。组织安全防范体系的建立，可以更好地发挥六项能力——预警（Wam）、保护（Protect）、检测（Detect）、反应（Response）、恢复（Recover）和反击（Counter-attack），即综合的 WPDRRC 信息安全保障体系。

综上所述，本题参考答案为 A 选项。

例题 20

试题答案：B

试题解析：本题考查公共特性的成熟度等级定义。

（1）规划执行。

- 为执行过程域分配足够的资源。
- 为开发工作产品和（或）提供过程域服务指定责任人。
- 将过程域执行的方法形成标准化和（或）程序化文档。（A 选项）
- 提供支持执行过程域的有关工具。
- 保证过程域执行人员获得适当的过程执行方面的培训。
- 对过程域的实施进行规划。

（2）规范化执行。

- 在执行过程域中，使用文档化的规划、标准和（或）程序。（C 选项）
- 在需要的地方将过程域的工作产品置于版本控制和配置管理之下。

（3）验证执行。

- 验证过程与可用标准和（或）程序的一致性。（D 选项）
- 审计工作产品（验证工作产品遵从可适用标准和（或）需求的情况）。

（4）跟踪执行。

- 用测量跟踪过程域相对于规划的态势。
- 当进程严重偏离规划时采取必要的修正措施。

综上所述，本题参考答案为 B 选项。

例题 21

试题答案：C

试题解析：本题考查安全服务。

安全服务包括对等实体认证服务、数据保密服务、数据完整性服务、数据源点认证服务、禁止否认服务和犯罪证据提供服务等。

（1）对等实体认证服务：用于两个开放系统同等层中的实体建立链接或数据传输时，对对方实体的合法性、真实性进行确认，以防假冒。

（2）数据保密服务：包括多种保密服务，为了防止网络中各系统之间的数据被截获或被非法存取而泄密，提供密码加密保护。数据保密服务可提供链接方式和无链接方式两种数据保密，同时可对用户可选字段的数据进行保护。

（3）数据完整性服务：用于防止非法实体对交换数据的修改、插入、删除，以及在数据交换过程中丢失数据。数据完整性服务可分为：

- 带恢复功能的链接方式数据完整性。
- 不带恢复功能的链接方式数据完整性。
- 选择字段链接方式数据完整性。
- 选择字段无链接方式数据完整性。
- 无链接方式数据完整性。

（4）数据源点认证服务：用于确保数据来自真正的源点，防止假冒。

（5）禁止否认服务：用于防止发送方在发送数据后否认自己发送过此数据，接收方在收到数据后否认自己收到过此数据或伪造接收数据。它由两种服务组成：不得否认发送和不得否认接收。

（6）犯罪证据提供服务：为违反国内外法律法规的行为或活动提供各类数字证据、信息线索等。

综上所述，本题参考答案为 C 选项。

第 6 章
项目管理概论

6.1 考点分析

根据考试大纲，本章要求考生掌握以下知识点：

- 项目基础、项目管理的重要性
- 项目成功的标准
- 项目、项目集、项目组合和运营管理之间的关系
- 项目内外部运行环境
- 组织系统
- 项目管理和产品管理
- 项目经理的定义
- 项目管理的影响力范围
- 项目经理的能力
- 项目管理原则
- 项目生命周期和项目阶段
- 项目管理过程组
- 项目管理知识领域
- 项目绩效域
- 价值交付系统

本章考查重点是项目与项目管理的基本概念、项目经理、项目、项目集、项目管理过程与过程组。项目管理概论历年考查知识点分布情况如表 6-1 所示。

表 6-1 项目管理概论历年考查知识点分布情况

试　题	考查知识点
2019 年 11 月试题考 4 分	项目与组织战略、组织过程资产、组织结构类型、项目管理过程与过程组
2020 年 11 月试题考 3 分	项目管理概念、组织过程资产、组织结构类型

续表

试 题	考查知识点
2021 年 5 月试题考 3 分	项目与项目管理的概念、项目管理过程与过程组、项目生命周期的特征
2021 年 11 月试题考 2 分	组织过程资产、组织结构类型
2022 年 5 月试题考 3 分	项目与项目管理的概念、项目经理、项目管理过程与过程组
2022 年 11 月试题考 3 分	项目特点、信息系统项目生命周期、组织结构类型
2023 年 5 月试题考 2 分	项目经理、项目、项目集、项目组合和运营管理
2023 年 11 月试题考 3 分	项目基础、项目经理、项目、项目集、项目组合和运营管理
2024 年 5 月第一批次试题考 2 分	项目经理、项目管理知识体系的构成
2024 年 5 月第二批次试题考 3 分	项目基础、项目、项目集、项目组合和运营管理、信息系统项目生命周期

6.2 项目基础

例题 1

A project is a（ ）endeavor undertaken to create a unique product, service or result.

A.static B.permanent C.temporary D.renting

6.3 项目经理的角色

例题 2

关于项目经理的描述，不正确的是（ ）。

A. 项目经理是发起人、团队成员与其他干系人之间的沟通者

B. 项目经理领导项目团队实现项目目标

C. 项目经理应该时刻关注行业的最新发展趋势

D. 项目经理不可以是临时被委任的外部顾问

例题 3

关于项目经理相关能力的描述，不正确的是（ ）。

A. 项目管理、战略和商务、领导力是项目经理需要关注的技能

B. 人际交往占据项目经理的绝大部分工作内容

C. 领导力关注近期目标，关注可操作性的问题和问题的解决

D. 战略和商务技能有助于项目经理了解与项目相关的商业因素

6.4 组织过程资产

例题 4

组织过程资产在项目管理中扮演重要的角色，（ ）不属于组织过程资产。

A. 基础设施

B. 组织的经验学习系统

C. 产品组件标准

D. 招聘、培养、使用和解聘技术人员的指导方针

6.5 项目特点

例题 5

关于项目管理特点的描述，不正确的是（ ）。

A. 项目管理具有创造性，由于项目具有一次性的特点，因此在项目管理过程中，既要承担风险，又要发挥创造性

B. 项目管理负责人除具备技术知识和专业知识外，还需要有相关的人际关系软技能帮助其达成项目的目标

C. 项目团队应当将项目置于其所处的文化、社会、国际、政治和自然的环境中加以考虑

D. 项目管理作为一种管理方法体系，具有普适性，在不同的国家、不同的行业、项目管理的不同发展阶段，在结构、内容、方法上是相同的

6.6 项目管理知识体系

例题 6

价值交付系统包括项目如何创造价值、价值交付组件和信息流。其中，价值交付组件包括（ ）。

①战略 ②项目组合 ③项目集 ④项目 ⑤运营 ⑥产品 ⑦市场环境

A. ②③④⑤⑥　　B. ②③④⑥⑦　　C. ①②③④⑤　　D. ①②③④⑥

例题 7

价值驱动的项目管理知识体系关注价值的实现，包含了项目管理原则、绩效域、项目生命周期、过程组、十大知识领域和价值交付系统，其中（ ）是基础，是所有项目干系人在整个项目生命周期过程中进行各项活动的行动指南。

A. 项目生命周期

B. 项目管理原则

C. 绩效域

D. 价值交付系统

6.7 项目生命周期

例题 8

迭代型与增量型项目生命周期的特点是（ ）。

A. 需求在交付期间频繁细化，在交付期间实时把变更融入项目中

B. 需求在交付期间定期细化，定期把变更融入项目中

C. 需求在开发前确定，尽量限制变更

D. 针对最终可交付成果制订可交付计划，在项目结束时一次性交付最终产品

例题 9

关于信息系统项目生命周期的描述，正确的是（ ）。

A. 在项目执行期间，风险与不确定性在开始时最小

B. 原型法对于需求的响应是动态的

C.V 模型不适用于需求明确和需求变更频繁的项目

D. 敏捷开发模式适用于各类项目

6.8 项目管理办公室

例题 10

在项目组合管理中，经常会涉及项目管理办公室。（ ）不属于项目管理办公室的职能。

A. 建立项目管理的支撑环境

B. 提供项目管理的指导和咨询

C. 多项目的管理和监控

D. 制订具体的项目管理计划

6.9 项目管理过程与过程组

例题 11

关于项目阶段、项目生命周期及项目管理过程的描述，不正确的是（ ）。

A. 项目生命周期与项目管理过程组的含义相同，即同一事物的两个说法

B. 做出变更和纠正错误的成本，随着项目越来越接近完成而显著增加

C. 成本与人力投入在项目开始时较低，在执行期间达到最高，在项目快要结束时快速回落

D. 在螺旋模型中，每个周期一般被划分为制订计划、风险分析、实施工程和客户评估四个阶段

例题 12

项目管理五个过程组中的（ ）过程组，与戴明环中的检查和行动环节对应。

A. 启动　　B. 执行　　C. 规划　　D. 监控

例题 13

可以将组成项目的各个过程归纳为五个过程组，启动过程组包括制定项目章程和（ ）两个过程。

A. 收集需求

B. 识别项目干系人

C. 定义范围

D. 组建项目团队

6.10 答案与解析

例题 1

试题答案：C

试题解析：本题考查项目基础。

本题翻译如下：

项目是为创造独特的产品、服务或成果而做出的（ ）工作。

A. 静止的　　B. 永久的　　C. 临时的　　D. 租用的

项目是为实现特定的目标而进行的一系列临时性工作，这些工作通常有明确的开始时间和结束时间。

综上所述，本题参考答案为 C 选项。

例题 2

试题答案：D

试题解析：本题考查项目经理的影响力范围。

- 项目经理充当项目发起人、团队成员与其他干系人之间的沟通者，可以提供指导和展示项目成功的愿景与目标。（A 选项正确。）
- 项目经理由执行组织委派，负责领导团队实现项目目标。（B 选项正确。）
- 项目经理应该时刻关注行业的最新发展趋势，获取并判断这些信息对当前项目的影响。（C 选项正确。）
- 项目经理需要与其他角色紧密协作，如组织经理、专家以及可行性研究分析人员。在某些情况下，项目经理可以是临时被委任的外部顾问。（D 选项错误。）
- 项目经理还可以担任非正式的宣传大使。

综上所述，本题参考答案为 D 选项。

例题 3

试题答案：C

试题解析：本题考查领导力与管理。

“领导力”不等同于“管理”。“管理”指指挥一个人执行一系列已知的预期行为从一个位置到另一个位置，关注近期目标。“领导力”指通过讨论或辩论的方式与他人合作，带领他们从一个位置到另一个位置，关注长期愿景。

综上所述，本题参考答案为 C 选项。

例题 4

试题答案：A

试题解析：本题考查组织过程资产基础知识。

组织过程资产是执行组织所特有并使用的计划、流程、政策、程序和知识库，包括来自任何（或所有）项目参与组织的，可用于执行或治理项目的任何产物、实践或知识。组织过程资产分为两类：组织指导工作的过程和程序，以及存储和检索信息的组织公用知识库。

综上所述，B、C、D 选项都属于组织过程资产，A 选项“基础设施”不属于。因此，本题参考答案为 A 选项。

例题 5

试题答案：D

试题解析：本题考查项目管理的特点。

项目管理作为一种管理方法体系，在不同的国家、不同的行业以及它自身的不同发展阶段，无论是在结构、内容上，还是在技术、手段上都有一定的区别。D 选项提到项目管理作为一种管理方法体系，具有普适性，该描述不正确。

综上所述，本题参考答案为 D 选项。

例题 6

试题答案：A

试题解析：本题考查价值交付组件。

价值交付系统描述了项目如何在系统内运作，为组织及其干系人创造价值。价值交付系统包括项目如何创造价值、价值交付组件和信息流。价值交付组件可以单独或结合使用多种组件（如项目组合、项目集、项目、产品和运营）来创造价值。

综上所述，本题参考答案为 A 选项。

例题 7

试题答案：B

试题解析：本题考查价值驱动的项目管理知识体系的组成。

价值驱动的项目管理知识体系关注价值的实现，包含了项目管理原则、绩效域、项目生命周期、过程组、十大知识领域和价值交付系统。项目管理原则是基础，是所有项目干系人在整个项目生命周期过程中进行各项活动的行动指南。

综上所述，本题参考答案为 B 选项。

例题 8

试题答案：B

试题解析：本题考查项目生命周期类型的特点。

在项目生命周期内的一个或多个阶段通常会对产品、服务或成果进行开发，开发生命周期可分为预测型（计划驱动型）、迭代型、增量型、适应型（敏捷型）和混合型多种类型，采用不同开发生命周期的项目会呈现出不同的项目生命周期的特点。各生命周期之间的联系与区别如下表所示：

预测型	迭代型与增量型	适应型
需求在开发前预先确定	需求在交付期间定期细化	需求在交付期间频繁细化
针对最终可交付成果制订交付计划，然后在项目结束时一次性交付最终产品	分次交付整体项目或产品的各个子集	频繁交付对客户有价值的各个子集
尽量限制变更	定期把变更融入项目中	在交付期间实时把变更融入项目中
关键干系人在特定里程碑点参与	关键干系人定期参与	关键干系人持续参与
通过对基本已知的情况编制详细计划来控制风险和成本	通过使用新信息逐渐细化计划来控制风险和成本	随着需求和制约因素的显现而控制风险和成本

综上所述，本题参考答案为 B 选项。

例题 9

试题答案：B

试题解析：本题考查信息系统项目生命周期。

在项目执行期间，风险与不确定性在开始时最大。

原型法对于需求的响应是动态的。原型法的特点在于其对用户的需求是动态响应、逐步纳入的，系统分析、设计与实现都是随着对一个工作模型的不断修改而同时完成的，相互之间并无明显界限，也没有明确分工。

“V 模型不适用于需求明确和需求变更频繁的项目”这一说法不正确。V 模型适用于需求明确和需求变更不频繁的情形。

“敏捷开发模式适用于各类项目”这一说法不正确。敏捷软件开发又称敏捷开发，是一种从 20 世纪 90 年代开始逐渐引起广泛关注的新型软件开发方法，一种应对快速变化的需求的软件开发能力。

综上所述，本题参考答案为 B 选项。

例题 10

试题答案：D

试题解析：本题考查项目管理办公室基础知识。

项目管理办公室（PMO）在组织内部承担起了将组织战略目标通过一个个的项目执行加以实现的职能。其概念本身还在发展之中，在实践上也并不存在统一的方法。但总体来说，其主要的功能和作用可以分为两大类：日常性职能和战略性职能。其中，日常性职能包括：

- 建立组织内项目管理的支撑环境。（A 选项正确。）
- 培养项目管理人员。
- 提供项目管理的指导和咨询。（B 选项正确。）
- 组织内多项目的管理和监控。（C 选项正确。）

战略性职能包括：项目组合管理和提高组织项目管理能力。

综上所述，本题参考答案为 D 选项。

例题 11

试题答案：A

试题解析：本题考查项目阶段、项目生命周期及项目管理过程的概念。

项目生命周期是指项目从启动到收尾所经历的一系列阶段。项目管理过程组是指按照项目管理过程在项目管理中的职能，将组成项目的各个过程归纳为五组：启动过程组、规划过程组、执行过程组、监控过程组和收尾过程组。不论项目被划分为几个阶段，所有的项目阶段都具有以下类似的特征：

- 各阶段的工作重点不同，通常涉及不同的组织，处于不同的地理位置，需要不同的技能组合。
- 为了成功实现各阶段的主要可交付成果或目标，需要对各阶段及其活动进行独特的控制或采用独特的过程。重复执行全部五个过程组中的过程，可以提供所需的额外控制，并定义阶段的边界。
- 阶段的结束以作为阶段性可交付成果的工作产品的转移或移交为标志。阶段结束点是重新评估项目活动，并且变更或中止项目（如果必要的话）的一个当然时点。这个时点可被称为阶段关口、里程碑、阶段审查、阶段门或关键决策点。在很多情况下，阶段收尾需要得到某种形式的批准，阶段才算结束。项目生命周期的各个阶段会重复执行项目管理过程组，两者并非同一事物的两个说法。（A 选项错误。）

变更的代价随着项目越来越接近完成而显著增加。（B 选项正确。）

成本与人力投入在项目开始时较低，在工作执行期间达到最高，并在项目快要结束时快速回落。（C 选项正确。）

在螺旋模型中，螺旋线代表随着时间推进的工作进展；开发过程具有周期性重复的螺旋线状。四个象限分别标志每个周期所划分的四个阶段：制订计划、风险分析、实施工程和客户评估。（D 选项正确。）

综上所述，本题参考答案为 A 选项。

例题 12

试题答案：D

试题解析：本题考查项目管理过程组。

项目管理各过程组成的五个过程组可以对应 PDCA 循环，即戴明环：“计划（Plan）—执行（Do）—检查（Check）—行动（Act）”循环。该循环的各环节以结果相连，该循环一部分的结果变成了另一部分的依据。过程组的综合性比“计划—执行—检查—行动”循环更加复杂。规划过程组与“计划—执行—检查—行动”循环中的“计划”对应；执行过程组与“计划—执行—检查—行动”循环中的“执行”对应；监控过程组与“计划—执行—检查—行动”循环中的“检查”和“行动”对应。

综上所述，本题参考答案为 D 选项。

例题 13

试题答案：B

试题解析：本题考查项目管理过程组中的启动过程组。

启动过程组定义了新项目或现有项目的新阶段，包括“制定项目章程”和“识别项目干系人”两个过程。因此，本题参考答案为 B 选项。

第 7 章
项目立项管理

7.1 考点分析

根据考试大纲，本章要求考生掌握以下知识点：

- 项目建议与立项申请
- 项目可行性研究
- 可行性研究的内容
- 初步可行性研究
- 详细可行性研究
- 项目评估与决策

本章考查重点是可行性研究、项目论证与评估。项目立项管理历年考查知识点分布情况如表 7-1 所示。

表 7-1 项目立项管理历年考查知识点分布情况

试　题	考查知识点
2019 年 11 月试题考 2 分	可行性研究、项目论证与评估
2020 年 11 月试题考 2 分	可行性研究、项目论证与评估
2021 年 5 月试题考 2 分	可行性研究、项目论证与评估
2021 年 11 月试题考 1 分	可行性研究
2022 年 5 月试题考 2 分	可行性研究
2022 年 11 月试题考 3 分	项目建议与立项申请、可行性研究、项目论证与评估
2023 年 5 月试题考 2 分	可行性研究、项目论证与评估
2023 年 11 月试题考 3 分	项目建议与立项申请、可行性研究、项目论证与评估
2024 年 5 月第一批次试题考 2 分	可行性研究、项目论证与评估
2024 年 5 月第二批次试题考 2 分	项目建议与立项申请、可行性研究

7.2 项目建议与立项申请

例题 1

项目建议书的核心内容不包括（ ）。

A. 项目建设必需的条件

B. 项目预期成果的市场预测

C. 项目可行性研究认证

D. 项目的必要性

7.3 初步可行性研究

例题 2

关于可行性研究的描述，正确的是（ ）。

A. 试验室和中间工厂的试验是初步可行性研究的主要内容

B. 详细可行性研究一般是在对市场或者客户情况进行调查后，对项目进行的初步评估

C. 初步可行性研究与详细可行性研究在占有的资源和研究细节方面是相同的

D. 辅助研究用于解决项目的核心问题，为判断是否具备必要的技术、实验、人力条件提供支持

例题 3

关于项目可行性研究的描述，不正确的是（ ）。

A. 初步可行性研究报告必须包含项目的主要投资支出

B. 初步可行性研究报告可作为正式文件，支持项目决策

C. 初步可行性研究报告的核心内容不包括项目进度安排

D. 初步可行性研究是详细可行性研究的基础

7.4 可行性研究的内容

例题 4

在可行性报告中，“是否存在人力资源不足的问题，是否可以通过社会招聘或培训获得所需人员”属于（ ）的内容。

A. 技术可行性分析

B. 经济可行性分析

C. 社会效益可行性分析

D. 运行环境可行性分析

例题 5

At the project establishment stage, the feasibility study mainly includes techinical feasibility analysis,（ ）, operation environment feasibility analysis and other aspects of feasibility analysis.

A.detail feasibilty analysis　　B.opportunity analysis

C.economic feasibility analysis　　D.risk analysis

例题 6

（ ）往往决定了项目的方向，一旦开发人员估计错误，就会出现严重的后果。

A. 技术可行性分析　　B. 人员可行性分析

C. 经济可行性分析　　D. 社会可行性分析

例题 7

在信息系统项目的经济可行性分析中，（ ）属于非一次性支出。

A. 差旅费　　B. 培训费

C. 人员工资和福利　　D. 设备购置费

例题 8

辅助（功能）研究是项目可行性研究中的一项重要内容。以下叙述中，正确的是（ ）。

A. 辅助（功能）研究只包括项目的某一方面，而不是项目的所有方面

B. 辅助（功能）研究只能针对项目的初步可行性研究内容进行辅助说明

C. 辅助（功能）研究只涉及项目非关键部分的研究

D. 辅助（功能）研究的费用与项目可行性研究的费用无关

7.5 项目论证与评估

例题 9

在项目评估过程中，不可以由（ ）进行评价、分析和论证。

A. 政府主管部门　　B. 项目建设单位

C. 银行　　D. 第三方评估机构

例题 10

关于项目评估和项目论证的描述，不正确的是（ ）。

A.“先论证，后决策”是现代项目管理的基本原则。建设单位不能参与项目论证工作，必须委托第三方进行

B. 项目论证一般可分为机会研究、初步可行性研究和详细可行性研究三个阶段

C. 项目评估是项目投资前期进行决策管理的重要环节，其目的是审查项目可行性研究的可靠性、真实性和客观性，为银行的贷款决策或行政主管部门的审批决策提供科学依据

D. 项目评估的依据包括项目建议书及其批准文件、项目可行性研究报告、报送单位的申请报告及主管部门的初审意见等一系列文件

例题 11

不可作为项目评估依据的是（ ）。

A. 建议书及其批准文件

B. 可行性研究报告

C. 协议文件

D. 项目章程

例题 12

项目评估指在（ ）的基础上，由（ ）根据国家颁布的政策、法规、方法、参数和条例等条件，进行评价、分析和论证。

A. 项目立项申请；项目承建方

B. 项目可行性研究；项目建设方

C. 项目立项申请；第三方

D. 项目可行性研究；第三方

7.6 答案与解析

例题 1

试题答案：C

试题解析：本题考查项目建议书的内容。

项目建议书应该包括的核心内容有：①项目的必要性；②项目的市场预测；③项目预期成果（如产品方案或服务）的市场预测；④项目建设必需的条件。

综上所述，本题参考答案为 C 选项。

例题 2

试题答案：D

试题解析：本题考查初步可行性研究。

初步可行性研究的主要内容包括：

- 需求与市场预测。

- 设备与资源投入分析。
- 空间布局。
- 项目设计。
- 项目进度安排。
- 项目投资与成本估算。（A 选项错误。）

初步可行性研究一般是在对市场或者客户情况进行调查后，对项目进行的初步评估。（B 选项错误。）

初步可行性研究的结果及研究的主要内容基本上与详细可行性研究的相同，所不同的是在占有的资源、研究细节方面有较大差异。（C 选项错误。）

初步估计必须进行辅助研究，以解决项目的核心问题，并判断是否具备必要的技术、实验、人力条件作为支持等。（D 选项正确。）

综上所述，本题参考答案为 D 选项。

例题 3

试题答案：C

试题解析：本题考查初步可行性研究。

经过初步可行性研究，可以形成初步可行性研究报告，该报告虽然比详细可行性研究报告粗略，但是对项目已经有了全面的描述、分析和论证，所以初步可行性研究报告可以作为正式的文献供项目决策参考（B 选项正确），也可以成为进一步做详细可行性研究的基础（D 选项正确）。

初步可行性研究的结果及研究的主要内容基本上与详细可行性研究的相同，所不同的是在占有的资源、研究细节方面有较大差异。可以通过捷径来决定投资支出和生产成本中的次要组成部分，但不能决定其主要组成部分，此时必须把估计项目的主要投资支出和生产成本作为初步项目可行性研究的一部分。（A 选项正确。）

初步可行性研究的主要内容包括：

- 需求与市场预测：包括客户和服务对象需求分析预测、营销和推广分析，如初步的销售量和销售价格预测。
- 设备与资源投入分析：包括从需求、设计、开发、安装实施到运营的所有设备与材料的投入分析。
- 空间布局：如网络规划、物理布局方案的选择。
- 项目设计：包括项目总体规划、信息系统设计和设备计划、网络工程规划等。
- 项目进度安排：包括项目整体周期、里程碑阶段划分等。（C 选项错误。）
- 项目投资与成本估算：包括投资估算、成本估算、资金渠道及初步筹集方案等。

综上所述，本题参考答案为 C 选项。

例题 4

试题答案：A

试题解析：本题考查可行性研究内容的区分。

对信息系统项目进行可行性研究包括很多方面的内容，它们可以被归纳为以下几个方面：技术可行性分析、经济可行性分析、社会效益可行性分析、运行环境可行性分析，以及其他方面的可行性分析等。

技术可行性分析一般应当考虑的因素包括：

- 进行项目开发的风险：在给定的限制范围和时间期限内，能否设计出预期的系统并实现必需的功能和性能。
- 人力资源的有效性：是否可以建立用于项目开发的技术人员队伍，是否存在人力资源不足、技术能力欠缺等问题，是否可以在社会上或者通过培训获得所需的熟练技术人员。
- 技术能力的可能性：相关技术的发展趋势和当前所掌握的技术是否支持该项目的开发，是否存在支持该技术的开发环境、平台和工具。
- 物资（产品）的可用性：是否存在可以用于建立系统的其他资源，例如一些设备以及可行的替代产品等。

经济可行性分析具体包括如下内容：

- 支出分析：信息系统项目的支出可分为一次性支出和非一次性支出两类。
- 收益分析：信息系统项目的收益包括直接收益、间接收益以及其他方面的收益等。
- 收益投资比、投资回收期分析：对投入产出进行对比分析，以确定项目的收益率和投资回收期等经济指标。
- 敏感性分析：当诸如设备和软件配置、处理速度要求、系统的工作负荷类型和负荷量等关键性因素发生变化时，对支出和收益产生影响的估计。

社会效益可行性分析包括如下内容：

- 对组织内部：品牌效益、竞争力效益、技术创新效益、人员提升收益、管理提升效益。
- 对社会发展：公共效益、文化效益、社会责任感效益、其他收益。

运行环境可行性分析：运行环境是制约信息系统发挥效益的关键。因此，需要从用户的管理体制、管理方法、规章制度、工作习惯、人员素质（甚至包括人员的心理承受能力、接受新知识和新技能的积极性等）、数据资源积累、基础软硬件平台等多个方面进行评估，以确定软件系统在交付后，是否能够在用户现场顺利运行。

综上所述，本题参考答案为 A 选项。

例题 5

试题答案：C

试题解析：本题考查可行性研究的内容。

本题翻译如下：

在项目中，可行性研究主要包括技术可行性分析、（ ）、运行环境可行性分析等方面。

A. 详细可行性分析　　B. 机会分析

C. 经济可行性分析　　D. 风险分析

对信息系统项目进行可行性研究包括很多方面的内容，它们可以被归纳为以下几个方面：技术可行性分析、经济可行性分析、社会效益可行性分析、运行环境可行性分析，以及其他方面的可行性分析等。

综上所述，本题参考答案为 C 选项。

例题 6

试题答案：A

试题解析：本题考查可行性研究的内容。

对信息系统项目进行可行性研究包括很多方面的内容，它们可以被归纳为以下几个方面：技术可行性分析、经济可行性分析、社会效益可行性分析、运行环境可行性分析，以及其他方面的可行性分析等。

- 技术可行性分析往往决定了项目的方向，一旦开发人员在评估技术可行性分析时估计错误，就会出现严重的后果，造成项目根本上的失败。
- 经济可行性分析主要是对整个项目的投资及所产生的经济效益进行分析，具体包括支出分析、收益分析、投资回报分析以及敏感性分析等。
- 社会效益可行性分析，项目除了需要考虑经济可行性分析，往往还需要对项目的社会效益进行分析，尤其是针对面向公共服务领域的项目，其社会效益往往是可行性分析的关注重点。
- 运行环境可行性分析需要从用户单位（企业）的管理体制、管理方法、规章制度、工作习惯、人员素质（甚至包括人员的心理承受能力、接受新知识和新技能的积极性等）、数据资源积累、硬件（包含系统软件）平台等多个方面进行评估，以确定软件系统在交付后，是否能够在用户单位顺利运行。
- 其他方面的可行性分析，除了上面介绍的技术可行性分析、经济可行性分析、社会效益可行性分析和运行环境可行性分析，还包括诸如法律可行性、社会可行性等方面的分析。

综上所述，本题参考答案为 A 选项。

例题 7

试题答案：C

试题解析：本题考查经济可行性分析。

信息系统项目的支出可以分为一次性支出和非一次性支出两类。

- 一次性支出：开发费用、培训费、差旅费等。
- 非一次性支出：软硬件租金、人员工资和福利、水电等公用设施使用费等。

综上所述，本题参考答案为 C 选项。

例题 8

试题答案：A

试题解析：本题考查辅助（功能）研究基础知识。

辅助（功能）研究包括项目的一个或几个方面，但不是所有方面，并且只能作为项目初步可行性研究、详细可行性研究和大规模投资建议的前提或辅助。辅助研究分类如下：

（1）对要设计开发的产品进行的市场研究：包括市场的需求预测，以及预期的市场渗透情况的预测。

（2）配件和投入物资的研究：包括项目使用的基本配件与投入物资的当前和预测的可获得性，以及这些配件与投入的目前和预测的未来价格趋势。

（3）试验室和中间工厂的试验：根据需要进行试验以决定具体的配件是否合适，设计方案是否可行。

（4）网络物理布局设计。

（5）规模的经济性研究：一般作为技术选择研究的一个部分进行。如果涉及几种技术和几种市场规模，则分开进行研究，但研究不扩大到复杂的技术问题中。这种研究的主要任务是在考虑各种选择的技术、投资费用、开发成本和价格之后，评价最具经济性的设计开发规模。这种研究通常对几种规模的设计开发能力进行分析，研究该项目的主要特性，并计算出每种规模的结果。

（6）设备选择研究：如果项目的设备涉及部门多，来源分散，而且成本各不相同，就要进行这种研究。一般在投资或实施阶段进行设备订货，包括准备投标、招标并对其进行评价，以及订货和交货。如果涉及巨额投资，项目的构成和经济性在极大的程度上取决于设备的类型及其成本和经营成本，所选设备直接影响项目的经营效果。在这种情况下，如果得不到标准化的成本，那么设备选择研究就是必不可少的。

辅助研究的内容视研究的性质和打算研究的项目各有不同，但由于其关系到项目的关键方面，因此其结论应为随后的项目阶段指明方向。在大多数情况下，如果投资前辅助研究在项目可行性研究之前或与项目可行性研究一起进行，则其内容将成为项目可行性研究必不可少的一部分。

综上所述，本题参考答案为 A 选项。

例题 9

试题答案：B

试题解析：本题考查项目评估的主要活动。

项目评估由第三方来做。项目评估指在项目可行性研究的基础上，由第三方对拟建项目进行评价、分析和论证，进而判断其是否可行的一个评估过程。

综上所述，本题参考答案为B选项。

例题 10

试题答案：A

试题解析：本题考查项目论证与评估的相关知识。

建设单位可以参与项目论证工作。（A选项的说法错误。）

本题参考答案为A选项。

例题 11

试题答案：D

试题解析：本题考查项目评估的依据。

项目评估的依据主要包括：①项目建议书及其批准文件；②项目可行性研究报告；③报送组织的申请报告及主管部门的初审意见；④项目关键建设条件和工程等的协议文件；⑤必需的其他文件和资料等。

项目评估的最终成果是项目评估报告。项目评估报告作为立项管理文件的一部分，是制定项目章程的依据。

综上所述，本题参考答案为D选项。

例题 12

试题答案：D

试题解析：本题考查项目评估。

项目评估指在项目可行性研究的基础上，由第三方（国家、银行或有关机构）根据国家颁布的政策、法规、方法、参数和条例等，从国民经济与社会、组织业务等角度出发，对拟建项目建设的必要性、建设条件、生产条件、市场需求、工程技术、经济效益和社会效益等进行评价、分析和论证，进而判断其是否可行的一个评估过程。

综上所述，本题参考答案为D选项。

第 8 章 项目整合管理

8.1 考点分析

根据考试大纲，本章要求考生掌握以下知识点：

- 项目整合管理概述
- 制定项目章程
- 制订项目管理计划
- 指导与管理项目工作
- 管理项目知识
- 监控项目工作
- 实施整体变更控制
- 结束项目或阶段

本章考查重点是项目整合管理概述、指导和管理项目执行、监控项目工作和整体变更控制。项目整合管理历年考查知识点分布情况如表 8-1 所示。

表 8-1 项目整合管理历年考查知识点分布情况

试　题	考查知识点
2019 年 11 月试题考 4 分	监控项目工作、整体变更控制
2020 年 11 月试题考 3 分	监控项目工作、整体变更控制
2021 年 5 月试题考 6 分	项目整合管理概述、制订项目管理计划、指导和管理项目执行、整体变更控制
2021 年 11 月试题考 5 分	制订项目管理计划、监控项目工作、整体变更控制
2022 年 5 月试题考 5 分	制订项目管理计划、指导和管理项目执行、整体变更控制
2022 年 11 月试题考 4 分	项目整合管理概述、制定项目章程、指导和管理项目执行、监控项目工作
2023 年 5 月试题考 4 分	项目整合管理概述、制定项目章程、指导和管理项目执行、结束项目或阶段
2023 年 11 月试题考 6 分	项目整合管理概述、制定项目章程、指导和管理项目执行、监控项目工作、管理项目知识
2024 年 5 月第一批次试题考 3 分	制订项目管理计划、指导和管理项目执行、监控项目工作
2024 年 5 月第二批次试题考 3 分	项目整合管理概述、整体变更控制、结束项目或阶段

8.2 项目整合管理概述

例题 1

作为项目的一种特征或属性，复杂性是指（ ）。

①包含多个部分 ②不同部分之间存在差异性

③不同部分之间的动态交互作用 ④交互作用产生的行为远远大于各部分简单的相加

A. ①②③ B. ②③④ C. ①③④ D. ①②③④

例题 2

Project（ ）includes making choices about: resource allocation, balancing competing demands, examining any alternative approaches, tailoring the processes to meet the project objectives and managing the interdependencies among the Project Management Knowledge Areas.

A.schedule management B.scope management

C.integration management D.resource management

8.3 制定项目章程

例题 3

项目章程不包括（ ）。

A. 项目的总体要求 B. 总体里程碑进度计划

C. 项目的风险应对计划 D. 总体预算

例题 4

在制定项目章程需要的人际关系与团队技能中，（ ）有助于干系人就目标、成功标准、高层级需求、项目描述、总体里程碑和其他内容达成一致意见。

A. 冲突管理 B. 访谈 C. 会议管理 D. 头脑风暴

8.4 制订项目管理计划

例题 5

能够影响“制订项目管理计划”过程的组织过程资产包括（ ）。

①组织的标准政策 ②变更控制程序

③历史项目进度网络图 ④特定行业的项目管理知识体系

⑤法律法规和安全标准　　⑥历史信息和经验教训知识库

A. ①②③⑥　　B. ①③⑤⑥　　C. ①③④⑥　　D. ①②④⑤

例题 6

关于项目管理计划的描述，不正确的是（ ）。

A. 项目管理计划是项目总体计划，它从整体上指导项目工作的有序进行

B. 项目管理计划具有统筹作用，包括了项目管理与控制过程的所有文件

C. 在项目信息系统中，项目管理计划在计划模块中制订和维护

D. 项目管理计划可详可略，可由一个或多个部分计划及其他事项组成

例题 7

关于项目管理计划的描述，不正确的是（ ）。

A. 头脑风暴、冲突管理和会议管理可帮助制订项目管理计划

B. 项目章程由项目经理签字，是编制项目管理计划的依据之一

C. 项目经理不能理想化而期望项目管理计划一步到位

D. 组织的过程测量数据库也可以是项目管理计划制订的依据

8.5 指导与管理项目工作

例题 8

在项目整合管理过程中，“实施已批准的变更”在（ ）过程中开展。

A. 指导与管理项目工作　　B. 监控项目工作

C. 制订项目管理计划　　D. 实施整体变更控制

例题 9

（ ）属于工作绩效数据。

①关键绩效指标（KPI）　　②挣值分析

③进度活动的实际开始日期　　④可交付成果状态

⑤合同绩效信息　　⑥缺陷的数量

A. ①②③④　　B. ①③④⑥　　C. ②③⑤⑥　　D. ③④⑤⑥

8.6 管理项目知识

例题 10

关于管理项目知识过程的描述，不正确的是（ ）。

A. 知识管理指的是确保项目团队和其他干系人的技能、经验和专业知识在项目开始之前、开展期间和结束之后都能够得到运用

B. 干系人登记册中需要包含干系人的详细情况，有助于了解其拥有的知识

C. 供方选择标准中要明确其需要具备的知识

D. 经验教训登记册是管理项目知识过程的输入，不是输出

例题 11

关于项目知识管理的描述，不正确的是（ ）。

A. 项目管理计划的所有组成部分都是项目知识管理的输入

B. 先进的虚拟互动技术最有利于建立知识管理所需的信任关系

C. 知识管理最重要的环节是营造相互信任的氛围

D. 知识管理需要在整个项目期间开展

8.7 监控项目工作

例题 12

在监控项目工作过程中，当出现偏差时，需使用（ ）在多个方案中选择要执行的纠正措施和预防措施；需使用（ ）技术确定最节约成本的纠正措施；需使用（ ）技术对范围、进度和成本绩效进行综合分析。

A. 偏差分析；备选方案分析；成本效益分析

B. 备选方案分析；成本效益分析；挣值分析

C. 备选方案分析；偏差分析；成本效益分析

D. 偏差分析；备选方案分析；挣值分析

例题 13

项目经理向公司管理层汇报项目进展情况时最适合采用（ ）。

A. 工作绩效数据　　B. 工作绩效信息　　C. 工作绩效报告　　D. 项目管理计划

例题 14

（ ）不属于项目监控的工作内容。

A. 随时收集干系人需求

B. 分析项目风险

C. 测量项目绩效

D. 分发绩效信息

8.8 实施整体变更控制

例题 15

关于项目实施整体变更控制的描述，不正确的是（ ）。

A. 影响项目基准的变更应由 CCB 和客户审批

B. 项目经理对实施变更控制过程承担最终责任

C.CCB 也可以审查配置管理活动，应明确规定 CCB 的角色和职责

D. 批准的变更请求都是可用于实施整体变更控制过程的输入文件

例题 16

项目变更管理的实质是（ ）。

A. 满足甲方管理者的要求

B. 调整项目基准或资源配置以提升项目价值

C. 有效应对项目管理者的经验不足

D. 实时了解并监控项目进展

8.9 结束项目或阶段

例题 17

结束项目或阶段过程的输入是（ ）。

A. 批准的产品规范

B. 最终产品服务或成果

C. 项目最终报告

D. 经验教训知识库

例题 18

结束项目或阶段过程的主要作用包括（ ）。

①存档项目或阶段信息

②利用已有的组织知识，改进项目成果

③对项目工作的可交付成果进行综合管理

④确定项目工作的基础

⑤释放组织团队资源

A. ①②⑤

B. ①⑤

C. ①③⑤

D. ①④

8.10 答案与解析

例题 1

试题答案：C

试题解析：本题考查项目整合的复杂性。

作为项目的一种特征或属性，复杂性的含义是：①包含多个部分；②不同部分之间存在一系列关联；③不同部分之间存在动态交互作用；④这些交互作用所产生的行为远远大于各部分简单的相加（如突发性行为）。

复杂性没有“不同部分之间存在差异性”的说法。

综上所述，本题参考答案为 C 选项。

例题 2

试题答案：C

试题解析：本题考查项目整合管理的目标。

本题翻译如下：

项目（ ）包括在以下方面做出选择：资源分配、平衡竞争需求、检查任何替代方法、定制流程以满足项目目标，以及管理各个项目管理知识领域之间的依赖关系。

A. 进度管理　　B. 范围管理　　C. 整合管理　　D. 资源管理

项目整合管理是指在项目管理过程中，对项目的各个部分和各个过程组进行协调和整合，以确保项目的各个组成部分协调一致地工作，共同实现项目目标。项目整合管理包括在资源分配、平衡竞争需求、检查任何替代方法、定制流程以满足项目目标，以及管理各个项目管理知识领域之间的依赖关系等方面做出选择和决策。

综上所述，本题参考答案为 C 选项。

例题 3

试题答案：C

试题解析：本题考查项目章程的内容。

项目章程的主要内容包括项目的总体要求、总体里程碑进度计划、总体预算、批准项目的原因、可测量的项目目标和相关的成本标准、高层级需求、假设条件和制约因素、干系人清单、项目审批要求、委派的项目经理及其权责、发起人或其他批准项目章程的人员的姓名和职权；不包括项目的风险应对计划。

综上所述，本题参考答案为 C 选项。

例题 4

试题答案：A

试题解析：本题考查制定项目章程的工具与技术。

制定项目章程的工具与技术如下所述。

- 冲突管理：有助于干系人就目标、成功标准、高层级需求、项目描述、总体里程碑和其他内容达成一致意见。
- 引导：有效引导团队活动成功达成决定、解决方案或结论。引导者确保参与者有效参与、互相理解并考虑所有意见，按既定决策流程全力支持得出的结论或结果，以及所达成的行动计划和协议随后得到合理执行。
- 会议管理：包括准备议程，确保邀请每个关键干系人代表，以及准备和发送后续会议纪要与行动计划。
- 头脑风暴：在制定项目章程时，可以通过头脑风暴向干系人、主题专家和团队成员收集数据、解决方案或创意。

综上所述，本题参考答案为 A 选项。

例题 5

试题答案：A

试题解析：本题考查制订项目管理计划的输入（组织过程资产的内容）。

能够影响制订项目管理计划过程的组织过程资产主要包括：组织的标准政策（①）、流程和程序；项目管理计划模板；变更控制程序（②），包括修改正式的组织标准、政策、计划、程序或项目文件，以及批准和确认变更所需遵循的步骤；监督和报告方法、风险控制程序以及沟通要求；以往类似项目的相关信息，如范围、成本、进度与绩效测量基准、项目日历、项目进度网络图（③）和风险登记册；历史信息和经验教训知识库（⑥）等。

综上所述，本题参考答案为 A 选项。

例题 6

试题答案：B

试题解析：本题考查项目管理计划。

制订项目管理计划过程包括将确定、协调与综合所有部分计划所需要的行动形成文件，使其成为项目管理计划。项目管理计划是用于管理项目的主要文件之一，同时还使用了其他项目文件。这些其他项目文件不属于项目管理计划。B 选项“项目管理计划具有统筹作用，包括了项目管理与控制过程的所有文件”的说法不妥。

综上所述，本题参考答案为 B 选项。

例题 7

试题答案：B

试题解析：本题考查项目管理计划。

制订项目管理计划的输入：项目章程、其他过程的输出、事业环境因素、组织过程资产（组织的过程测量数据库）。（D 选项正确。）

工具与技术：专家判断、引导技术（头脑风暴、冲突处理、问题解决和会议管理等）。（A 选项正确。）

输出：项目管理计划。

- 项目章程是正式批准项目的文件。由于项目章程要授权项目经理在项目活动中动用组织的资源，所以任何时候项目经理都应在规划开始之前被委派，最好是在制定项目章程之时。项目章程是由项目实施组织外部签发的。（B 选项错误。）
- 在初次制订项目管理计划时，由于各方面的信息还不十分明朗，因此项目经理只需要从宏观上把握项目的主体管理思路，切记不能理想化而期望项目管理计划一步到位。（C 选项正确。）

综上所述，本题参考答案为 B 选项。

例题 8

试题答案：A

试题解析：本题考查指导与管理项目工作。

指导与管理项目工作要求项目团队回顾所有项目变更的影响，并实施已批准的变更，包括纠正措施、预防措施和缺陷补救措施。

综上所述，本题参考答案为 A 选项。

例题 9

试题答案：B

试题解析：本题考查工作绩效数据的内容。

工作绩效数据包括：已完成的工作、关键绩效指标（KPI）、技术绩效测量结果、进度活动的实际开始日期和完成日期、已完成的故事点、可交付成果状态、进度进展情况、变更请求的数量、缺陷的数量、实际发生的成本、实际持续时间等。

综上所述，本题参考答案为 B 选项。

例题 10

试题答案：D

试题解析：本题考查管理项目知识。

从组织的角度来看，知识管理指的是确保项目团队和其他干系人的技能、经验和专业知识在项目开始之前、开展期间和结束之后都能够得到运用。（A 选项正确。）

干系人登记册中包含已识别的干系人的详细情况，有助于了解他们可能拥有的知识。（B 选项正确。）

供方选择标准中包含选择供方的标准，有助于了解供方拥有的知识。（C 选项正确。）

管理项目知识的输出有经验教训登记册、项目管理计划（更新）、组织过程资产（更新）。（D 选项错误）

综上所述，本题参考答案为 D 选项。

例题 11

试题答案：B

试题解析：本题考查管理项目知识。

项目管理计划的所有组成部分都是项目知识管理的输入。（A 选项正确。）

面对面互动最有利于建立知识管理所需的信任关系。信任关系建立后，可以通过虚拟互动来维护这种信任关系。（B 选项错误。）

知识管理最重要的环节就是营造一种相互信任的氛围，激励人们分享知识或关注他人的知识。（C 选项正确。）

管理项目知识过程需要在整个项目期间开展。（D 选项正确。）

综上所述，本题参考答案为 B 选项。

例题 12

试题答案：B

试题解析：本题考查监控项目工作过程的数据分析技术。

- 备选方案分析：用于在出现偏差时选择要执行的纠正措施或纠正措施和预防措施的组合。
- 成本效益分析：有助于在出现偏差时确定最节约成本的纠正措施。
- 挣值分析：对范围、进度和成本绩效进行综合分析。
- 偏差分析：在监控项目工作过程中，通过偏差分析对成本、时间、技术和资源偏差进行综合分析，以了解项目的总体偏差情况。这样便于采取合适的预防措施或纠正措施。

综上所述，本题参考答案为 B 选项。

例题 13

试题答案：C

试题解析：本题考查监控项目工作过程的输出。

工作绩效报告是为制定决策、采取行动或引起关注而汇编工作绩效信息所形成的实物或电子项目文件。项目信息可以通过口头形式进行传达，但是为了便于项目绩效信息的记录、存储和分发，有必要使用实物形式或电子形式的项目文件。工作绩效报告包含一系列的项目文件，旨在引起关注，并制定决策或采取行动。可以在项目开始时就规定具体的项目绩效指标，并在正常的工作绩效报告中向关键干系人报告这些指标的落实情况。例如，工作绩效报告包括状况报告、备忘录、论证报告、信息札记、推荐意见和情况更新。

综上所述，本题参考答案为 C 选项。

例题 14

试题答案：A

试题解析：本题考查项目监控。

项目监控是围绕项目实施计划，跟踪进度、成本、质量、资源，掌握各项工作现状，以便进行适当的资源调配和进度调整，确定活动的开始时间和结束时间，并记录实际的进度情况，在一定情况下进行路径、决策、度量、量化管理、风险等方面的分析。在实施项目的过程中，要随时对项目进行跟踪监控，以使项目按计划规定的进度、技术指标完成，并提供现阶段工作的反馈信息，以利于后续阶段的顺利开展和整个项目的完成。

收集干系人需求属于收集需求过程，是规划过程组的内容。

分析项目风险（B 选项）、测量项目绩效（C 选项）、分发绩效信息（D 选项）均属于项目监控的工作内容。

综上所述，本题参考答案为 A 选项。

例题 15

试题答案：D

试题解析：本题考查实施整体变更控制。

对于会影响项目基准的变更，通常应该在变更请求中说明执行变更的成本、所需的计划日期修改、资源需求以及相关的风险。这种变更应由变更控制委员会（CCB）（如果有的话）和客户或发起人审批，除非他们本身就是 CCB 的成员。只有经批准的变更才能被纳入修改后的基准中。（A 选项正确。）

项目整合管理的责任不能被授权或转移，项目经理必须对整个项目承担最终责任。（B 选项正确。）

CCB 也可以审查配置管理活动。应该明确规定 CCB 的角色和职责，并经干系人一致同意后，记录在变更管理计划中。CCB 的决定都应记录在案，并向干系人传达，以便其知晓并采取后续行动。（C 选项正确。）

批准的变更请求是实施整体变更控制过程的输出文件，不是输入文件。（D 选项错误。）

综上所述，本题参考答案为 D 选项。

例题 16

试题答案：B

试题解析：本题考查项目变更的含义。

变更管理是为了使得项目基准与项目实际执行情况一致，应对项目变化的一套管理方法。其可能的两个结果是拒绝变化，或者调整项目基准。从资源增值的视角来看，变更的实质是在项目过程中，按照一定的流程，根据因变化情况开发的方案，而调整资源的配置方式，或者将储备资源运用于项目之中，以满足项目需求。

综上所述，本题参考答案为 B 选项。

例题 17

试题答案：A

试题解析：本题考查结束项目或阶段过程的输入。

结束项目或阶段过程的输入包括：项目章程、项目管理计划、项目文件、验收的可交付成果（包括批准的产品规范）（A 选项）、交货收据和工作绩效文件、立项管理文件、协议、采购文档、组织过程资产。

结束项目或阶段过程的输出包括：项目文件（更新）、最终产品服务或报告（B 选项）、项目最终报告（C 选项）、组织过程资产（更新）（包括项目文件、运营和支持文件、项目或阶段收尾文件、经验教训知识库）（D 选项）。

综上所述，本题参考答案为 A 选项。

例题 18

试题答案：B

试题解析：本题考查结束项目或阶段过程的主要作用。

结束项目或阶段过程的主要作用包括：①存档项目或阶段信息，完成计划的工作；②释放组织团队资源，以展开新的工作。

综上所述，本题参考答案为 B 选项。

第 9 章
项目范围管理

9.1 考点分析

根据考试大纲，本章要求考生掌握以下知识点：

- 项目范围管理概述
- 规划范围管理
- 收集需求
- 定义范围
- 创建工作分解结构
- 确认范围
- 控制范围

本章考查重点是制订范围管理计划、收集需求、创建工作分解结构和确认范围。项目范围管理历年考查知识点分布情况如表 9-1 所示。

表 9-1 项目范围管理历年考查知识点分布情况

试　题	考查知识点
2019 年 11 月试题考 4 分	收集需求、创建工作分解结构、确认范围
2020 年 11 月试题考 4 分	收集需求、确认范围
2021 年 5 月试题考 3 分	制订范围管理计划、确认范围、控制范围
2021 年 11 月试题考 4 分	制订范围管理计划、收集需求、确认范围
2022 年 5 月试题考 3 分	制订范围管理计划、收集需求、创建工作分解结构
2022 年 11 月试题考 4 分	制订范围管理计划、定义范围、创建工作分解结构、控制范围
2023 年 5 月试题考 3 分	收集需求、创建工作分解结构、确认范围
2023 年 11 月试题考 4 分	制订范围管理计划、收集需求、创建工作分解结构、确认范围
2024 年 5 月第一批次试题考 3 分	制订范围管理计划、定义范围、控制范围
2024 年 5 月第二批次试题考 3 分	项目范围管理概述、收集需求、确认范围

9.2 项目范围管理概述

例题 1

关于项目范围管理过程的描述，不正确的是（ ）。

A. 采用敏捷型或适应型生命周期，旨在应对大量变更，需要干系人持续参与项目

B. 在预测型项目中，只有通过正式变更控制程序才能变更项目范围基准

C. 在预测型项目中，通过多次迭代来开发可交付成果，使用未完成项反映当前需求

D. 在适应型或敏捷型生命周期中，在每次迭代开始时都可以定义或批准详细的范围

9.3 规划范围管理

例题 2

关于范围管理的描述，正确的是（ ）。

A. 定义范围管理是为了记录如何定义、确认和控制项目范围及产品范围，而创建范围管理计划的过程

B. 范围管理计划包含配置管理活动和需求优先级排序过程

C. 范围管理计划是非常详细的正式的计划

D. 规划范围管理的作用是在整个项目期间对如何管理范围提供指南和方向

例题 3

某公司承担了一个新项目，为一家小型制造企业开发协同工作系统。该制造企业之前没有使用过协同工作系统，业务比较复杂，需求会持续变更，作为项目经理应通过（ ）来确保项目顺利完成。

A. 项目前期多花时间，尽可能地明确和细化需求

B. 更改项目完成时间，提前进行验收，以便处理验收时发现的问题

C. 在开发中采用迭代开发的方式，及时调整功能

D. 制订需求管理计划，规划如何分析、记录和管理需求

例题 4

项目范围管理计划中不包含（ ）。

A. 确定 WBS 满足项目和职能的要求

B. 确定所有的工作职责需分配到个人或组织单元

C. 确定如何处理项目范围说明书的变更

D. 确定并正式验收可交付成果的正确性

9.4 收集需求

例题 5

关于收集需求管理过程及相关技术的描述，正确的是（ ）。

A. 需求跟踪矩阵是把产品需求从其来源链接到能满足需求的可交付成果的一种表格

B. 原型法是一种结构化的头脑风暴形式，通过投票排列最有用的创意

C. 故事板是一种原型技术，是对产品范围的可视化描绘，可以直观显示业务系统的交互方式

D. 收集需求管理过程为规划范围管理过程奠定基础，需要反复开展，贯穿于整个项目生命周期

例题 6

在需求文件中，（ ）的需求可作为基准使用。

①可测量和可测试　②项目经理认可　③完整且可跟踪　④相对独立无依赖

A. ①②　B. ①③　C. ③④　D. ②③

例题 7

（ ）执行的步骤为：分成多个小组，每个小组开展讨论；小组讨论结束后，主持人依次询问每个参与者，请每人提出一个创意；这种询问可以进行很多轮，直至得到足够数量的创意；再由全体参与者对所有创意进行评审和排序。

A. 焦点小组　B. 名义小组　C. 引导式研讨会　D. 头脑风暴

9.5 定义范围

例题 8

项目范围说明书包括（ ）。

①产品范围描述　②需求跟踪矩阵　③项目的除外责任　④干系人登记册

⑤可交付成果　⑥验收标准

A. ①②④⑥　B. ①③⑤⑥　C. ①②③⑤　D. ①②⑤⑥

例题 9

定义范围最重要的任务就是详细定义项目的范围边界，（ ）不适合用于描述某个项目的范围。

A. 系统开发完成后，开发人员针对系统操作为客户举行两次以上的培训

B. 服务软件在对外传输数据过程中不允许以明文形式传输

C. 将主会场原有的标清视频会议系统替换为高清（1080P）视频会议系统

D. 智能数据分析系统的核心功能在 2 个月内完成，以满足验收要求

9.6 创建工作分解结构

例题 10

关于 WBS 的描述，正确的是（ ）。

A.WBS 中的各项工作为可交付成果提供服务

B.WBS 的内容一般会超出完成可交付成果的活动范围

C.WBS 中的元素可以由一人或多人负责

D.WBS 应包括分包的工作，但不包括管理工作

例题 11

下表为某项目的 WBS，此项目的最短工期为（ ）个月。

工作编号	工作任务	工 期
0	X 项目	
1	硬件采购	1 个月
2	第三方软件	2 个月
3	系统功能	4 个月
3.1	设备管理	1 个月
3.2	工单管理	1 个月
3.3	采购管理	1 个月
3.4	库存管理	1 个月
4	系统接口	1 个月
5	现场实施	1 个月

A.3　　B.6　　C.7　　D.9

例题 12

某公司决定在现有公文处理系统的基础上，新开发一个移动端 App，便于大家远程办公。项目经理召开工作会议，就工作分解结构提出了如下建议，其中（ ）是不妥的。

A. 项目组所有人员都要参与，任务分解的层次控制在 4~6 层

B. 对目前尚不清楚具体活动的模块可以使用规划包进行分解

C. 项目干系人对完成的 WBS 给予确认，并达成共识

D. 项目经理负责项目 WBS 分解，外包商负责外包合同 WBS 分解

例题 13

某公司中标一个企业信息化系统开发项目，合同中该项目包括：人事系统、OA 系统和生产系统。下图为项目经理创建的 WBS，此处项目经理违反了关于 WBS 的（ ）原则。

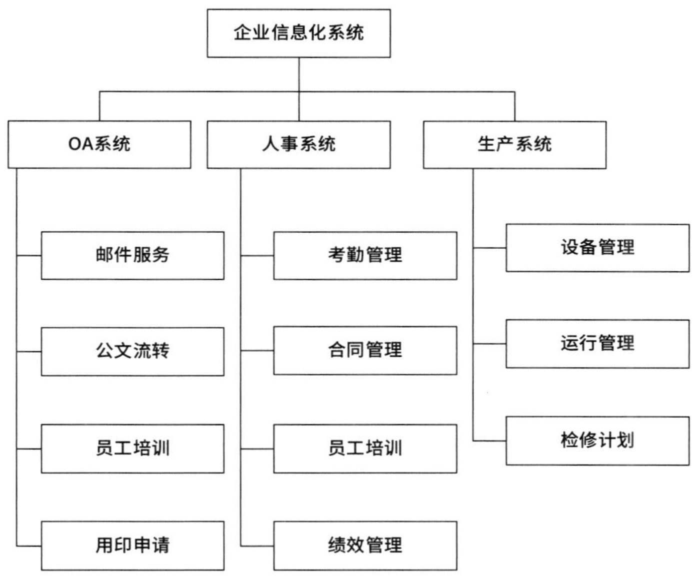

A.WBS 需要考虑将不同人员的工作分开

B.WBS 中各项工作是为提供可交付成果服务的

C. 可以按照系统子系统来逐层分解 WBS

D. 一个工作单元只能从属于某个上层单元

9.7 确认范围

例题 14

关于确认范围过程的叙述，正确的是（ ）。

A. 项目团队成员主要关注项目范围中自己参与的元素和负责的元素

B. 项目实施单位的管理层主要关注产品或服务范围，客户主要关注项目制约因素

C. 确认范围过程的作用是为所要支付的内容提供架构

D. 符合验收标准的可交付成果应由项目经理正式签字批准

例题 15

关于确认范围的描述，正确的是（ ）。

A. 确认范围是在正式验收阶段才执行的过程

B. 分解技术是确认范围的主要工具与技术

C. 客户主要关心产品范围和可交付成果

D. 确认范围强调的是结束项目所要做的流程性工作

例题 16

关于确认范围和质量控制的描述，不正确的是（ ）。

A. 确认范围强调可交付成果的接受程度

B. 质量控制强调可交付成果的正确性

C. 确认范围和质量控制均由组织内部质量部门实施

D. 确认范围和质量控制都可以通过检查的方法来进行

9.8 控制范围

例题 17

（ ）包括收到的变更请求的数量、接受的变更请求的数量或者确认和完成的可交付成果的数量；控制范围过程产生的（ ）包括收到的变更的分类、识别的范围偏差和原因、偏差对进度和成本的影响，以及对将来范围绩效的预测。

A. 工作绩效报告；工作绩效信息

B. 工作绩效数据；工作绩效信息

C. 工作绩效信息；工作绩效报告

D. 工作绩效数据；工作绩效报告

例题 18

项目进入设计阶段时，GB/T 22239《信息安全技术 网络安全等级保护基本要求》已经升级版本，而项目需求是按旧版本策划的。（ ）直接影响项目进度。

A. 提高需求评审频率

B. 执行项目范围变更

C. 与项目干系人沟通

D. 重新进行成本估算

9.9 答案与解析

例题 1

试题答案：C

试题解析：本题考查项目范围管理过程——敏捷与适应方法。

采用敏捷型或适应型生命周期，旨在应对大量变更，需要干系人持续参与项目（A 选项正确）。因此，应将适应型项目的整体范围分解为一系列拟实现的需求和拟执行的工作（有时称为产品未完成项），通过多次迭代来开发可交付成果，并在每次迭代开始时都定义和批准详细的范围（D 选项正确）。在一个迭代开始时，团队将努力确定在产品未完成项中，哪些优先级高的未完成项需要在下一次迭代中交付。在每次迭代中，都会重复开展三个过程：①收集需求；②定义范围；③创建工作分解结构（WBS）。

在适应型或敏捷型生命周期中，发起人和客户代表应该持续参与项目，并对迭代交付的可交付成果提供反馈意见，确保产品未完成项真实地反映了他们的当前需求。在每次迭代中，都会重复开展两个过程：①确认范围；②控制范围。

在预测型项目中，经过批准的项目范围说明书、WBS 和相应的 WBS 词典构成项目范围基准。只有通过正式变更控制程序，才能进行基准变更（B 选项正确）。在开展确认范围、控制范围及其他控制过程时，基准被作为比较的基础。而采用适应型生命周期的项目，则使用未完成项（包括产品需求和用户故事）反映当前需求（C 选项错误）。

综上所述，本题参考答案为 C 选项。

例题 2

试题答案：D

试题解析：本题考查范围管理。

规划范围管理是为了记录如何定义、确认和控制项目范围及产品范围，而创建范围管理计划的过程（A 选项错误）。本过程的主要作用是在整个项目期间对如何管理范围提供指南和方向（D 选项正确）。

范围管理计划是项目管理计划的组成部分，描述将如何定义、制定、监督、控制和确认项目范围。范围管理计划用于指导如下过程和相关工作：制定项目范围说明书；根据详细项目范围说明书创建 WBS；确定如何审批和维护范围基准；正式验收已完成的项目可交付成果。配置管理活动和需求优先级排序过程属于需求管理计划的内容。（B 选项错误。）

根据项目的需要，范围管理计划可以是正式的或非正式的、非常详细的或高度概括的。（C 选项错误。）

综上所述，本题参考答案为 D 选项。

例题 3

试题答案：D

试题解析：本题考查项目范围管理。

A 选项不妥，应先制订需求管理计划，规划指导需求管理。

B 选项不妥，有变更需要走流程，不能随意更改。

C 选项不妥，开发模型通常是产品开发经理的职责，不是项目经理的职责。

综上所述，本题参考答案为 D 选项。

例题 4

试题答案：D

试题解析：本题考查项目范围管理计划的内容。

项目范围管理计划是制订项目管理计划过程和其他范围管理过程的主要输入，要对将用于下列工作的管理过程做出规定。

- 如何制定项目范围说明书。
- 如何根据范围说明书创建 WBS。
- 如何维护和批准 WBS。
- 如何确认和正式验收已完成的项目可交付成果。（D 选项错误。）
- 如何处理项目范围说明书的变更（C 选项），该工作与实施整体变更控制过程直接相联。
- 确定 WBS 满足项目和职能的要求（A 选项），包括重置和非重置成本。
- 检查 WBS 是否为所有的项目工作提供了逻辑细分。
- 保证每一个特定层的总成本等于下一个层次构成要素的成本和。
- 从全面适应和连续的角度来检查 WBS。
- 所有的工作职责需分配到个人或组织单元（B 选项）。

综上所述，本题参考答案为 D 选项。

例题 5

试题答案：A

试题解析：本题考查收集需求。

名义小组技术（Nominal Group Technique）是用于促进头脑风暴的一种技术，通过投票排列最有用的创意，以便进一步开展头脑风暴或优先排序。（B 选项错误。）

系统交互图是对产品范围的可视化描绘，可以直观显示业务系统（过程、设备、计算机系统等）及其与人和其他系统（行动者）之间的交互方式。（C 选项错误。）

收集需求是为实现目标而确定、记录并管理干系人的需要和需求的过程。本过程的主要作用是为定义产品范围和项目范围奠定基础。本过程仅开展一次或仅在项目的预定义点开展。（D 选项错误。）

综上所述，本题参考答案为 A 选项。

例题 6

试题答案：B

试题解析：本题考查需求文件。

只有明确的（可测量和可测试的）、可跟踪的、完整的、相互协调的，且主要干系人愿意认可的需求，才能作为基准。因此，本题参考答案为 B 选项。

例题 7

试题答案：B

试题解析：本题考查收集需求过程的工具与技术。

（1）焦点小组。

焦点小组将预先选定的干系人和主题专家集中在一起，了解他们对所提议的产品、服务或成果的期望和态度。由一位受过训练的主持人引导大家进行互动式讨论。

（2）名义小组。

名义小组技术通过投票来排列最有用的创意，以便进一步进行头脑风暴或优先排序。名义小组技术是头脑风暴法的深化应用，是更加结构化的头脑风暴法，其一般过程如下：

①将全体参与者分成多个“名义”上的小组，每个小组开展讨论。

②小组讨论结束后，主持人依次向每个参与者询问，请每人提出一个创意。这种询问可以进行很多轮，直至得到足够数量的创意。

③请全体参与者对所有创意进行评审和排序。

当然，也可以由名义小组先提出一些较大的创意类别，再将这些创意类别提交给全体参与者作为头脑风暴的基础。与一般的头脑风暴法相比，名义小组技术可以使那些不善言辞的参与者也能充分发表自己的意见。

（3）引导式研讨会。

通过邀请主要的跨职能干系人一起参加会议，引导式研讨会（Facilitated Workshop）对产品需求进行集中讨论与定义。研讨会是快速定义跨职能需求和协调干系人需求差异的重要技术。由于群体互动的特点，被有效引导的研讨会有助于建立信任、促进关系、改善沟通，从而有利于参加者达成一致意见。该技术的另一个好处是，能够比单项会议更快地发现和解决问题。

（4）头脑风暴。

头脑风暴（Brain Storming，BS）法又称为智力激励法、自由思考法或集思广益法，是用来产生和收集对项目需求与产品需求的多种创意的一种技术。头脑风暴法分为直接头脑风暴法（通常简称为头脑风暴法）和质疑头脑风暴法（也称为反头脑风暴法）。前者是在专家群体决策时尽可能激发创造性，产生尽可能多的设想的方法，后者则是对前者提出的设想、方案逐一质疑，分析其现实可行性的方法。

综上所述，本题参考答案为 B 选项。

例题 8

试题答案：B

试题解析：本题考查项目范围说明书的内容。

项目范围说明书描述了要做和不要做的工作的详细程度，决定着项目管理团队控制整个项目范围的有效程度。详细的项目范围说明书包括的内容（直接列出或参引其他文件）如下所示。

- 产品范围描述：逐步细化在项目章程和需求文件中所述的产品、服务或成果特征。
- 可交付成果：为了完成某一过程、阶段或项目而必须产出的任何独特并可核实的产品、成果或服务能力，可交付成果也包括各种辅助成果，如项目管理报告和文件。对可交付成果的描述可略可详。
- 验收标准：可交付成果通过验收前必须满足的一系列条件。
- 项目的除外责任：识别排除在项目之外的内容。明确说明哪些内容不属于项目范围，有助于管理干系人的期望及减少范围蔓延。

综上所述，本题参考答案为 B 选项。

例题 9

试题答案：D

试题解析：本题考查项目范围的定义。

项目范围是为了达到项目目标，交付具有某种特质的产品和服务，项目所规定要做的工作。项目范围管理就是要确定哪些工作是项目应该做的，哪些不应该包括在项目中。项目范围是项目目标的更具体的表达。D 选项“智能数据分析系统的核心功能在 2 个月内完成，以满足验收要求”描述的是进度和质量要求，不适合用于描述某个项目的范围。因此，本题参考答案为 D 选项。

例题 10

试题答案：A

试题解析：本题考查 WBS 分解。

在 WBS 分解的过程中，应该注意以下 8 个方面：

（1）WBS 必须是面向可交付成果的。

（2）WBS 必须符合项目的范围。

（3）WBS 的底层应该支持计划和控制。

（4）WBS 中的元素必须有人负责，而且只由一个人负责。

（5）WBS 应控制在 4~6 层。

（6）WBS 应包括项目管理工作（因为管理是项目具体工作的一部分），也包括分包出去的工作。

（7）WBS 的编制需要所有（主要）项目干系人的参与。

（8）WBS 并不是一成不变的。

综上所述，本题参考答案为 A 选项。

例题 11

试题答案：B

试题解析：本题考查 WBS。

根据题干做项目甘特图，如下所示：

工作编号	工作任务	工　期	1月	2月	3月	4月	5月	6月
1	硬件采购	1 个月						
2	第三方软件	2 个月						
3	系统功能	4 个月						
4	系统接口	1 个月						
5	现场实施	1 个月						

因为硬件采购、第三方软件和系统功能工作任务可以并行进行，所以完成这三项工作最短需要 4 个月；系统接口工作任务需要在前三项工作完成后进行，现场实施需要在系统接口工作任务后进行，所以此项目的最短工期为 4+1+1=6 个月。

综上所述，本题参考答案为 B 选项。

例题 12

试题答案：D

试题解析：本题考查 WBS 的注意事项。

WBS 不是某个项目团队成员的责任，而是应该由全体项目团队成员、用户和项目干系人共同完成和一致确认，包括外包部分。因此，本题参考答案为 D 选项。

例题 13

试题答案：D

试题解析：本题考查在创建 WBS 时需要遵循的分层原则。

分层的原则主要包括：

- WBS 必须符合项目的范围即 100% 原则——在 WBS 中，所有下一级的元素之和必须 100% 代表上一级的元素。。
- WBS 中的元素必须有人负责，而且只由一个人负责。
- WBS 的编制需要所有（主要）项目干系人的参与。

题干图示中不同的子系统（OA 系统和人事系统）下都有员工培训，这违反了“100% 原则”。

综上所述，本题参考答案为 D 选项。

例题 14

试题答案：A

试题解析：本题考查干系人关注点。

确认范围是正式验收已完成的项目可交付成果的过程。本过程的主要作用是：①使验收过程具有客观性；②通过确认每个可交付成果来提高最终产品、服务或成果获得验收的可能性（C 选项错误）。符合验收标准的可交付成果应该由客户或发起人正式签字批准（D 选项错误）。应该从客户或发起人那里获得正式文件，证明干系人对项目可交付成果的正式验收。这些文件将被提交给结束项目或阶段过程。

干系人关注点如下表所示：

干系人	关注点
管理层	主要关注项目范围：范围对项目的进度、资金和资源的影响，这些因素是否超过了组织承受范围，是否在投入产出上具有合理性（B 选项错误）
客户	主要关注产品范围：关心项目的可交付成果是否足够完成产品或服务
项目管理人员	主要关注项目制约因素：关心项目可交付成果是否足够和必须完成，时间、资金和资源是否足够，主要的潜在风险和预备解决的方法
项目团队成员	主要关注项目范围中自己参与的元素和负责的元素：通过定义范围中的时间检查自己的工作时间是否足够，自己在项目范围中是否有多项工作，而这些工作是否有冲突的地方（A 选项正确）

综上所述，本题参考答案为 A 选项。

例题 15

试题答案：C

试题解析：本题考查确认范围。

确认范围贯穿于项目始终。（A 选项错误。）

检查和群体决策技术是确认范围的工具。（B 选项错误。）

确认范围包括与客户或发起人一起审查可交付成果，确保可交付成果已圆满完成，并获得客户或发起人的正式验收。（D 选项错误。）

综上所述，本题参考答案为 C 选项。

例题 16

试题答案：C

试题解析：本题考查确认范围与质量控制的区别。

确认范围与质量控制的不同之处在于：

- 确认范围主要强调可交付成果获得客户或发起人的接受程度；质量控制强调可交付成果的正确性，并符合为其制定的具体质量要求（质量标准）。
- 质量控制一般在确认范围前进行，它们也可同时进行；确认范围一般在阶段末尾进行，而质量控制并不一定在阶段末尾进行。
- 质量控制属于内部检查，由执行组织的相应质量部门实施；确认范围则由外部干系人（客户或发起人）对项目可交付成果进行检查验收。

综上所述，本题参考答案为 C 选项。

例题 17

试题答案：B

试题解析：本题考查控制范围的输入和输出。

工作绩效数据可能包括收到的变更请求的数量、接受的变更请求的数量，或者核实、确认和完成的可交付成果的数量。

控制范围过程产生的工作绩效信息是有关项目和产品范围实施情况（对照范围基准）的相互关联且与各种背景相结合的信息，包括收到的变更的分类、识别的范围偏差和原因、偏差对进度和成本的影响，以及对将来范围绩效的预测。

工作绩效报告是为制定决策、采取行动或引起关注所形成的实物或电子工作绩效信息，包括从进度控制、成本控制、质量控制和范围确认中得到的结果，有助于项目团队管理。绩效报告和相关预测报告中的信息，有助于确定未来的团队资源需求、认可与奖励，以及更新资源管理计划。

综上所述，本题参考答案为 B 选项。

例题 18

试题答案：B

试题解析：本题考查项目范围变更的原因。

造成项目范围变更的主要原因是项目外部环境发生了变化，例如市场需求发生了变化。因此，本题参考答案为 B 选项。

第 10 章
项目进度管理

10.1 考点分析

根据考试大纲，本章要求考生掌握以下知识点：

- 项目进度管理概述
- 规划进度管理
- 定义活动
- 排列活动顺序
- 估算活动持续时间
- 制订进度计划
- 控制进度
- 关键路径法

本章考查重点是活动排序、估算活动持续时间、关键路径法和控制进度。项目进度管理历年考查知识点分布情况如表 10-1 所示。

表 10-1 项目进度管理历年考查知识点分布情况

试　题	考查知识点
2019 年 11 月试题考 3 分	制订进度计划、关键路径法
2020 年 11 月试题考 3 分	关键路径法、控制进度
2021 年 5 月试题考 2 分	关键路径法
2021 年 11 月试题考 3 分	活动排序、关键路径法
2022 年 5 月试题考 4 分	活动排序、估算活动持续时间、关键路径法
2022 年 11 月试题考 3 分	关键路径法
2023 年 5 月试题考 4 分	活动排序、估算活动持续时间、关键路径法、控制进度
2023 年 11 月试题考 3 分	估算活动持续时间、制订进度计划、控制进度
2024 年 5 月第一批次试题考 5 分	定义活动、活动排序、制订进度计划、控制进度
2024 年 5 月第二批次试题考 3 分	规划进度管理、估算活动持续时间、关键路径法

10.2 项目进度管理概述

例题 1

下图中显示的总工期为（ ）天。如果 A~C 延迟 2 天，E~H 延迟 1 天，则总工期变为（ ）天。

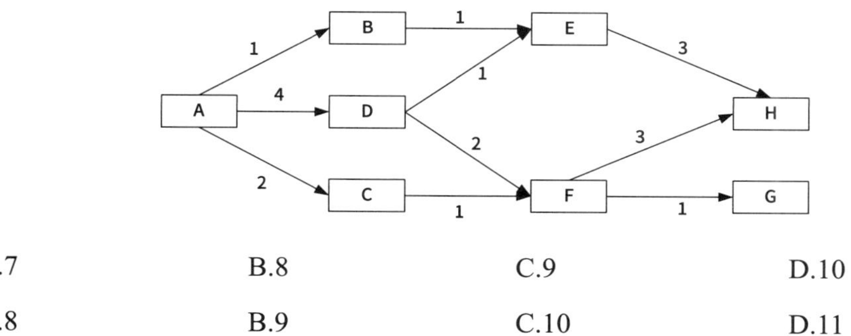

A.7　　B.8　　C.9　　D.10

A.8　　B.9　　C.10　　D.11

例题 2

The schedule management plan is a component of the project management plan. The schedule management plan may be formal or informal, highly detailed or broadly framed, based upon the （ ） of the project, and includes appropriate control thresholds.

A.goals　　B.values　　C.needs　　D.level

10.3 规划进度管理

例题 3

关于进度管理计划的概述，不正确的是（ ）。

A. 进度管理计划既可以是正式的也可以是非正式的，既可以是非常详细的也可以是高度概括的

B. 项目管理计划中规定的偏差临界值，可以用于监督进度绩效，通常用偏离基准计划中参数的某个百分数来表示

C. 在采用适应型生命周期时，应指定进度管理计划发布、规划和迭代的固定时间段

D. 进度管理计划描述如何定义、制定、监督、控制和确认项目范围，是项目管理计划的组成部分

10.4 定义活动

例题 4

关于定义活动过程的描述，不正确的是（ ）。

A. 定义活动主要由项目经理主导，也需要其他项目团队成员参与

B. 定义活动完成后，应形成一份详细的活动清单

C. 定义活动输出的里程碑清单是合同要求的强制性的重要时间节点和事件

D. 在定义活动过程中必须考虑项目的时间限制和预算约束

10.5 排列活动顺序

例题 5

（ ）不属于排列活动顺序过程的工具与技术。

A. 关键路径法

B. 提前量和滞后量

C. 紧前关系绘图法

D. 箭线图法

例题 6

关于活动排序的描述，不正确的是（ ）。

A. 在单代号网络图中，每项活动都有唯一的活动号，每项活动都标明了活动的持续时间

B. 双代号网络图中流入同一节点的活动，均有共同的紧后活动

C. 在双代号网络图中，任意两项活动的紧前事件和紧后事件的代号至少有一个不相同

D. 滞后量是紧后活动相对于紧前活动需要推迟的时间量，一般用负值表示

例题 7

某项目进度网络图中，活动 A 和活动 B 之间的依赖关系表示为 SS-8 天，则表明：（ ）。

A. 活动 A 开始 8 天后活动 B 开始

B. 活动 A 开始 8 天前活动 B 开始

C. 活动 A 结束 8 天后活动 B 开始

D. 活动 A 结束 8 天前活动 B 开始

例题 8

（ ） is one of the tools and techniques of Sequence Activities.

A.Decomposition

B.Fishbone Diagram

C.Precedence Diagramming Method　　D.Expert Judgment

10.6 估算活动持续时间

例题 9

关于估算活动持续时间过程的工具与技术的描述，不正确的是（ ）。

A. 类比估算是一种精确的估算方法，适用于项目详细信息充分、项目需求明确的情况

B. 专家判断依赖专家的可用性和经验，可能受到主观判断的影响

C. 三点估算考虑了估算中的不确定性和风险，有助于界定活动持续时间的近似区间

D. 参数估算是一种基于历史数据和项目参数，使用某种算法来计算成本或持续时间的估算技术

例题 10

某学校开发图书管理系统，软件研发专家组给出了如下时间估计：

活　动	乐观工期	最可能工期	悲观工期
图书管理系统的代码编写	5 人天	14 人天	17 人天

假设三个估值服从 β 分布，则该图书管理系统软件在 11~15 天完成的可能性约为（ ）。

A.34%　　B.68%　　C.95%　　D.99%

例题 11

完成某信息系统集成项目中一个最基本的工作单元 A 所需的时间，乐观估计需 8 天，悲观估计需 38 天，最可能估计需 20 天，按照 PERT 方法进行估算，项目的工期应该为（ ）天，在 26 天以后完成的概率大致为（ ）。

A.20　　B.21　　C.22　　D.23

A.8.9%　　B.15.9%　　C.22.2%　　D.28.6%

10.7 制订进度计划

例题 12

在一个复杂的信息系统项目中，由于资源限制，项目经理发现关键资源（如资深开发人员）经常在不同的项目任务之间被重新分配，这导致项目进度频繁延误和质量波动。为了有效控制资源并减少对进度延迟和成本超支的影响，项目经理优先采取的措施是（ ）。

A. 增加资源储备以应对未来的资源需求波动

B. 严格限制资源在项目间的共享，确保资源专注于当前任务

C. 实施资源平衡策略，优化不同任务间的资源分配

D. 缩减项目范围以匹配可用资源的能力

例题 13

关于进度管理的描述，不正确的是（ ）。

A. 在项目开展过程中，关键路径可能会发生变化

B. 关键路径上的活动的总浮动时间和自由浮动时间都为 0

C. 资源平滑技术通常会导致项目关键路径变长

D. 关键链法在关键路径法的基础上，考虑了资源因素

例题 14

某项目由并行的三个活动甲、乙、丙组成，为甲活动分配 3 人 5 天可以完成，为乙活动分配 6 人 7 天可以完成，为丙活动分配 4 人 2 天可以完成，活动完成后人员可再调配。在此情况下，项目最短工期为（ ）天，此时人员最少配置为（ ）人。

A.6　　B.7　　C.8　　D.9

A.6　　B.9　　C.10　　D.13

10.8 控制进度

例题 15

可用于控制进度过程的数据分析技术不包括：（ ）。

A. 备选方案分析　　B. 偏差分析　　C. 迭代燃尽图　　D. 趋势分析

例题 16

如果一个项目的 SPI=0.75，CPI=0.9，此时项目经理最适合采取（ ）的方式来控制项目进度。

A. 快速跟进　　B. 赶工　　C. 资源平衡　　D. 蒙特卡洛分析

10.9 关键路径法

例题 17

某项目经理负责一个软件开发项目，各活动及它们之间的依赖关系如下：

活动 A：需求分析，预计耗时 2 天。

活动 B：设计，依赖活动 A 的完成，预计耗时 3 天。

活动 C：编码，依赖活动 B 的完成，预计耗时 5 天。

活动 D：测试，与活动 C 同时开展，但必须在活动 C 完成后才能完全结束，预计耗时 7 天。

活动 E：部署，依赖活动 C 和活动 D 的完成，预计耗时 2 天。

根据上述活动及它们之间的依赖关系，项目工期为（ ）天。

A.14　　B.12　　C.13　　D.19

例题 18

某项目的网络图如下，活动 C 的自由浮动时间为（ ）天。

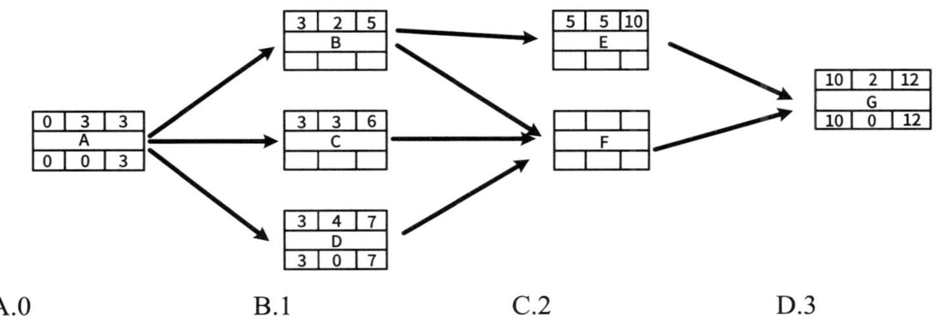

A.0　　B.1　　C.2　　D.3

例题 19

某项目各活动的先后顺序及持续时间如下表所示，该项目的关键路径为（ ）。

在执行过程中一名工程师因病缺席，导致活动 D 延期 2 天，为了确保项目按时完成，（ ）。

活　　动	持续时间 / 天	前序活动
A	4	C
B	3	C
C	4	
D	1	AB
E	7	C
F	5	B
G	2	DEF

A.CBDG　　B.CEFG　　C.CADG　　D.CBFG

A. 应为活动 D 增加更多的资源　　B. 不需要采取任何措施

C. 需要为关键路径上的任务赶工　　D. 应改进项目所需技术

10.10 答案与解析

例题 1

试题答案：C、B

试题解析：本题考查从网络图中获取项目进度的时间参数。

变化前，此题的关键路径为 ADFH，总工期为 9 天。变化后，此题的关键路径为 ADFH 和 ADEH，总工期都是 9 天。

因此，本题参考答案为 C、B 选项。

例题 2

试题答案：C

试题解析：本题考查进度管理计划。

本题翻译如下：

进度管理计划是项目管理计划的组成部分。进度管理计划可以是正式的或非正式的、非常详细的或高度概括的，它基于项目的（ ），包括适当的控制临界值。

A. 目标　　B. 价值　　C. 需要　　D. 水平

根据项目需要，进度管理计划可以是正式的或非正式的、非常详细的或高度概括的。项目进度管理计划应包括合适的控制临界值，还可以规定如何报告和评估进度紧急情况。

综上所述，本题参考答案为 C 选项。

例题 3

试题答案：D

试题解析：本题考查进度管理计划。

进度管理计划是项目管理计划的组成部分，为编制、监督和控制项目进度建立准则和明确活动要求（D 选项错误）。根据项目需要，进度管理计划可以是正式的或非正式的、非常详细的或高度概括的（A 选项正确）。

进度管理计划的内容一般包括：

- 项目进度模型：需要规定用于制定项目进度模型的进度规划方法论和工具。
- 进度计划的发布和迭代长度：使用适应型生命周期时，应指定发布、规划和迭代的固定时间段。固定时间段指项目团队稳定地朝着目标前进的持续时间，它可以推动团队先处理基本功能，在时间允许的情况下再处理其他功能，从而尽可能减少范围蔓延。（C 选项正确。）

- 准确度：定义需要规定活动持续时间估算的可接受区间，以及允许的紧急情况储备。
- 计量单位：需要规定每种资源的计量单位，例如，用于测量时间的人时数、人天数或周数，用于计量数量的米、升、吨、千米或立方码。
- 工作分解结构（WBS）：为进度管理计划提供框架，保证了与估算及相应进度计划的协调性。
- 项目进度模型维护：需要规定在项目执行期间，如何在进度模型中更新项目状态，记录项目进展。
- 控制临界值：需要规定偏差临界值，用于监督进度绩效。它是在需要采取某种措施前允许出现的最大差异，通常用偏离基准计划中参数的某个百分数来表示。（B 选项正确。）
- 绩效测量规则：需要规定用于绩效测量的挣值管理（EVM）规则或其他规则。
- 报告格式：需要规定各种进度报告的格式和编制频率。

综上所述，本题参考答案为 D 选项。

例题 4

试题答案：C

试题解析：本题考查定义活动。

里程碑是项目中的重要时间点或事件。里程碑清单列出了项目所有的里程碑，并指明每个里程碑是强制性的（如合同要求的）还是选择性的（如根据历史信息确定的）。里程碑的持续时间为零，因为它们代表的只是一个重要时间点或事件。

综上所述，本题参考答案为 C 选项。

例题 5

试题答案：A

试题解析：本题考查排列活动顺序过程的输入、工具与技术、输出（ITTO）。

排列活动顺序过程的工具与技术：紧前关系绘图法、箭线图法、确定和整合依赖关系、提前量和滞后量、项目管理信息系统。

关键路径法是制订进度计划、控制进度过程的工具与技术。

综上所述，本题参考答案为 A 选项。

例题 6

试题答案：D

试题解析：本题考查排列活动顺序。

在前导图法（单代号网络图）中，每项活动都有唯一的活动号，每项活动都注明了预计工期（活动的持续时间）。

在箭线图法（双代号网络图）中，有如下三个基本原则：①网络图中的每项活动和每个事件都必须有唯一的一个代号，即网络图中不会有相同的代号；②任意两项活动的紧前事件和紧后事件的代号至少有一个不相同，节点代号沿箭线方向越来越大；③流入（流出）同一节点的活动，均有共同的紧后活动（或紧前活动）。

- 提前量：相对于紧前活动，紧后活动可提前的时间量。提前量一般用负值表示。
- 滞后量：相对于紧前活动，紧后活动需要推迟的时间量。滞后量一般用正值表示。

综上所述，本题参考答案为 D 选项。

例题 7

试题答案：B

试题解析：本题考查排列活动顺序的工具与技术——前导图法。

前导图法包括活动之间存在的四种类型的依赖关系：

- 结束 - 开始的关系（F-S 型）。紧前活动结束后，紧后活动才能开始。
- 结束 - 结束的关系（F-F 型）。紧前活动结束后，紧后活动才能结束。
- 开始 - 开始的关系（S-S 型）。紧前活动开始后，紧后活动才能开始。
- 开始 - 结束的关系（S-F 型）。紧前活动开始后，紧后活动才能结束。

SS-8 表示活动 A 开始 8 天前活动 B 开始。因此，本题参考答案为 B 选项。

例题 8

试题答案：C

试题解析：本题考查项目进度管理中排列活动顺序的工具与技术。

本题翻译如下：

（ ）是排列活动顺序的工具与技术。

A. 分解　　B. 鱼骨图　　C. 前导图　　D. 专家判断

在对项目活动排列顺序时常见的方法有：确定和整合依赖关系、前导图法（单代号网络图）、箭线图法（双代号网络图）、提前量和滞后量。

A 选项“分解”一般用于创建 WBS，B 选项“鱼骨图”一般用来找出问题的根本原因，D 选项“专家判断”是指有丰富经验的人员参与活动做出更好的决定。

综上所述，本题参考答案为 C 选项。

例题 9

试题答案：A

试题解析：本题考查估算活动持续时间的工具与技术。

类比估算是一种粗略的估算方法，有时需要根据项目复杂性方面的已知差异进行调整，在项目详细信息不足时，经常使用类比估算来估算项目持续时间。（A 选项错误。）

综上所述，本题参考答案为 A 选项。

例题 10

试题答案：B

试题解析：本题考查估算活动持续时间的工具——三点估算。

估算工期 =（乐观工期 +4× 最可能工期 + 悲观工期）/6=13（天）。

标准差 =（悲观工期 – 乐观工期）/6=2（天）。

正负一个标准差 =68.26%。

因此，本题参考答案为 B 选项。

例题 11

试题答案：B、B

试题解析：本题考查估算活动持续时间的工具——三点估算。

三点估算通过考虑估算中的不确定性和风险，可以提高活动持续时间估算的准确性，表明持续估算的变化范围。三点估算可用于在进度管理过程中估算持续活动时间，在成本管理中估算活动成本等。

三点估算在估算持续活动时间时，公式为：估算值 =（最乐观时间 +4× 最可能时间 + 最悲观时间）/6。

标准差 =（最悲观时间 – 最乐观时间）/6。

在本题中，期望工期 =(8+4×20+38)/6=21（天），标准差 =(38–8)/6=5（天）。

在 26 天与 21 天之间为一个标准差（而非正负一个标准差），在 16 天与 26 天之间为正负一个标准差，根据正态分布规律，在 16 天与 26 天之间完成的概率为 68.26%，在 26 天以后完成的概率为 (1–68.26%)/2=15.87%。

综上所述，本题参考答案为 B、B 选项。

例题 12

试题答案：C

试题解析：本题考查资源优化技术。

资源平衡是为了在资源需求与资源供给之间取得平衡，根据资源制约因素对开始日期和结束日期进行调整的一种技术。如果共享资源或关键资源只在特定时间可用，而且数量有限，比如一个资源在同一时段被分配至两个或多个活动，就需要进行资源平衡。也可以为保持资源使用量处于均衡水平而进行资源平衡。

综上所述，本题参考答案为 C 选项。

例题 13

试题答案：C

试题解析：本题考查制订进度计划的工具与技术。

- 进度网络图中可能有多条关键路径。在项目开展过程中，有的活动会提前完成，有的活动会推迟完成，有的活动会中途取消，新的活动可能会中途加入，网络图在不断变化，关键路径也在不断变化。
- 在正常情况下，关键活动的总浮动时间和自由浮动时间都为 0。
- 资源平衡（Resource Leveling）：为了在资源需求与资源供给之间取得平衡，根据资源制约因素对开始日期和结束日期进行调整的一种技术。如果共享资源或关键资源只在特定时间可用，而且数量有限，或者被过度分配，比如一个资源在同一时段被分配至两个或多个活动，就需要进行资源平衡。也可以为保持资源使用量处于均衡水平而进行资源平衡。资源平衡往往导致关键路径发生改变，通常是关键路径变长了。
- 资源平滑（Resource Smoothing）：对进度模型中的活动进行调整，从而使项目资源需求不超过预定的资源限制的一种技术。相对于资源平衡而言，资源平滑不会改变项目关键路径，完工日期也不会延迟。也就是说，活动只在其自由浮动时间和总浮动时间内延迟。

综上所述，本题参考答案为 C 选项。

例题 14

试题答案：B、C

试题解析：本题考查项目活动排序。

甲、乙、丙三个活动并行，乙活动历时 7 天，甲活动和丙活动一共历时 7 天，所以在乙活动与甲活动和丙活动并行的情况下，总历时 7 天。0~5 天需要的人数为 9 人，5~7 天需要的人数为 10 人，所以最少配置为 10 人。

综上所述，本题参考答案为 B、C 选项。

例题 15

试题答案：A

试题解析：本题考查控制进度过程的数据分析技术。

可用于控制进度过程的数据分析技术主要包括：挣值分析、迭代燃尽图、绩效审查、趋势分析、偏差分析、假设情景分析。

备选方案分析是用于规划进度管理的数据分析技术。

综上所述，本题参考答案为 A 选项。

例题 16

试题答案：A

试题解析：本题考查控制进度的工具与技术。

根据题干，项目经理最适合采取快速跟进的方式来控制项目进度。

快速跟进是一种进度压缩技术，将在正常情况下按顺序进行的活动或阶段改为至少是部分并行开展。

综上所述，本题参考答案为 A 选项。

例题 17

试题答案：A

试题解析：本题考查进度网络图的绘制。

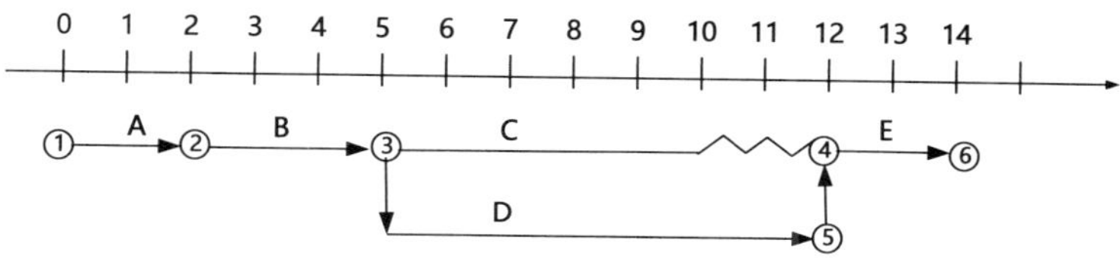

2+3+7+2=14（天）。

综上所述，本题参考答案为 A 选项。

例题 18

试题答案：B

试题解析：本题考查从网络图中获取项目进度的时间参数。

活动 F 的最早开始时间是 7；活动 C 的自由浮动时间 = 活动 F 的最早开始时间 – 活动 C 的最早结束时间 =7–6=1（天）。因此，本题参考答案为 B 选项。

例题 19

试题答案：D、B

试题解析：本题考查关键路径法的应用。

关键路径为 CBFG；活动 D 的总时差为 3 天，活动 D 延期 2 天对工期没有影响，因此不需要采取任何措施。

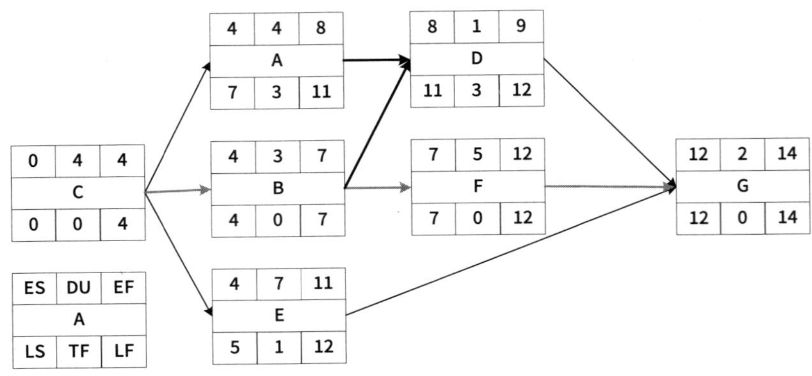

综上所述，本题参考答案为 D、B 选项。

第 11 章
项目成本管理

11.1 考点分析

根据考试大纲，本章要求考生掌握以下知识点：

- 项目成本管理概述
- 规划成本管理
- 估算成本
- 制定预算
- 控制成本
- 挣值管理

本章考查重点是估算成本、制定预算和挣值管理。项目成本管理历年考查知识点分布情况如表 11-1 所示。

表 11-1 项目成本管理历年考查知识点分布情况

试　题	考查知识点
2019 年 11 月试题考 3 分	估算成本、制定预算、挣值管理
2020 年 11 月试题考 3 分	估算成本、制定预算、挣值管理
2021 年 5 月试题考 3 分	估算成本、制定预算、挣值管理
2021 年 11 月试题考 3 分	估算成本、挣值管理
2022 年 5 月试题考 2 分	制定预算、挣值管理
2022 年 11 月试题考 2 分	制定预算、挣值管理
2023 年 5 月试题考 4 分	项目成本管理概述、估算成本、控制成本、挣值管理
2023 年 11 月试题考 3 分	项目成本管理概述、估算成本、制定预算
2024 年 5 月第一批次试题考 3 分	项目成本管理概述、规划成本管理、制定预算
2024 年 5 月第二批次试题考 3 分	估算成本、控制成本

11.2 项目成本管理概述

例题 1

关于成本管理的描述，不正确的是（ ）。

A. 在项目过程中，不应只关心完成项目活动所需资源的成本，也需考虑项目决策对项目最终产品的使用和维护成本的影响

B. 成本估算和成本预算是两个过程，即使是很小的项目，也需要由不同的人员来分别完成，以保证估算和预算过程的客观性与独立性

C. 全生命周期成本管理经常与价值工程技术结合使用，用于降低成本，缩短时间，提高项目可交付成果的质量和绩效，并优化决策过程

D. 项目成本管理应当考虑项目干系人的需要，不同的项目干系人可能在不同的时间以不同的方式测算项目的成本

例题 2

关于成本的描述，不正确的是（ ）。

A. 在投资决策时应尽量考虑沉没成本

B. 沉没成本是一种历史成本

C. 管理储备不包括在成本基准中

D. 管理储备是项目总预算的一部分

例题 3

（ ） are those costs that cannot be directly traced to a specific project and therefore will be accumulated and allocated equitably over multiple projects by some approved and documented accounting procedure.

A.direct costs B.operation costs C.indirect costs D.implement costs

11.3 规划成本管理

例题 4

在成本管理计划中，通常不会规定（ ）。

A. 准确度 B. 控制临界值 C. 精确度 D. 薪酬结构

11.4 估算成本

例题 5

在估算成本过程中，（ ）是该过程的输入，（ ）是该过程的输出。

A. 项目范围说明书；成本管理计划

B. 历史信息；项目预算

C. 工作分解结构（WBS）；资源需求

D. 资源需求清单；估算依据

例题 6

关于成本估算的描述，正确的是（ ）。

A. 只能用货币单位进行成本估算，不能用人天数或人时数作为计量单位

B. 通货膨胀补贴、融资成本不应被纳入成本估算中

C. 参数估算可以针对整个项目，也可以针对项目中的某个部分

D. 应急储备用于应对项目中不可预知的风险

例题 7

某项目估算，最乐观成本为105万元，利用三点估算，按三角分布计算出的值为94万元，按 β 分布计算出的值为94.5万元，则最悲观成本为（ ）万元。

A.80　　B.81　　C.82　　D.83

例题 8

关于成本估算的描述，正确的是（ ）。

A. 成本估算是指在某特定时点，根据已知信息所做出的成本预测

B. 成本估算的准确性随着项目的进展而逐步下降

C. 融资成本不应被纳入成本估算中

D. 项目进度发生变化但范围没有变化，对成本估算不会产生影响

11.5 制定预算

例题 9

（ ）属于成本基准。

①管理储备 ②应急储备 ③材料成本 ④服务费

A. ①③④　　B. ①②③　　C. ①②④　　D. ②③④

例题 10

关于制定预算的描述，不正确的是（ ）。

A. 成本基准是经过批准且按时间段分配的项目预算

B. 项目总资金需求是根据资金投入计算出的成本基准

C. 成本基准中的成本估算与进度活动直接关联

D. 项目资金通常以增量而非连续的方式投入

例题 11

关于项目成本预算的描述，不正确的是（ ）。

A. 范围基准、风险登记册和活动成本估算是制定预算过程的有效输入

B. 在资源日历中可获得项目资源种类和使用时间，以确定各阶段的资源成本

C. 在做项目成本预算时，需按照正态分布规律，依时间段分配成本

D. 成本基准是经过批准的，包括应急储备，但不包括管理储备

例题 12

关于成本估算与成本预算的描述，不正确的是（ ）。

A. 成本估算的作用是确定完成工作所需的成本数额

B. 成本基准是经过批准且按时间段分配的项目预算

C. 成本预算过程依据成本基准监督和控制项目绩效

D. 项目预算包括应急储备，但不包括管理储备

11.6 控制成本

例题 13

在成本控制过程中，某项目的项目经理发现成本偏差（CV）呈现负值，为了采取有效的纠正措施，优先策略是（ ）。

A. 降低项目质量要求，以实现更高的成本效益

B. 识别并减少冗余活动的工作量，以降低成本

C. 减少合同交付内容，以减轻成本负担

D. 增加项目范围，以提高收入来降低成本超支

例题 14

关于控制成本过程的数据分析技术的描述，不正确的是（ ）。

A. 项目的总计划价值又被称为完工预算（BAC）

B. 为实现挣值（EV）所花费的任何成本都应被计入实际成本（AC）

C. 当项目完工时，进度偏差（SV）可能为零，也可能不为零

D. 项目结束时的成本偏差（CV）是完工预算与实际成本之间的差值

11.7 挣值管理

例题 15

下表是某项目截至 2022 年 12 月底各项活动的成本执行（绩效）数据。假设当前项目的成本偏差是典型的，则完工尚需估算（ETC）为（ ）万元。

活动编号	活 动	完成百分比 %	计划价值（PV）/ 万元	实际成本（AC）/ 万元
1	a	100	1800.00	2200.00
2	b	100	1000.00	1200.00
3	c	100	1500.00	1500.00
4	d	90	4200.00	3600.00
5	e	80	3550.00	3000.00
6	f	80	3000.00	2500.00
7	g	70	1000.00	800.00
8	h	70	4400.00	3200.00
合 计			20450.00	18000.00
项目总预算（BAC）：38000.00 万元				

A.40000　　B.22000　　C.20900　　D.38450

例题 16

某公司项目的绩效数据如下表所示，能提前完成且不超支的项目有（ ）个。

项 目	计划价值	挣 值	实际成本
A	1000	1500	1200

续表

项　目	计划价值	挣　值	实际成本
B	2000	1700	1800
C	2500	2700	2800
D	4000	3500	3200
E	1600	1800	1500

A.1　　B.2　　C.3　　D.4

例题 17

某软件开发项目包括 A、B、C 三个活动，目前各活动的相关数据如下（单位：万元），则该项目绩效处于（ ）状态。

活　动	PMB	PV	完成百分比	AC
A	20	20	100%	20
B	15	5	50%	6
C	7	0	0	0

A. 进度提前且成本节约　　B. 进度提前且成本超支

C. 进度落后且成本节约　　D. 进度落后且成本超支

例题 18

某项目按工作量平均分配到 10 个月完成，每个月成本相同，项目管理储备为 15 万元。在项目进行到第 3 个月末时，项目实际花费为 BAC 的 30%，完成总工作量的 20%。如果不加以纠偏，根据当前进度，项目完工估算为 120 万元，则项目总预算为（ ）万元。

A.80　　B.85　　C.90　　D.95

11.8 答案与解析

例题 1

试题答案：B

试题解析：本题考查成本管理。

在项目过程中，不应只关心完成项目活动所需资源的成本，也需考虑项目决策对项目最终产品的使用和维护成本的影响。（A 选项正确。）

全生命期成本管理经常与价值工程技术结合使用，用于降低成本，缩短时间，提高项目可交付成果的质量和绩效，并优化决策过程。（C 选项正确。）

项目成本管理应当考虑项目干系人的需要，不同的项目干系人可能在不同的时间以不同的方式测算项目的成本。例如，对于物品的采购成本，可以在做出承诺、发出订单、送达、交付货物时，当实际成本发生或者为了会计核算记录实际成本时，再进行测算。（D 选项正确。）

就某些项目，特别是小项目而言，成本估算和成本预算之间的关系极其密切，以至于可以将它们视为一个过程，由一个人在较短的时间内完成。（B 选项错误。）

综上所述，本题参考答案为 B 选项。

例题 2

试题答案：A

试题解析：本题考查成本的概念。

沉没成本：由于过去的决策已经发生的，而不能由现在或将来的任何决策改变的成本。沉没成本是一种历史成本（B 选项正确），对于现有的决策而言是不可控成本，会在很大程度上影响人们的行为方式与决策，在投资决策时应该尽量排除沉没成本的干扰（A 选项错误）。

管理储备是为了管理控制而特别留出的项目预算，用来应对项目范围中不可预见的工作。管理储备用来应对会影响项目的“未知 - 未知”风险。管理储备不包括在成本基准中（C 选项正确），但属于项目总预算和资金需求的一部分（D 选项正确），在使用前需要得到高层管理者的审批。当动用管理储备资助不可预见的工作时，就要把动用的管理储备增加到成本基准中，此时会导致成本基准的变更。

综上所述，本题参考答案为 A 选项。

例题 3

试题答案：C

试题解析：本题考查项目成本的类型。

本题翻译如下：

（　）是指那些不能直接追溯至某一特定项目的成本，因此将通过一些经批准并形成文件的会计程序，在多个项目上公平地累积和分配成本。

A. 直接成本　　B. 运营成本　　C. 间接成本　　D. 实施成本

直接成本是指可以直接追溯至特定项目、产品或服务的成本。运营成本是指企业在正常运营过程中发生的成本，与是否进行特定项目无关。这些成本是企业日常运作支出的一部分，通常包括固定成本和变动成本。实施成本特指在项目实施阶段发生的成本，可能包括启动项目所需的一次性费用或在整个项目周期内分摊的费用。

因此，本题参考答案为 C 选项。

例题 4

试题答案：D

试题解析：本题考查成本管理计划中的规定。

在成本管理计划中，一般需要规定：

- 计量单位：需要规定每种资源的计量单位，例如，用于测量时间的人时数、人天数或周数，用于计量数量的米、升、吨、千米、立方码，或者用货币表示的总价。
- 精确度：根据活动范围和项目规模，设定成本估算向上或向下取整的程度（如 995.59 元取整为 1000 元）。
- 准确度：为活动成本估算规定一个可接受的区间（如 ±10%），其中可能包括一定数量的应急储备。
- 组织程序链接：工作分解结构（WBS）为成本管理计划提供了框架，以便据此规范地开展成本估算、预算和控制。在项目成本核算中使用的 WBS 组成部分，被称为控制账户（CA），每个控制账户都有唯一的编码或账号，直接与组织的会计制度关联。
- 控制临界值：需要规定偏差临界值，用于监督成本绩效。它是在需要采取某种措施前允许出现的最大差异，通常用偏离基准计划的百分数来表示。
- 绩效测量规则：用于绩效测量的挣值管理（EVM）规则。例如，成本管理计划应该定义 WBS 中用于绩效测量的控制账户；确定拟用的 EVM 技术（如加权里程碑法、固定公式法、完成百分比法等）；规定跟踪方法，以及用于计算项目完工估算（EAC）的 EVM 公式，使用该公式计算出的结果可用于验证通过自下而上方法得出的完工估算。
- 报告格式：需要规定各种成本报告的格式和编制频率。
- 其他细节：关于成本管理活动的其他细节，包括对战略筹资方案的说明、处理汇率波动的程序、记录项目成本的程序等。

综上所述，本题参考答案为 D 选项。

例题 5

试题答案：D

试题解析：本题考查估算成本过程的输入和输出。

估算成本过程的输入：项目管理计划（成本管理计划、质量管理计划、范围基准）、项目文件（风险登记册、经验教训登记册、资源需求、项目进度计划）、事业环境因素、组织过程资产。

估算成本过程的输出：成本估算、估算依据、项目文件更新（假设日志、经验教训登记册、风险登记册）。

估算成本过程的工具与技术：专家判断、类比估算、参数估算、自下而上估算、三点估算、数据分析、项目管理信息系统、决策。

综上所述，本题参考答案为 D 选项。

例题 6

试题答案：C

试题解析：本题考查成本估算。

参数估算是一种基于历史数据和项目参数，使用某种算法来计算成本或持续时间的估算技术。它利用历史数据之间的统计关系和其他变量（如建筑施工中的平方英尺），来估算成本、预算和持续时间等活动参数。将需要实施的工作量乘以完成单位工作量所需的工时，即可计算出持续时间。参数估算的准确性取决于参数模型的成熟度和基础数据的可靠性。参数估算可以针对整个项目或项目中的某个部分（C 选项正确），并可以与其他估算方法联合使用。

成本估算是对完成活动所需资源的可能成本进行的量化评估，是在某特定时点根据已知信息所做出的成本预测。通常使用某种货币单位进行成本估算，但有时也可采用其他计量单位，如人时数或人天数（A 选项错误），以消除通货膨胀的影响，便于成本比较。

在进行成本估算时，应该考虑针对项目收费的全部资源，一般包括（但不限于）人工、材料、设备、服务、设施，以及一些特殊的成本种类，如通货膨胀补贴、融资成本或应急成本（B 选项错误）。成本估算可以在活动层级呈现，也可以通过汇总形式呈现。

应急储备是包含在成本基准内的一部分预算，用来应对已经接受的已识别风险，以及已经制定应急或减轻措施的已识别风险。应急储备通常是预算的一部分，用来应对那些会影响项目的“已知 - 未知”风险（D 选项错误）。管理储备是为了管理控制而特别留出的项目预算，用来应对项目范围中不可预见的工作。管理储备用来应对那些会影响项目的“未知 - 未知”风险。

综上所述，本题参考答案为 C 选项。

例题 7

试题答案：C

试题解析：本题考查三点估算。

三点估算通过考虑估算中的不确定性和风险，可以提高活动持续时间估算的准确性。这个概念源自计划评审技术（PERT）。PERT 使用三种估算值来界定活动持续时间的近似区间。

基于三角分布和 β 分布的两个常用公式如下：

$$三角分布\ t_E=(t_o+t_m+t_p)/3$$

$$\beta\ 分布\ t_E=(t_o+4t_m+t_p)/6$$

其中，t_m 表示最可能成本，t_o 表示最乐观成本，t_p 表示最悲观成本。

根据题意：$(105+t_m+t_p)/3=94$（万元）；$(105+4t_m+t_p)/6=94.5$（万元），可以算得 $t_p=82$（万元）。因此，最悲观成本为 82 万元。

综上所述，本题参考答案为 C 选项。

例题 8

试题答案：A

试题解析：本题考查成本估算的基本概念。

- 成本估算是指在某特定时点，根据已知信息所做出的成本预测（A 选项正确）。在估算成本时，需要识别和分析可用于启动与完成项目的备选成本方案；需要权衡备选成本方案并考虑风险，如比较自制成本与外购成本、购买成本与租赁成本，以及多种资源共享方案，以优化项目成本。
- 在项目生命周期中，项目估算的准确性将随着项目的进展而逐步提高。（B 选项错误。）
- 在进行成本估算时，应该考虑针对项目收费的全部资源，一般包括（但不限于）人工、材料、设备、服务、设施，以及一些特殊的成本种类，如通货膨胀补贴、融资成本或应急成本。（C 选项错误。）
- 项目工作所需的资源种类、数量和使用时间，都会对项目成本产生很大的影响。进度活动所需的资源及其使用时间，是估算成本过程的重要输入。（D 选项错误。）

综上所述，本题参考答案为 A 选项。

例题 9

试题答案：D

试题解析：本题考查成本基准的概念。

成本基准是经过批准的、按时间段分配的项目预算，不包括任何管理储备。

综上所述，本题参考答案为 D 选项。

例题 10

试题答案：B

试题解析：本题考查制定预算。

成本基准是经过批准的、按时间段分配的项目预算（A 选项正确），不包括任何管理储备，只有通过正式的变更控制程序才能变更，用作与实际结果进行比较的依据。成本基准是不同进度活动经批准的预算的总和。（C 选项正确。）

根据成本基准，确定总资金需求和阶段性（如季度或年度）资金需求。成本基准中既包括预计的支出，也包括预计的债务。项目资金通常以增量而非连续的方式投入（D 选项正确），并且可能是非均衡的，呈现出阶梯状。如果有管理储备，则总资金需求等于成本基准加管理储备。（B 选项错误。）

综上所述，本题参考答案为 B 选项。

例题 11

试题答案：C

试题解析：本题考查项目成本预算过程的相关知识。

由于成本基准中的成本估算与进度活动直接关联，因此可以按时间段分配成本基准，得到一条 S 曲线。而不是按照正态分布规律分配成本基准的。

综上所述，本题参考答案为 C 选项。

例题 12

试题答案：C、D

试题解析：本题考查成本估算与制定预算两个过程的对比。

制定预算的作用是确定成本基准，可据此监督和控制项目绩效。成本控制是指根据成本基准监督和控制项目绩效。（C 选项的描述不正确。）

项目预算包括经批准用于项目的全部资金。成本基准是经过批准的、按时间段分配的项目预算，不包括任何管理储备。在成本基准之上增加管理储备，得到项目预算。（D 选项的描述不正确。）

综上所述，本题参考答案为 C、D 选项。

例题 13

试题答案：B

试题解析：本题考查偏差分析。

A、C、D 选项都需要经过甲方的确认才能施行。因此，本题参考答案为 B 选项。

例题 14

试题答案：C

试题解析：本题考查挣值分析。

计划价值（PV）：为计划工作分配的经批准的预算，它是为完成某活动或 WBS 组成部分而准备的一份经批准的预算，不包括管理储备。应该把预算分配至项目生命周期的各个阶段；在某个给定的时点，计划价值代表着应该已经完成的工作。PV 的总和有时被称为绩效测量基准（PMB），项目的总计划价值又被称为完工预算（BAC）。（A 选项正确。）

实际成本（AC）：在给定的时段内执行某活动而实际发生的成本，是为完成与挣值

（EV）相对应的工作而发生的总成本。AC 的计算方法必须与 PV 和 EV 的计算方法保持一致（例如，都只计算直接小时数、直接成本或包括间接成本在内的全部成本）。AC 没有上限，为实现 EV 所花费的任何成本都要计算进去。（B 选项正确。）

进度偏差（SV）：测量进度绩效的一种指标，表示为挣值与计划价值之差。它是指在某个给定的时点，项目提前或落后的进度。进度偏差是一种有用的指标，可表明项目进度是落后于还是提前于进度基准。当项目完工时，全部的计划价值都将实现（即成为挣值），进度偏差最终将等于零（C 选项错误）。最好将进度偏差与关键路径法和风险管理一起使用。进度偏差的计算公式为：SV=EV–PV。

成本偏差（CV）：在某个给定的时点预算的亏空量或盈余量，表示为挣值与实际成本之差。它是测量项目成本绩效的一种指标。项目结束时的成本偏差，就是完工预算（BAC）与实际成本之间的差值（D 选项正确）。由于成本偏差指明了实际绩效与成本支出之间的关系，所以非常重要。CV 为负值，一般都是不可挽回的。成本偏差的计算公式为 CV=EV–AC。

综上所述，本题参考答案为 C 选项。

例题 15

试题答案：B

试题解析：本题考查挣值计算。

EV=1800+1000+1500+4200×90%+3550×80%+3000×80%+1000×70%+4400×70%=17100（万元）。

CPI=EV/AC=17100/18000=0.95。

典型情况 ETC=(BAC–EV)/CPI=(38000–17100)/0.95=22000（万元）。

综上所述，本题参考答案为 B 选项。

例题 16

试题答案：B

试题解析：本题考查挣值计算。

项目 A：SV=1500–1000=500，CV=1500–1200=300；进度提前，成本节约。

项目 B：SV=1700–2000=–300，CV=1700–1800=–100；进度落后，成本超支。

项目 C：SV=2700–2500=200，CV=2700–2800=–100；进度提前，成本超支。

项目 D：SV=3500–4000=–500，CV=3500–3200=300；进度落后，成本节约。

项目 E：SV=1800–1600=200，CV=1800–1500=300；进度提前，成本节约。

能提前完成且不超支的项目有 A 和 E，共 2 个。

综上所述，本题参考答案为 B 选项。

例题 17

试题答案：A

试题解析：本题考查挣值计算。

（PMB 是绩效测量基准，就等于 BAC。）

由题目可知：

PV=25，EV=20×100%+15×50%+7×0=27.5，AC=26。

SV=EV–PV=2.5>0，进度提前。

CV=EV–AC=1.5>0，成本节约。

综上所述，本题参考答案为 A 选项。

例题 18

试题答案：D

试题解析：本题考查挣值计算。

第 3 个月末，AC=BAC×30%，EV=BAC×20%，PV=BAC×30%，则有 CPI=EV/AC=2/3。

预测未来：典型偏差，EAC=120，EAC=AC+(BAC–EV)/CPI=BAC/CPI=120，则有 BAC=80（万元）。

项目总预算 =BAC+ 管理储备 =80+15=95（万元）。

综上所述，本题参考答案为 D 选项。

第 12 章
项目质量管理

12.1 考点分析

根据考试大纲，本章要求考生掌握以下知识点：

- 项目质量管理概述
- 规划质量管理
- 管理质量
- 控制质量
- 质量管理工具

本章考查重点是制订质量管理计划、管理质量和控制质量。项目质量管理历年考查知识点分布情况如表 12-1 所示。

表 12-1 项目质量管理历年考查知识点分布情况

试　题	考查知识点
2019 年 11 月试题考 3 分	项目质量管理概述、管理质量、控制质量
2020 年 11 月试题考 4 分	控制质量、质量管理工具
2021 年 5 月试题考 3 分	制订质量管理计划、控制质量
2021 年 11 月试题考 4 分	制订质量管理计划、管理质量、控制质量
2022 年 5 月试题考 3 分	制订质量管理计划、管理质量、控制质量
2022 年 11 月试题考 3 分	制订质量管理计划、管理质量、控制质量
2023 年 5 月试题考 3 分	项目质量管理概述、管理质量、控制质量
2023 年 11 月试题考 3 分	管理质量、控制质量、质量管理工具
2024 年 5 月第一批次试题考 4 分	管理质量、控制质量
2024 年 5 月第二批次试题考 3 分	项目质量管理概述、制订质量管理计划、控制质量

12.2 项目质量管理概述

例题 1

关于项目质量管理的描述，不正确的是（ ）。

A. 质量管理由独立的质量保证团队在项目生命周期的特定阶段执行

B. 质量目标是落实质量方针的具体要求，从属于质量方针

C. 质量管理是为了实现质量目标而进行的所有质量性质的活动

D. 质量方针是由组织最高管理者正式发布的该组织总的质量宗旨和方向

例题 2

关于质量的描述，正确的是（ ）。

A. 功能、性能、价格可作为衡量质量的指标

B. 质量与等级相关，等级的高低决定了质量的好坏

C. 预防错误的成本通常高于检查并纠正错误的成本

D. 项目合同通常是进行项目质量管理的主要依据

例题 3

（ ）不是现行 ISO 9000 系列标准提出的质量管理原则。

A. 以产品为中心　　B. 领导作用

C. 基于事实的决策方法　　D. 与供方互利的关系

12.3 规划质量管理

例题 4

在规划质量管理过程中，确定项目和产品质量标准的正确做法是（ ）。

A. 使用决策分析识别达到项目目标所需的关键活动

B. 使用回归分析展示项目团队成员的技能分布

C. 使用流程图分析评估项目成本与质量之间的关系

D. 使用因果图监控项目过程中的质量和性能表现

例题 5

关于规划质量管理的描述，不正确的是（ ）。

A. 质量测量中公差是实际测量值与预期值的差

B. 质量管理计划可以是非正式的

C. 干系人登记册有助于识别对质量重视或有影响的那些干系人

D. 质量核对单用来核实所要求的一系列步骤是否已得到执行

例题 6

某公司在教育服务领域持续发展，已有丰富的项目经验。近日新立项的教育服务项目 A 需要规划质量管理，则应采用（ ）方法。

A. 成本效益分析　　B. 质量成本　　C. 标杆对照　　D. 实验设计

例题 7

确定适用于项目的质量标准并决定如何满足这些标准是（ ）的过程。

A. 质量目标　　B. 质量保证　　C. 质量方针　　D. 质量规划

12.4 管理质量

例题 8

关于“管理质量”过程的描述，不正确的是（ ）。

A. 管理质量是把组织的质量政策用于项目，并将质量管理计划转化为可执行的质量活动的过程

B. 管理质量是所有人的共同职责，包括项目经理、项目团队、项目发起人、执行组织的管理层

C. 管理质量包括所有质量保证活动，与产品设计和过程改进无关

D. 管理质量过程需要在整个项目期间开展

例题 9

（ ）过程的作用之一是识别无效过程和导致质量低劣的原因。

A. 规划质量　　B. 管理质量　　C. 检查质量　　D. 控制质量

例题 10

质量保证成本属于质量成本中的（ ）成本。

A. 一致性　　B. 内部失败　　C. 非一致性　　D. 外部失败

例题 11

（ ）: The process of translating the quality management plan into executable quality activities that incorporate the organization’ s quality policies into the project.

A.Manage quality　　B.Quality audit

C.Quality metrics　　D.Quality improvement

12.5 控制质量

例题 12

关于控制质量过程目的的描述，正确的是（ ）。

A. 在用户验收和最终交付之前测试产品或服务的完整性、合规性和适用性

B. 识别项目及其可交付成果的质量要求、标准，并描述将如何证明符合质量要求

C. 评估项目团队成员的绩效，确保项目输出敏捷、高效且满足管理层的期望

D. 着眼于项目后评估的过程，旨在高效地执行项目过程，包括遵守和满足标准

例题 13

关于控制质量的描述，不正确的是（ ）。

A. 控制质量的目的是在用户验收和最终交付之前，测量产品或服务的完整性、合规性和适用性

B. 在控制质量时，控制图可用于确定一个过程是否稳定

C. 在瀑布型或预测型项目中，控制质量活动通常由特定团队成员在整个项目生命周期中持续执行

D. 质量检查既可以针对单个活动的成果，也可以针对项目的最终产品

例题 14

在质量控制中，根据控制图七点运行定律，（ ）需要接受检查。

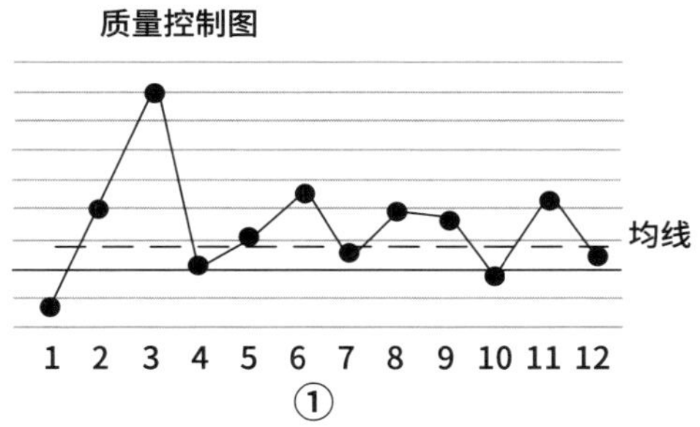

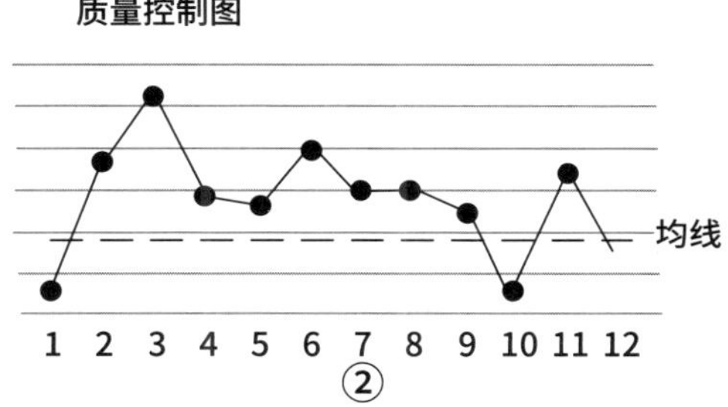

A. 只有①　　B. 只有②　　C. ①和②　　D. ①和②都不需要

例题 15

（ ）监督并记录质量活动执行结果，以便评估绩效，并推荐必要的变更。

A. 质量规划　　B. 质量保证　　C. 质量控制　　D. 质量改进

12.6 质量管理工具

例题 16

某系统上线后频繁收到发生闪退的用户投诉，项目经理安排工程师小王尽快找到故障原因，并推荐使用（ ）进行分析。

A. 鱼骨图　　B. 直方图　　C. 趋势图　　D. 散点图

例题 17

质量团队可以根据下面哪种图来研究并确定两个变量之间可能存在的关系：（ ）。

A. 控制图　　B. 流程图　　C. 直方图　　D. 散点图

例题 18

用来显示该过程中各步骤之间的相互关系的工具是（ ）。

A. 控制图　　B. 流程图　　C. 趋势图　　D. 散点图

12.7 答案与解析

例题 1

试题答案：A

试题解析：本题考查质量管理的基本概念。

在敏捷型项目中，整个项目期间的质量管理由所有团队成员执行，但在传统项目中，质量管理通常是特定团队成员的职责。（A 选项错误。）

质量目标是指“在质量方面所追求的目的”，它是落实质量方针的具体要求，从属于质量方针，应与利润目标、成本目标、进度目标等相协调。（B 选项正确。）

质量管理是指为了实现质量目标而进行的所有质量性质的活动。（C 选项正确。）

质量方针是指由组织的最高管理者正式发布的该组织总的质量宗旨和方向。（D 选项正确。）

综上所述，本题参考答案为 A 选项。

例题 2

试题答案：D

试题解析：本题考查质量的基本概念。

国家标准 GB/T 19000《质量管理体系 基础和术语》对质量的定义为："一组固有特性满足要求的程度"（A 选项错误）。固有特性是指在某事或某物中本来就有的，尤其是那种永久的可区分的特征。

质量与等级是两个不同的概念（B 选项错误）。质量作为实现的性能或成果，是"一系列内在特性满足要求的程度（ISO 9000）"。等级是对用途相同但技术特性不同的可交付成果的级别分类。例如，一个低等级（功能有限）、高质量（无明显缺陷，用户手册易读）的软件产品，适合一般情况下使用，也可以被认可；而一个高等级（功能繁多）、低质量（有许多缺陷，用户手册杂乱无章）的软件产品，其功能会因质量低劣而无效和 / 或低效，不会被使用者接受。

预防胜于检查。最好将质量设计到可交付成果中，而不是在检查时发现质量问题。预防错误的成本通常远低于在检查或使用中发现并纠正错误的成本。（C 选项错误。）

从项目作为一次性的活动来看，项目质量体现在由 WBS 反映出的项目范围内所有的阶段、子项目、项目工作单元的质量构成上，即项目的工作质量；从项目作为一个最终产品来看，项目质量体现在其性能或者使用价值上，即项目的产品质量。项目的质量是根据顾客的要求来确定的，不同的顾客有着不同的质量要求，其意图已反映在项目合同中。因此，项目合同通常是进行项目质量管理的主要依据。（D 选项正确。）

综上所述，本题参考答案为 D 选项。

例题 3

试题答案：A

试题解析：本题考查 ISO 9000 质量管理原则。

ISO 9000 质量管理原则包括：①以顾客为中心；②领导作用；③全员参与；④过程方法；⑤管理的系统方法；⑥持续改进；⑦基于事实的决策方法；⑧与供方互利的关系。

综上所述，本题参考答案为 A 选项。

例题 4

试题答案：C

试题解析：本题考查规划质量管理过程的工具与技术。

流程图也称过程图，用来显示将一个或多个输入转化成一个或多个输出的过程中，所需的步骤顺序和可能分支。它通过映射水平价值链的过程细节来显示活动、决策点、分支循环、并行路径及整体处理顺序。流程图有助于了解和估算一个过程的质量成本，通过工作流的逻辑分支及其相对频率来估算质量成本，这些逻辑分支细分为完成符合要求的输出而需要开展的一致性工作和非一致性工作（C 选项正确）。在用于展示过程步骤时，流程图有时又被称为“过程流程图”或“过程流向图”，可以帮助改进过程并识别可能出现质量缺陷或可纳入质量检查的地方。

决策分析主要研究在各种可供选择的行动方案中，依照某个准则选择最优（或满意）方案的问题，它属于一门研究决策一般规律性的方法论。多标准决策分析是适用于规划质量管理过程的一种决策技术，多标准决策分析工具（如优先矩阵）可用于识别关键事项和合适的备选方案，并通过一系列决策排列出备选方案的优先顺序。首先对标准进行排序和加权，然后应用于所有的备选方案，计算出各个备选方案的数学得分，最后根据得分对备选方案进行排序。在本过程中，它有助于排定质量测量指标的优先顺序。

回归分析通过考察一系列输入变量及其对应的输出结果建立数学或统计关系，可以用来推断未来的绩效。

因果图又称“鱼骨图”“why-why 分析图”“石川图”，将问题陈述的原因分解为离散的分支，有助于识别问题的主要原因或根本原因。

综上所述，本题参考答案为 C 选项。

例题 5

试题答案：A

试题解析：本题考查规划质量管理过程的相关知识。

质量测量指标专用于描述项目或产品属性，以及控制质量过程将如何对属性进行测量。测量指标的可允许变动范围被称为公差。

质量管理计划可以是正式的，也可以是非正式的；可以是非常详细的，也可以是高度概括的。其风格与详细程度取决于项目的具体需要。

干系人登记册有助于识别对质量有特别兴趣或影响的干系人，尤其注重客户和项目发起人的需求与期望。

质量核对单是一种结构化工具，通常具体列出各项内容，用来核实所要求的一系列步骤是否已得到执行。

综上所述，本题参考答案为 A 选项。

例题 6

试题答案：C

试题解析：本题考查规划质量管理工具与技术的运用。

- 成本效益分析：达到质量要求的主要效益包括减少返工、提高生产率、降低成本、提升干系人的满意度及提升赢利能力。对每个质量活动进行成本效益分析，就是要比较其可能成本与预期效益。

- 质量成本：包括在产品生命周期中为预防不符合要求、为评价产品或服务是否符合要求，以及因未达到要求（返工），而发生的所有成本。
- 标杆对照：将实际或计划的项目实践与可比项目的实践进行对照，以便识别最佳实践，形成改进意见，并为绩效考核提供依据。作为标杆的项目可以来自执行组织的内部或外部，或者来自同一应用领域。标杆对照也允许使用不同应用领域的项目做类比。
- 实验设计：一种统计方法，用来识别哪些因素会对正在生产的产品或正在开发的流程的特定变量产生影响。

根据题干中的“某公司在教育服务领域持续发展，已有丰富的项目经验”，可知选择标杆对照。因此，本题参考答案为 C 选项。

例题 7

试题答案：D

试题解析：本题考查质量规划的基础知识。

规划过程组定义和细化目标，并为实现项目要达到的目标和完成项目要解决的问题范围而规划必要的行动路线。

规划质量包括识别与该项目相关的质量标准，以及确定如何满足这些标准。它是属于规划过程组的。

综上所述，本题参考答案为 D 选项。

例题 8

试题答案：C

试题解析：本题考查管理质量。

管理质量包括所有质量保证活动，而且与产品设计和过程改进有关。

综上所述，本题参考答案为 C 选项。

例题 9

试题答案：B

试题解析：本题考查管理质量的主要作用。

管理质量是把组织的质量政策用于项目，并将质量管理计划转化为可执行的质量活动的过程。本过程的主要作用是：①提高实现质量目标的可能性；②识别无效过程和导致质量低劣的原因；③使用控制质量过程的数据和结果向干系人展示项目的总体质量状态。

综上所述，本题参考答案为 B 选项。

例题 10

试题答案：A

试题解析：本题考查质量成本。

一致性成本	非一致性成本
预防成本（打造某种高质量产品）：培训、文件过程、设备、完成时间	内部失败成本（项目中发现的失败）：返工、报废
评估成本（评估质量）：测试、破坏性试验损失、检查	外部失败成本（客户发现的失败）：债务、保修工作、失去业务
项目花费资金规避失败	项目前后花费的资金（由于失败）

综上所述，本题参考答案为 A 选项。

例题 11

试题答案：A

试题解析：本题考查管理质量过程的相关知识。

本题翻译如下：

（ ）：将质量管理计划转化为可执行的质量活动的过程，这些活动将组织的质量政策纳入项目中。

A. 管理质量　　B. 质量审计　　C. 质量度量　　D. 质量改进

在项目管理中，管理质量是指把组织的质量政策用于项目，并将质量管理计划转化为可执行的质量活动的过程。

综上所述，本题参考答案为 A 选项。

例题 12

试题答案：A

试题解析：本题考查控制质量过程的目的。

控制质量过程的目的是在用户验收和最终交付之前测量产品或服务的完整性、合规性和适用性。本过程通过测量所有的步骤、属性和变量，来核实与规划阶段所描述规范的一致性和合规性。（A 选项正确。）

规划质量管理：识别项目及其可交付成果的质量要求、标准，并书面描述项目符合质量要求、标准的证明。（B 选项错误。）

控制质量是为了评估绩效，确保项目输出完整、正确且满足客户的期望，而监督和记录质量管理活动执行结果的过程。（C 选项错误。）

管理质量有时被称为“质量保证”，但“管理质量”的定义比“质量保证”的更广，因为其可用于非项目工作。在项目管理中，质量保证着眼于项目使用的过程，旨在高效地执行项目过程，包括遵守和满足标准，向干系人保证最终产品可以满足他们的需求、期望和要求。（D 选项错误。）

综上所述，本题参考答案为 A 选项。

例题 13

试题答案：C

试题解析：本题考查控制质量的基本概念。

控制质量过程的目的是在用户验收和最终交付之前，测量产品或服务的完整性、合规性和适用性（A 选项正确）。本过程通过测量所有的步骤、属性和变量，来核实与规划阶段所描述规范的一致性和合规性。

控制图：用于确定一个过程是否稳定，或者是否具有可预测的绩效。（B 选项正确。）规格的上限和下限是根据要求制定的，反映了可允许的最大值和最小值。上下控制界限不同于规格界限。控制界限根据标准的统计原则，通过标准的统计计算确定，代表一个稳定过程的自然波动范围。项目经理和干系人可基于计算出的控制界限，识别须采取纠正措施的检查点，以预防不在控制界限内的绩效。控制图可用于监测各种类型的输出变量。控制图虽然最常用来跟踪批量生产中的重复性活动，但也可用来监测成本与进度偏差、产量、范围变更频率或其他管理工作成果，以便帮助确定项目管理过程是否受控。

控制质量活动可能由所有团队成员在整个项目生命周期中执行；而在瀑布型或预测型项目中，控制质量活动由特定团队成员在特定时间点或者项目或阶段快结束时执行。（C 选项错误。）

检查是指检验工作产品，以确定是否符合书面标准。检查的结果通常包括相关的测量数据。检查可在任何层面上进行，可以检查单个活动的成果，也可以检查项目的最终产品。（D 选项正确。）

综上所述，本题参考答案为 C 选项。

例题 14

试题答案：B

试题解析：本题考查质量管理工具与技术——控制图七点运行定律。

七点运行定律是指在一个质量控制图中，如果一行上有连续 7 个数据点都低于平均值或高于平均值，或者都是上升的或下降的，那么这个过程就需要因为非随机问题而接受检查。

综上所述，本题参考答案为 B 选项。

例题 15

试题答案：C

试题解析：本题考查项目质量管理的三个过程的定义。

规划质量管理是识别项目及其可交付成果的质量要求和标准，并准备对策确保符合质量要求的过程。

实施质量保证是审计质量要求和质量控制测量结果，确保采用合理的质量标准和操作性定义的过程。

质量控制是监督并记录质量活动执行结果，以便评估绩效，并推荐必要的变更的过程。

综上所述，本题参考答案为 C 选项。

例题 16

试题答案：A

试题解析：本题考查用于质量管理的老七种工具。

鱼骨图（因果图）可用于分析导致问题的原因或因素。因此，本题参考答案为 A 选项。

例题 17

试题答案：D

试题解析：本题考查散点图的基础知识。

质量管理中的老七种工具包括因果图、流程图、核查表、帕累托图、直方图、控制图和散点图。

- 因果图（又称鱼骨图或石川图）：将问题陈述放在鱼头，作为起点，用来追溯问题来源，回推到可行动的根本原因。
- 流程图（也称为过程图）：用来显示将一个或多个输入转化成一个或多个输出的过程中，所需的步骤顺序和可能分支。
- 核查表（又称计数表或检查表）：用于收集数据的查对清单。
- 帕累托图：一种特殊的垂直条形图，用于识别造成大多数问题的少数重要原因。
- 直方图：一种特殊形式的条形图，用于描述集中趋势、分散程度和统计分布形状。
- 控制图：一种实时展示项目进展信息的图表，用于判断某一过程是处于控制之中还是处于失控状态。
- 散点图：可以显示两个变量之间是否有关系，一条斜线上的数据点距离越近，两个变量之间的关系就越密切。

综上所述，本题参考答案为 D 选项。

例题 18

试题答案：B

试题解析：本题考查流程图的基础知识。

参见例题 17 的试题解析。

本题参考答案为 B 选项。

第 13 章
项目资源管理

13.1 考点分析

根据考试大纲，本章要求考生掌握以下知识点：

- 项目资源管理概述
- 规划资源管理
- 估算活动资源
- 获取资源
- 建设项目团队
- 管理项目团队
- 控制资源
- 激励理论
- 冲突管理

本章考查重点是项目资源管理概述、建设项目团队和管理项目团队。项目资源管理历年考查知识点分布情况如表 13-1 所示。

表 13-1 项目资源管理历年考查知识点分布情况

试　题	考查知识点
2019 年 11 月试题考 3 分	项目资源管理概述、建设项目团队、管理项目团队
2020 年 11 月试题考 3 分	项目资源管理概述、建设项目团队、冲突管理
2021 年 5 月试题考 3 分	项目资源管理概述、建设项目团队、管理项目团队
2021 年 11 月试题考 3 分	建设项目团队、管理项目团队、激励理论
2022 年 5 月试题考 4 分	规划资源管理、建设项目团队、管理项目团队
2022 年 11 月试题考 4 分	项目资源管理概述、建设项目团队、激励理论
2023 年 5 月试题考 4 分	规划资源管理、建设项目团队、管理项目团队、控制资源
2023 年 11 月试题考 4 分	规划资源管理、估算活动资源、控制资源、冲突管理
2024 年 5 月第一批次试题考 2 分	项目资源管理概述、获取资源
2024 年 5 月第二批次试题考 2 分	项目资源管理概述、估算活动资源

13.2 项目资源管理概述

例题 1

由于每个项目都是独特的，项目经理可以根据需要对项目资源管理过程进行裁剪。裁剪时考虑的因素不包括（ ）。

A. 物理位置　　B. 团队管理　　C. 沟通技术　　D. 生命周期方法

例题 2

关于管理者和领导者的描述，不正确的是（ ）。

A. 领导者的主要工作是确定方向、统一思想、激励和鼓舞

B. 管理者负责某件事情的管理或实现某个目标

C. 领导者设定目标，管理者率众实现目标

D. 项目经理的身份是管理者而非领导者

例题 3

（ ）是有效领导力的关键要素。

A. 尊重和信任　　B. 畏惧和顺从　　C. 独立和创新　　D. 果断和勇敢

13.3 规划资源管理

例题 4

（ ）用于展示团队成员的职责分配和角色。

A. 干系人参与度评估矩阵　　B. 责任分配矩阵

C. 组织分解结构　　D. 工作分解结构

13.4 估算活动资源

例题 5

关于估算活动资源过程的描述，不正确的是（ ）。

A. 资源管理计划是估算活动资源过程的输入，定义了识别项目所需不同资源的方法，还定义了量化各活动所需的方法

B. 资源日历是估算活动资源过程的输出，识别每种具体资源的可用时间和时长

C. 资源需求清单详细列出了未完成项目活动所需的各种资源，包括人力资源和物资等

D. 历史信息提供了以往项目中资源使用的数据和经验教训

例题 6

关于活动资源估算正确的叙述是（ ）。

A. 在进行活动排序时，需要考虑活动资源估算问题

B. 活动资源估算过程与费用估算过程无关

C. 活动资源估算的目的是确定实施项目活动所需的资源数量

D. 企业基础设施资源信息可以用于活动资源估算

13.5 获取资源

例题 7

在获取资源过程中，（ ）情况不需要采用预分派。

A. 项目需要采购外部资源

B. 在竞标过程中承诺分派特定人员进行项目工作

C. 在完成资源管理计划的前期工作之前，制定项目章程过程或其他过程已经指定了某些团队成员的工作

D. 项目取决于特定人员的专有技能

13.6 建设项目团队

例题 8

建设项目团队的目标不包括（ ）。

A. 提高团队成员的知识和技能

B. 减少团队成员间的文化差异

C. 创建富有凝聚力的团队文化

D. 提高团队成员之间的认同感

例题 9

项目经理为了使团队高效运行并达成项目目标，可采用的方式不包括（ ）。

A. 提高项目要求并增加每日工作时长，刺激成员创新

B. 每周组织一次知识分享，提高团队成员的知识和技能

C. 每日组织站会，及时收集成员遇到的问题，协作解决

D. 不定时组织聚餐和团建活动，增加团队凝聚力

例题 10

在团队发展的五个阶段中，（ ）的特征是：团队成员开始协同工作，并调整各自的工作习惯和行为来支持团队，团队成员开始相互信任，项目经理能够得到团队的认可。

A. 形成阶段　　B. 震荡阶段　　C. 发挥阶段　　D. 规范阶段

13.7 管理项目团队

例题 11

以下关于项目团队管理的叙述中，（ ）是不正确的。

A. 项目团队管理的目的是跟踪个人和团队的绩效，反馈和解决问题以提高项目绩效

B. 可采用观察和交谈、项目绩效评估的方法实现对项目团队的管理

C. 一个企业中的组织文化可能会影响团队管理的方式和结果

D. 项目经理在团队发生冲突时应本着解决矛盾的原则进行调解

例题 12

关于团队管理的描述，不正确的是（ ）。

A. 滥用惩罚权力可能会导致项目失败，应谨慎使用

B. 在赫茨伯格双因素理论中，保健因素的满足可以消除不满，激励因素的满足可以产生满意感

C. 奖励权力来自组织的授权，参照权力来自管理者自身

D.X 理论可以激发员工的主动性，Y 理论注重加强管理与惩罚

例题 13

团队成员第一次违反了团队的基本规章制度，项目经理对他应该采取（ ）形式的沟通方法。

A. 口头　　B. 正式书面　　C. 办公室会谈　　D. 非正式书面

13.8 控制资源

例题 14

（ ）过程的主要作用是确保所分配的资源可适时、适地用于项目。

A. 规划资源　　B. 获取资源　　C. 估算活动资源　　D. 控制资源

13.9 激励理论

例题 15

近期，国家多个部委发布相关文件，其中提到“督促平台及第三方合作单位为建立劳动关系的外卖送餐员参加社会保险，支持其他外卖送餐员参加社会保险”。按照马斯洛的需求层次理论，本条信息属于（ ）的需求。

A. 生理　　B. 安全　　C. 社会交往　　D. 受尊重

13.10 冲突管理

例题 16

为了暂时或部分解决冲突，寻找能让各方在一定程度上都满意的方案。这种冲突解决方法被称为（ ）。

A. 妥协 / 调解　　B. 缓和 / 包容　　C. 撤退 / 回避　　D. 合作 / 解决问题

例题 17

项目经理有责任处理在项目过程中发生的冲突，以下解决方法中，（ ）会使冲突双方最满意，也是冲突管理最有效的一种方法。

A. 双方沟通，积极分析，选择合适的方案来解决问题

B. 双方各做出一些让步，需要一种折中的方案来解决问题

C. 将眼前的问题搁置，等待合适的时机再进行处理

D. 冲突双方各提出自己的方案，最终听从项目经理的决策

13.11 答案与解析

例题 1

试题答案：C

试题解析：本题考查裁剪考虑因素。

由于每个项目都是独特的，项目经理可以根据需要对项目资源管理过程进行裁剪。裁剪时应考虑的因素包括：

- 多元化：团队的多元化背景是什么？
- 物理位置：团队成员和实物资源的物理位置在哪里？
- 行业特定资源：所在行业需要哪些特殊资源？

- 团队成员的获得：如何获得项目团队成员？项目团队成员是全职的还是兼职的？
- 团队管理：如何管理项目团队建设？组织是否有管理团队建设的工具或是否需要创建新工具？是否存在有特殊需求的团队成员？是否需要为团队提供有关多元化管理的特别培训？
- 生命周期方法：项目采用哪些生命周期方法？

综上所述，本题参考答案为 C 选项。

例题 2

试题答案：D

试题解析：本题考查领导和管理。

项目经理具有双重身份：管理者和领导者。

通俗地讲，领导者（Leader）设立目标，管理者（Manager）率众实现目标。管理者被组织赋予职位和权力，负责某件事情的管理或实现某个目标。管理者主要关心持续不断地为干系人创造他们所期望的成果。领导力（Leadership）是让一个群体为了一个共同的目标而努力的能力。

综上所述，本题参考答案为 D 选项。

例题 3

试题答案：A

试题解析：本题考查人力资源管理——领导和管理。

领导力是让一个群体为了一个共同的目标而努力的能力。尊重和信任（A 选项），而非畏惧和顺从，是有效领导力的关键要素。领导力是一种影响力，是对人们施加影响，从而使人们心甘情愿地为实现组织目标而努力的艺术过程。

尽管在项目的每个阶段都需要有效的领导力，但它在项目的开始阶段特别需要，因为这个阶段的工作重点是与项目参与者沟通愿景，并激励和鼓舞他们取得优秀业绩。在整个项目中，项目团队的领导者要负责建立和维持愿景、战略与沟通，培育信任和开展团队建设，影响、指导和监督团队工作，以及评估团队和项目的绩效。

综上所述，本题参考答案为 A 选项。

例题 4

试题答案：B

试题解析：本题考查规划资源管理过程的数据表现技术。

干系人参与度评估矩阵：用来显示个体干系人当前和期望参与度之间的差距。（A 选项错误。）

组织分解结构（OBS）：按照组织现有的部门、单元或团队排列，并在每个部门下列出项目活动或工作包。例如，运营部门只需找到其所在的 OBS 位置，就能看到自己的全部项目职责。（C 选项错误。）

工作分解结构（WBS）：用来显示如何把项目可交付成果分解为工作包，有助于明确高层级的职责。（D 选项错误。）

矩阵型图表的一个例子是责任分配矩阵（RAM），它显示了分配给每个工作包的项目资源，用于说明工作包或活动与项目团队成员之间的关系。如果团队由内部人员和外部人员组成，则 RACI（执行、负责、咨询和知情）矩阵对明确划分角色和职责特别有用。

综上所述，本题参考答案为 B 选项。

例题 5

试题答案：B

试题解析：本题考查估算活动资源过程的输入和输出。

资源日历是估算活动资源过程的输入，获取资源过程的输出。资源日历识别了每种具体资源可用时的工作日、班次、正常营业的上下班时间、周末和公共假期。

综上所述，本题参考答案为 B 选项。

例题 6

试题答案：D

试题解析：本题考查活动资源估算。

活动资源估算包括决定需要什么资源（人力、设备、原料）和每一种资源应该用多少，以及何时使用资源来有效地执行项目活动。它必须与成本估算相结合。

活动排序在活动资源估算过程之前进行，在进行活动排序时，需要考虑活动之间的顺序问题，而不是资源估算问题。

依靠组织的过程资产以及估算软件等企业基础设施的强大能力，可以定义资源的可用性、费率以及不同的资源日历，从而有助于活动资源的估算。

综上所述，本题参考答案为 D 选项。

例题 7

试题答案：A

试题解析：本题考查获取资源过程的工具与技术。

预分派指事先确定项目的实物或团队资源，在如下情况下可采用预分派：①在竞标过程中承诺分派特定人员进行项目工作；②项目取决于特定人员的专有技能；③在完成资源管理计划的前期工作之前，制定项目章程过程或其他过程已经指定了某些团队成员的工作。

综上所述，本题参考答案为 A 选项。

例题 8

试题答案：B

试题解析：本题考查建设项目团队的目标。

建设项目团队的目标包括（但不限于）：

- 提高团队成员的知识和技能，以提高他们完成项目可交付成果的能力，并降低成本、缩短工期和提高质量。
- 提高团队成员之间的信任和认同感，以提高士气、减少冲突和增进团队协作。
- 创建富有生气、凝聚力和协作性的团队文化，以便提高个人和团队的生产率，振奋团队精神，促进团队合作；促进团队成员之间的交叉培训和辅导，以分享知识和经验。

综上所述，本题参考答案为 B 选项。

例题 9

试题答案：A

试题解析：本题考查建设项目团队过程的工具与技术。

建设项目团队的工具与技术有人际关系技能、培训、团队建设活动、基本规则、集中办公、认可与奖励、人事评测工具。

A 选项不妥，可以增加工作时长，但同时要给予有效的奖励来激励成员。

B 选项属于建设项目团队的工具与技术中的培训。

C 选项属于建设项目团队的工具与技术中的人际关系技能。

D 选项属于建设项目团队的工具与技术中的团队建设活动。

B、C、D 选项都是对建设项目团队的工具与技术的应用，有助于促进团队协作，激励团队成员，提升整体项目绩效。

综上所述，本题参考答案为 A 选项。

例题 10

试题答案：D

试题解析：本题考查团队发展阶段。

团队发展（建设）的五个阶段分别是形成阶段、震荡阶段、规范阶段、发挥阶段和结束阶段。其中，在规范阶段，团队成员开始相互信任，项目经理能够得到团队的认可。

综上所述，本题参考答案为 D 选项。

例题 11

试题答案：D

试题解析：本题考查管理项目团队的基础知识。

管理项目团队是跟踪团队成员的工作表现，提供反馈，解决问题并管理团队的变更，以优化项目绩效的过程。本过程的主要作用是：影响项目团队的行为，管理冲突，解决问题，并评估团队成员的绩效。在管理项目团队的过程中，常用的工具与技术有观察和交谈、项目绩效评估、冲突管理和领导技能。

项目经理在团队发生冲突时应本着解决问题的原则进行调解，而不是本着解决矛盾的原则。

综上所述，本题参考答案为 D 选项。

例题 12

试题答案：D

试题解析：本题考查项目资源管理的基本概念。

惩罚权力（Coercive Power）：使用降职、扣薪、惩罚、批评、威胁等负面手段的能力。惩罚权力很有力，但会对团队气氛造成破坏。滥用惩罚权力会导致项目失败，应谨慎使用。（A 选项正确。）

赫茨伯格双因素理论：双因素理论认为有两种完全不同的因素影响着人们的工作行为。①保健因素（Hygiene Factor）——与工作环境或条件有关的，能防止人们产生不满意感的一类因素，包括工作环境、工资薪水、组织政策、个人生活、管理监督、人际关系等。当保健因素不健全时，人们就会对工作产生不满意感。但即使保健因素很好，也仅仅可以消除工作中的不满意，却无法增加人们对工作的满意感，所以这类因素是无法起到激励作用的。②激励因素（Motivator）——与员工的工作本身或工作内容有关的，能促使人们产生工作满意感的一类因素，是高层次的需要，包括成就、承认、工作本身、责任、发展机会等。当激励因素缺乏时，员工就会缺乏进取心，对工作无所谓，但一旦具备了激励因素，员工就会感觉到强大的激励力量，从而产生对工作的满意感，所以只有这类因素才能真正激励员工。（B 选项正确。）

职位权力、惩罚权力、奖励权力来自组织的授权，专家权力和参照权力来自管理者自身。（C 选项正确。）

X 理论和 Y 理论的选择决定管理者处理员工关系的方式。这两种理论各有自己的长处和不足。用 X 理论可以加强管理，但项目团队成员通常比较被动地工作。用 Y 理论可以激发员工的主动性，但对于员工把握工作而言可能又放任过度。（D 选项错误。）

综上所述，本题参考答案为 D 选项。

例题 13

试题答案：A

试题解析：本题考查管理项目团队过程的工具与技术。

团队成员第一次违反了团队的基本规章制度，项目经理对他应该采取非正式的交谈，口头沟通是常用的形式。但如果是第二次违反，项目经理就要给他一个正式的书面警告；如果是第三次违反，项目经理可能就要考虑重新安排他了。

综上所述，本题参考答案为 A 选项。

例题 14

试题答案：D

试题解析：本题考查项目资源管理过程。

- 规划资源管理：定义如何估算、获取、管理、利用实物以及团队项目资源。
- 估算活动资源：估算执行项目所需的团队资源，材料、设备和用品的类型和数量。
- 获取资源：获取项目所需的团队成员、设施、设备、材料、用品和其他资源。
- 控制资源：确保按计划为项目分配实物资源，以及根据资源使用计划监督资源的实际使用情况，并采取必要的纠正措施。控制资源过程的主要作用是：①确保所分配的资源适时、适地可用于项目；②资源在不再需要时被释放。

综上所述，本题参考答案为 D 选项。

例题 15

试题答案：B

试题解析：本题考查马斯洛需求层次理论。

马斯洛的需求层次理论是一个五层的金字塔结构，包括：

（1）生理需求（Physiological needs）：对衣、食、住、行等的需求都是生理需求，这类需求的级别最低，人们在转向较高层次的需求之前，总是尽力满足这类需求。常见的激励措施包括员工宿舍、工作餐、工作服、班车、工资、补贴、奖金等。

（2）安全需求（Safety needs）：包括对人身安全、生活稳定、不致失业以及免遭痛苦、威胁或疾病等的需求。与生理需求一样，在安全需求得到满足之前，人们一般不追求更高层次的需求。常见的激励措施包括养老保险、医疗保障、长期劳动合同、意外保险、失业保险等。

（3）社会交往的需求（Love and belonging needs）：包括对友谊、爱情以及隶属关系的需求。在生理需求和安全需求得到满足后，社会交往的需求就会突出出来，进而产生激励作用。这类需求如果得不到满足，就会影响员工的精神，导致高缺勤率、低生产率、对工作不满及情绪低落。常见的激励措施包括定期组织员工活动、聚会、比赛、俱乐部等。

（4）受尊重的需求（Esteem needs）：自尊心和荣誉感。荣誉来自别人，自尊来自自己。常见的激励措施包括荣誉性的奖励，提升形象、地位，颁发奖章，作为导师培训别人等。

（5）自我实现的需求（Self-actualization）：实现自己的潜力，将个人能力发挥到最大程度，使自己越来越成为自己所期望的人物。达到自我实现境界的人，必须干与其能力相称的工作，这样才会使他们感到最大的快乐。常见的激励措施包括给他们更多的空间让其负责，让他们成为智囊团、参与决策、参与公司的管理会议等。

“督促平台及第三方合作单位为建立劳动关系的外卖送餐员参加社会保险，支持其他外卖送餐员参加社会保险”属于安全需求，故本题参考答案为 B 选项。

例题 16

试题答案：A

试题解析：本题考查冲突解决方法。

- 撤退 / 回避：从实际或潜在的冲突中退出，将问题推迟到准备充分的时候来解决，或者将问题推给其他人员来解决。
- 缓和 / 包容：强调一致而非差异；为了维持和谐与关系而退让一步，考虑其他方的需要。
- 妥协 / 调解：为了暂时或部分解决冲突，寻找能让各方在一定程度上都满意的方案。但这种方法有时会导致“双输”局面。
- 强迫 / 命令：以牺牲其他方为代价，推行某一方的观点；只提供赢 - 输方案。通常是利用权力来强行解决紧急问题，这种方法通常会导致“赢 - 输”局面。
- 合作 / 解决问题：综合考虑不同的观点和意见，采用合作的态度和开放式的对话引导各方达成共识和承诺。这种方法可以带来“双赢”局面。

综上所述，本题参考答案为 A 选项。

例题 17

试题答案：A

试题解析：本题考查冲突管理的基础知识。

冲突管理最有效的方法就是面对面沟通，积极解决问题。

冲突管理的方法如下所述。

- 问题解决：双方一起积极地定义问题、收集问题的信息、开发并且分析解决方案，最后选择一种最合适的方法来解决问题。如果双方能够找到一种合适的方法来解决问题，那么双方都会满意，也就是“双赢”。它是冲突管理最有效的一种方法。
- 妥协：双方协商并且寻找一种能够使矛盾双方都有一定程度满意的方法，双方没有任何一方完全满意，是一种双方都做出一些让步的解决方法。这种方法是除问题解决方法之外，比较好的一种冲突管理方法。

- 求同存异：双方都关注他们一致同意的观点，而规避不同的观点。一般求同存异要求保持一种友好的氛围，回避了解决冲突的根源，也就是让大家都冷静下来，先把工作做完。
- 撤退：把眼前的问题放下，等以后再解决，也就是大家以后再处理这个问题。
- 强迫：专注于一方的观点，而不管另一方的观点，最终导致一方赢一方输。一般不推荐这样做，除非没有其他办法，因为这样做一般会导致另一个冲突的发生。

综上所述，本题参考答案为 A 选项。

第 14 章 项目沟通管理

14.1 考点分析

根据考试大纲，本章要求考生掌握以下知识点：

- 项目沟通管理概述
- 规划沟通管理
- 管理沟通
- 监督沟通

本章考查重点是项目沟通管理概述、制订沟通管理计划和管理沟通。项目沟通管理历年考查知识点分布情况如表 14-1 所示。

表 14-1 项目沟通管理历年考查知识点分布情况

试　题	考查知识点
2019 年 11 月试题考 2 分	项目沟通管理概述、制订沟通管理计划
2020 年 11 月试题考 2 分	项目沟通管理概述、管理沟通
2021 年 5 月试题考 2 分	项目沟通管理概述
2021 年 11 月试题考 2 分	项目沟通管理概述、监督沟通
2022 年 5 月试题考 2 分	制订沟通管理计划、管理沟通
2022 年 11 月试题考 2 分	项目沟通管理概述、监督沟通
2023 年 5 月试题考 3 分	项目沟通管理概述、制订沟通管理计划、管理沟通
2023 年 11 月试题考 3 分	项目沟通管理概述、制订沟通管理计划、管理沟通
2024 年 5 月第一批次试题考 4 分	项目沟通管理概述、管理沟通、监督沟通
2024 年 5 月第二批次试题考 3 分	制订沟通管理计划、管理沟通

14.2 项目沟通管理概述

例题 1

有效沟通活动具备的基本属性不包括：（ ）。

A. 沟通目的明确

B. 监督并衡量沟通的效果

C. 尽量了解沟通接收方，满足其需求和偏好

D. 频繁沟通，与沟通方进行全方位接触

例题 2

某项目潜在沟通渠道数为 153 条，则项目干系人数量为（ ）人。

A.16　　B.17　　C.18　　D.19

例题 3

Project Communications Management consists of two parts. The first part is developing a strategy to ensure communication is effective for stakeholders. The second part is carrying out the activities necessary to implement the （ ）.

A.communication tools　　B.communication technology

C.communication cost　　D.communication strategy

14.3 规划沟通管理

例题 4

不能用于规划沟通管理过程的人际关系与团队技能是（ ）。

A. 冲突管理　　B. 政策意识　　C. 文化意识　　D. 沟通风格评估

例题 5

从信息的发布角度看，控制力最强的沟通方式是（ ）。

A. 讨论　　B. 叙述　　C. 征询　　D. 说明

例题 6

在项目沟通过程中，会使用各种沟通方法。视频会议沟通属于（ ）。

A. 互动沟通　　B. 推式沟通　　C. 拉式沟通　　D. 情景式沟通

例题 7

关于规划沟通的描述，正确的是（ ）。

A. 应根据需要在整个项目期间定期开展，持续保持其成果的适用性

B. 确保所有沟通参与者之间信息流动的最优化

C. 应尽量采用小组沟通方法来实现沟通管理计划所规定的沟通需求

D. 沟通管理计划基于项目范围管理计划的制订和更新，与其同等重要

14.4 管理沟通

例题 8

适用于管理沟通过程的沟通技能不包括（ ）。

A. 数据挖掘　　B. 沟通胜任力　　C. 反馈　　D. 演示

例题 9

项目沟通管理是确保及时和正确地产生、收集、分发、（ ）和处理项目信息所需的过程。

A. 存储　　B. 分析　　C. 接收　　D. 分享

例题 10

关于管理沟通过程中工作绩效报告的描述，不正确的是（ ）。

A. 工作绩效报告通过分析绩效测量结果得出，能够提供关于项目工作绩效的信息

B. 工作绩效报告的典型示例包括状态报告、进度报告，是管理沟通过程的输出

C. 工作绩效报告可以包含挣值图表、缺陷直方图、合同绩效以及风险概述信息

D. 工作绩效报告可以表现为有助于制定决策和采取行动的仪表指示图

例题 11

关于项目报告的描述，不正确的是（ ）。

A. 项目报告发布是收集和发布项目信息的行为

B. 项目报告应尽量详尽，让所有干系人全面了解项目情况

C. 项目信息应发布给众多干系人

D. 可以定期或临时准备项目信息并编制项目报告

14.5 监督沟通

例题 12

在一个大型信息系统项目中，项目经理发现尽管已经建立了沟通机制，但团队间的沟通依然不顺畅，项目风险不断上升。项目经理应优先采取的措施是：（ ）。

A. 监督沟通活动的执行情况，审查并优化现有的沟通机制

B. 引入新的沟通工具，提高信息传递效率

C. 增加每周的团队会议次数，强制团队成员交流

D. 对团队成员进行沟通技巧培训，提升沟通质量

例题 13

“监督沟通”过程采取的措施不包括（ ）。

A. 整理经验教训、开展团队观察

B. 审查问题日志、评估变更

C. 开展客户满意度调查

D. 识别和确定沟通需求

14.6 答案与解析

例题 1

试题答案：D

试题解析：本题考查沟通技巧。

项目沟通过程通过沟通计划，为不同的沟通人员和沟通内容选择合适的沟通方法，来预防理解和沟通错误。一般来说，有效的沟通活动和成果创建具有三个基本属性：①沟通目的明确；②尽量了解沟通接收方，满足其需求和偏好；③监督并衡量沟通的效果。

综上所述，本题参考答案为 D 选项。

例题 2

试题答案：C

试题解析：本题考查沟通渠道数的计算。

沟通渠道数的计算公式如下：

$$沟通渠道数=n(n-1)/2 \quad（其中 n 表示人数）$$

$n(n-1)/2=153$

解出 $n=18$

因此，本题参考答案为 C 选项。

例题 3

试题答案：D

试题解析：本题考查项目沟通管理的基本概念。

本题翻译如下：

项目沟通管理由两部分组成：一是制定策略，确保沟通对干系人行之有效；二是执行必要的活动，以落实（ ）。

A. 沟通工具　　B. 沟通技术　　C. 沟通成本　　D. 沟通策略

项目沟通管理由两部分组成：一是制定策略，确保沟通对干系人行之有效；二是执行必要的活动，以落实沟通策略。

综上所述，本题参考答案为 D 选项。

例题 4

试题答案：A

试题解析：本题考查规划沟通管理的工具与技术。

适用于规划沟通管理过程的人际关系与团队技能主要包括：沟通风格评估、政策意识和文化意识。

冲突管理属于管理沟通过程的人际关系与团队技能。

综上所述，本题参考答案为 A 选项。

例题 5

试题答案：B

试题解析：本题考查沟通方式。

沟通参与程度由强到弱依次是：讨论—征询—说明—叙述；控制程度由强到弱依次是：叙述—说明—征询—讨论。

综上所述，本题参考答案为 B 选项。

例题 6

试题答案：A

试题解析：本题考查沟通方法的基础知识。

互动沟通：在两方或多方之间进行多向信息交换。互动沟通包括会议、电话、即时通信、视频会议等。

推式沟通：把信息发送给需要接收这些信息的特定接收方。这种方法可以确保信息的发送，但不能确保信息被送达受众或被目标受众理解。推式沟通包括信件、备忘录、报告、电子邮件、传真、语音邮件、日志、新闻稿等。

拉式沟通：适用于用户信息量很大或受众很多的情况，要求接收者自主自行地访问信息内容。

综上所述，本题参考答案为 A 选项。

例题 7

试题答案：A

试题解析：本题考查规划沟通管理。

规划沟通管理是基于每个干系人或干系人群体的信息需求、可用的组织资产，以及具体项目的需求，为项目沟通活动制订恰当的方法和计划的过程。本过程的主要作用是：①及时向干系人提供相关信息；②引导干系人有效参与项目；③编制书面沟通计划。本过程应根据需要在整个项目期间定期开展。（A 选项正确。）

监督沟通的主要作用是，按照沟通管理计划和干系人参与计划的要求优化信息传递流程。（B 选项错误。）

实现沟通管理计划所规定的主要沟通需求，可以采用如下方法：人际沟通、小组沟通、公众沟通、大众传播、网络和社交工具沟通。其中并未提及尽量采用小组沟通方法。（C 选项错误。）

沟通管理计划应该基于干系人参与计划和资源管理计划的制订和更新。（D 选项错误。）

综上所述，本题参考答案为 A 选项。

例题 8

试题答案：A

试题解析：本题考查管理沟通的工具与技术。

适用于管理沟通过程的沟通技能主要包括：沟通胜任力、反馈、非口头技能、演示。

综上所述，本题参考答案为 A 选项。

例题 9

试题答案：A

试题解析：本题考查项目沟通管理的定义。

项目沟通管理是确保及时和正确地产生、收集、分发、存储和最终处理项目信息所需的过程（A 选项正确）。项目沟通管理过程揭示了实现成功沟通所需的人员、观点、信息这三个要素之间的一种联络关系。项目经理需要花费大量且无规律的时间，用于与项目团队、项目干系人、客户和赞助商沟通。项目中的每一个成员也都需要了解沟通对项目的影响。

综上所述，本题参考答案为 A 选项。

例题 10

试题答案：B

试题解析：本题考查管理沟通的输入。

工作绩效报告通过分析绩效测量结果得出，能够提供关于项目工作绩效的信息，包括偏差分析结果、挣值数据和预测数据。（A 选项正确。）

工作绩效报告是管理沟通过程的输入（B 选项错误）。工作绩效报告的典型示例包括状态报告和进展报告。工作绩效报告可以包含挣值图表和信息、趋势线和预测、储备燃尽图、缺陷直方图、合同绩效信息以及风险概述信息（C 选项正确）。工作绩效报告可表现为有助于引起关注、制定决策和采取行动的仪表指示图、热点报告、信号灯图或其他形式（D 选项正确）。

综上所述，本题参考答案为 B 选项。

例题 11

试题答案：B

试题解析：本题考查管理沟通的工具与技术。

项目报告发布是收集和发布项目信息的行为（A 选项正确）。项目信息应发布给众多干系人群体（C 选项正确）。应针对每种干系人来调整项目信息发布的适当层次、形式和细节。从简单的沟通到详尽的定制报告和演示，报告的形式各不相同（B 选项错误）。可以定期准备信息或基于例外情况准备。虽然工作绩效报告是监控项目工作过程的输出，但是本过程会编制临时报告、项目演示、博客，以及其他类型的信息（D 选项正确）。

综上所述，本题参考答案为 B 选项。

例题 12

试题答案：A

试题解析：本题考查沟通管理的情景模拟。

在题干描述的情况下，优先采取的措施应该是监督沟通活动的执行情况，审查并优化现有的沟通机制。

因为项目经理需要了解沟通活动是否按照计划执行，确保团队成员之间的沟通得到有效落实，并审查目前使用的沟通机制，包括沟通的工具和流程。监督，可以帮助识别问题，并及早采取纠正措施；审查，可以确定是否存在问题，以及如何改进和优化现有的沟通机制，以更好地满足团队成员之间的沟通需求。

增加沟通工具或者强制团队成员交流不一定是解决问题的最佳方式。在审查和优化现有的沟通机制之前，引入新的沟通工具可能会增加混乱和复杂性。强制团队成员交流也可能会导致有压力和抵触情绪，反而影响沟通质量。

在优化了现有的沟通机制之后，如果团队成员仍然存在沟通技巧不足的问题，那么这时可以考虑对团队成员进行沟通技巧培训，以提升沟通质量。但在当前情况下，优先解决沟通机制上的问题更为重要。

综上所述，本题参考答案为 A 选项。

例题 13

试题答案：D

试题解析：本题考查监督沟通。

监督沟通可能需要采用各种方法，例如，开展客户满意度调查、整理经验教训、开展团队观察、审查问题日志和评估变更。

综上所述，本题参考答案为 D 选项。

第 15 章
项目风险管理

15.1 考点分析

根据考试大纲，本章要求考生掌握以下知识点：

- 项目风险管理概述
- 规划风险管理
- 识别风险
- 实施定性风险分析
- 实施定量风险分析
- 规划风险应对
- 监督风险

本章考查重点是项目风险管理概述、识别风险、实施定量风险分析和规划风险应对。项目风险管理历年考查知识点分布情况如表 15-1 所示。

表 15-1 项目风险管理历年考查知识点分布情况

试　题	考查知识点
2019 年 11 月试题考 4 分	项目风险管理概述、识别风险、规划风险应对、监督风险
2020 年 11 月试题考 4 分	项目风险管理概述、识别风险、实施定性风险分析
2021 年 5 月试题考 4 分	项目风险管理概述、识别风险、实施定量风险分析
2021 年 11 月试题考 3 分	项目风险管理概述、识别风险、实施定量风险分析
2022 年 5 月试题考 3 分	项目风险管理概述、识别风险
2022 年 11 月试题考 3 分	项目风险管理概述、识别风险、规划风险应对
2023 年 5 月试题考 3 分	识别风险、实施定量风险分析
2023 年 11 月试题考 2 分	实施定量风险分析、规划风险应对
2024 年 5 月第一批次试题考 4 分	制订风险管理计划、实施定量风险分析
2024 年 5 月第二批次试题考 4 分	项目风险管理概述、识别风险、规划风险应对

15.2 项目风险管理概述

例题 1

关于项目风险管理过程的描述，不正确的是（ ）。

A. 实施风险应对是执行商定的风险应对计划的过程，需要在整个项目期间开展

B. 在项目实际进展中，项目风险管理过程中的各个过程会相互交叠，相互作用

C. 用敏捷型或适应型方法管理的项目，在每个迭代期间应该识别、分析和管理风险

D. 影响规划风险管理过程的组织过程资产是组织或关键干系人设定的整体风险的临界值

例题 2

关于风险的描述，不正确的是（ ）。

A. 已知风险为其后果可以预见的风险

B. 随机性、相对性、可变性都是风险的属性

C. 风险按可预测性被划分为可预测风险和不可预测风险两种

D. 项目管理员必须避免投机风险转化为纯粹风险

例题 3

关于项目风险的描述，不正确的是（ ）。

A. 风险具有随机性、相对性、可变性

B. 项目收益越大，人们愿意承担的风险越大

C. 项目投入越多，人们愿意承担的风险越大

D. 风险按照影响范围可分为局部风险和总体风险

15.3 规划风险管理

例题 4

How frequently the risks are being reviewed, this should recorded in（ ）.

A.Risk Management Plan　　B.Issue Log

C.Risk Register　　D.Risk Report

例题 5

（ ）提供了一种结构化方法以便使风险识别的过程系统化、全面化，使组织能够在统一的框架下进行风险识别，提高组织风险识别的质量。

A. 帕累托图　　B. 检查表

C. 风险类别　　D. 概率和影响矩阵

15.4 识别风险

例题 6

关于风险识别的描述，不正确的是（ ）。

A. 应鼓励所有项目参与人员识别风险

B. 风险登记册的内容可能包括潜在的应对措施清单

C. 可以跳过定性风险分析过程直接进入定量风险分析

D. 识别风险是一次性工作

例题 7

适用于识别风险过程的数据分析技术是（ ）。

A. 核查单　　B. 头脑风暴　　C. 访谈　　D.SWOT 技术

例题 8

关于识别风险的描述，不正确的是（ ）。

A. 可使用类似项目信息的核查单替代所需的风险识别

B. 在风险管理计划中应规定识别风险的迭代频率和迭代参与程度

C. 从组织外部采购商品和服务可能引发新的项目风险

D. 使用 SWOT 分析法可以拓宽项目识别风险的范围

15.5 实施定性风险分析

例题 9

在定性风险分析过程中，使用定性语言将风险的发生概率及其后果描述为极高、高、中、低、极低 5 级。此种分析方法被称为（ ）。

A. 风险概率和影响评估　　B. 风险数据质量评估

C. 风险分类　　D. 风险数据收集

15.6 实施定量风险分析

例题 10

在一个大型项目实施过程中，项目经理发现项目风险已经发生，并且对项目进度和成本产生了显著影响。为了准确评估风险对项目目标的影响程度，项目经理应该采取的定量风险分析技术是（ ）。

A. 风险分类　　B. 风险数据质量评估

C. 风险概率和影响评估　　D. 敏感性分析

例题 11

一件商品卖出去将盈利 50 元，卖不出去将亏损 60 元，卖出去的概率是 80%，卖不出去的概率是 20%，该商品的预期货币价值（EMV）是（ ）元。

A.6　　B.8　　C.66　　D.28

例题 12

关于风险分析的技术，不正确的是（ ）。

A. 概率和影响矩阵适用于使用两个以上的参数对风险进行分类的情况

B. 蒙特卡洛分析，是指使用模型模拟大量单个项目风险和其他不确定性来源的综合影响，以评估它们对项目目标的潜在影响

C. 敏感性分析，是在项目结果变化与定量风险分析模型中的要素变化之间建立联系的方法

D. 影响图是在不确定条件下进行决策的图形辅助工具

15.7 规划风险应对

例题 13

关于规划风险应对过程的概述，不正确的是（ ）。

A. 如果选定的策略并不完全有效，需要制订应急计划，识别在采取风险应对措施后仍然存在的未被完全消除的次生风险

B. 风险应对方案可以用结构化的决策技术来选择最适当的应对策略，为每个风险选择最可能有效的策略或策略组合

C. 对于大型或复杂的项目，可能需要以数学优化模型或实际方案分析为基础，进行备选风险应对策略经济分析

D. 风险应对方案应在当前的项目背景下现实可行，获得全体干系人的同意，并由一名责任人具体负责

例题 14

A 公司刚刚中标一个大型系统集成项目，其中一台设备计划从国外采购，但由于近期汇率波动明显，A 公司准备与客户协商使用国产的进行替代，这是采用了（ ）风险应对策略。

A. 回避　　B. 转移　　C. 减轻　　D. 接受

例题 15

在一个子系统中增加冗余设计，以增加某信息系统的可靠性。这种做法属于风险应对策略中的（ ）方法。

A. 避免　　B. 减轻　　C. 转移　　D. 接受

例题 16

The strategies for handling risk comprise of two main types: negative risks, and positive risks. The goal of the plan is to minimize threats and maximize opportunities. When dealing with negative risks, there are three main response strategies -（ ）, Transfer, Mitigate.

A.Challenge　　B.Exploit　　C.Avoid　　D.Enhance

15.8 监督风险

例题 17

在项目执行过程中，项目经理发现项目进展顺利，但某些潜在的风险因素仍然存在。为了确保项目能够顺利完成，项目经理应采取（ ）措施，有效地监督这些风险。

A. 定期召开风险审查会议，并更新风险登记册

B. 减少项目开支，以降低潜在风险的影响

C. 分析风险因素对项目的潜在影响，并调整项目计划

D. 增加项目预算，以应对可能出现的风险

例题 18

项目经理在某项目实施阶段的中期发现，由于未预料到的变更，项目经费要花光了，此时应（ ）。

A. 对项目进行赶工或快速跟进　　B. 重新评估风险分析结果和应急资金

C. 要求对项目预算做变更　　　　D. 使用不对项目收费的资源

15.9 答案与解析

例题 1

试题答案：D

试题解析：本题考查项目风险管理。

影响规划风险管理过程的事业环境因素是组织或关键干系人设定的整体风险的临界值，而不是组织过程资产。因此，本题参考答案为 D 选项。

例题 2

试题答案：C

试题解析：本题考查风险的分类。

风险的属性包括：风险事件的随机性、风险的相对性、风险的可变性。（B 选项正确。）

在风险的分类中：

- 按照风险后果的不同，风险可被划分为纯粹风险和投机风险。项目管理人员必须避免投机风险转化为纯粹风险。（D 选项正确。）
- 按照风险的可预测性划分，风险可以分为已知风险、可预测风险和不可预测风险三种（C 选项错误）。已知风险就是在认真、严格地分析项目及其计划之后，能够明确的那些经常发生的，而且其后果亦可预见的风险（A 选项正确）。

综上所述，本题参考答案为 C 选项。

例题 3

试题答案：C

试题解析：本题考查风险的属性和分类。

项目投入越多，越希望成功，从而越害怕失败，心理承受力越差。

风险的两个基本属性是随机性和相对性。可变性是指风险发生的概率和影响可能会随环境的变化而变化。

综上所述，本题参考答案为 C 选项。

例题 4

试题答案：A

试题解析：本题考查风险登记册的内容。

本题翻译如下：

审查风险的频率，应记录在（ ）中。

A. 风险管理计划　　B. 问题日志　　C. 风险登记册　　D. 风险报告

风险登记册记录已识别的项目风险的详细信息。

风险报告提供关于整体项目风险的信息，以及关于已识别的单个项目风险的概述信息。在项目风险管理过程中，风险报告的编制是一项渐进式的工作。

风险管理计划是项目管理计划的组成部分，描述如何安排与实施风险管理活动。风险管理计划内容中包括时间安排——确定在项目生命周期中实施项目风险管理过程的时间和频率，确定风险管理活动并将其纳入项目进度计划中。

问题日志中记录的问题可能引发单个项目风险，还可能影响整体项目风险的级别。

综上所述，本题参考答案为 A 选项。

例题 5

试题答案：C

试题解析：本题考查风险类别的基础知识。

规划风险管理的输出中包含了风险管理计划，风险管理计划中包含了风险类别。

风险类别：确定对项目风险进行分类的方式。通常借助风险分解结构（RBS）来构建风险类别，这有助于项目团队在识别风险的过程中发现有可能引起风险的多种原因。

概率和影响矩阵是实施定性风险分析的工具，根据评定的风险概率和影响级别，对风险进行等级评定。其基于风险等级，对风险进行优先排序，便于进一步的定量分析和风险应对。

帕累托图和检查表都属于质量管理中的老七种工具。帕累托图是一种特殊的垂直条形图，用于识别造成大多数问题的少数重要原因。而检查表是用于收集数据的查对清单。

综上所述，本题参考答案为 C 选项。

例题 6

试题答案：D

试题解析：本题考查识别风险过程的相关知识。

识别风险是指确定哪些风险会影响项目，并将其特性记载成文。参加风险识别的人员通常可以包括：项目经理、项目团队成员、风险管理团队（如果有的话）、项目团队之外的相关领域专家、顾客、最终用户、其他项目经理、利害关系者和风险管理专家。虽然上述人员是识别风险过程的关键参与者，但应鼓励所有项目人员参与风险的识别。（A 选项正确。）

识别风险是一个反复的过程（D 选项错误）。随着项目生命周期的推进，可能会出现新的风险。风险识别反复的频率，以及谁参与每一个迭代过程都会因项目而异。

识别风险过程通常会直接引入下一个过程，即定性风险分析过程。有时，如果识别风险过程是由经验丰富的风险经理完成的，则可直接进入定量风险分析过程（C 选项正确）。在有些情况下，仅通过风险识别过程即可确定风险应对措施，并且对这些措施进行记录，以便在规划风险应对过程中进一步分析和实施。

风险登记册的编制始于风险识别过程，主要包括已识别的风险清单、潜在的应对措施清单、风险根本原因、风险类别更新。（B 选项正确。）

综上所述，本题参考答案为 D 选项。

例题 7

试题答案：D

试题解析：本题考查识别风险过程的工具与技术。

识别风险过程的工具与技术包括：专家判断、数据收集（头脑风暴、核查单、访谈）、数据分析（根本原因分析、假设条件和制约因素分析、SWOT 分析、文件分析）、人际关系与团队技能。A、B、C 选项均属于数据收集工具。

综上所述，本题参考答案为 D 选项。

例题 8

试题答案：A

试题解析：本题考查识别风险过程的工具与技术。

核查单：包括需要考虑的项目、行动或要点的清单。它常被用作提醒。基于从类似项目和其他信息来源积累的历史信息和知识来编制核查单。在编制核查单时，可以列出过去曾出现且可能与当前项目相关的具体项目风险，这是吸取已完成的类似项目的经验教训的有效方式。可基于已完成的项目来编制核查单，也可采用特定行业的通用风险核查单。虽然核查单简单、易用，但它不可能穷尽所有的风险。所以，必须确保不要用核查单来取代所需的风险识别工作。（A 选项错误。）

识别风险是一个迭代的过程。迭代的频率和每次迭代所需的参与程度因情况而异，应在风险管理计划中做出相应的规定。（B 选项正确。）

从组织外部采购商品和服务可能提高或降低整体项目风险，并可能引发更多的项目风险。（C 选项正确。）

SWOT 分析会对项目的优势、劣势、机会和威胁（简称 SWOT）进行逐一检查。在识别风险时，它会将内部产生的风险包括在内，从而拓宽识别风险的范围。（D 选项正确。）

综上所述，本题参考答案为 A 选项。

例题 9

试题答案：A

试题解析：本题考查实施定性风险分析的数据分析。

风险概率和影响评估：旨在调查每个具体风险发生的可能性。风险影响评估旨在调查风险对项目目标（如进度、成本、质量或性能）的潜在影响，既包括威胁所造成的消极影响，也包括机会所产生的积极影响。

对于已识别的每个风险都要进行概率和影响评估。可以选择熟悉相应风险类别的人员，对他们进行访谈或与他们召开会议，来进行风险评估。这些人员中应该包括项目团队成员，也可包括项目外部经验丰富的人员。通过访谈或会议，评估每个风险的概率级别及其对每个目标的影响。还应记录相应的说明性细节，例如，确定风险级别所依据的假设条件。根据风险管理计划中的定义，对风险的概率和影响进行评级。具有低等级概率和影响的风险，将被列入观察清单中，供将来进一步监测。

风险数据质量评估：定性风险分析要具有可信度，就应该使用准确和无偏倚的数据。风险数据质量分析是评估有关风险数据对风险管理的有用程度的一种技术。它考察人们对风险的理解程度，以及考察风险数据的准确性、质量、可靠性和完整性。如果数据质量不可接受，则可能需要收集更高质量的数据。

风险分类：可以按照风险来源（如使用风险分解结构）、受影响的项目工作（如使用工作分解结构）或其他分类标准（如项目阶段），对项目风险进行分类，以明确受不确定性影响最大的项目区域。根据共同的根本原因对风险进行分类，有助于制定有效的风险应对措施。

风险数据收集：属于定量风险分析方法的范畴。

综上所述，本题参考答案为 A 选项。

例题 10

试题答案：D

试题解析：本题考查实施定量风险分析的工具与技术。

用于实施定性风险分析的工具与技术有：专家判断、访谈、风险数据质量评估、风险概率和影响评估、其他风险参数评估、引导、风险分类、概率和影响矩阵、层级图、会议。

用于实施定量风险分析的工具与技术有：专家判断、访谈、引导、不确定性表现方式、模拟、敏感性分析、决策树分析、影响图。

综上所述，本题参考答案为 D 选项。

例题 11

试题答案：D

试题解析：本题考查决策树分析。

计算过程：EMV=50×80%–60×20%=28（元）

综上所述，本题参考答案为 D 选项。

例题 12

试题答案：A

试题解析：本题考查项目风险分析的工具与技术。

- 层级图：如果使用了两个以上的参数对风险进行分类，那么就不能使用概率和影响矩阵，而需要使用其他图形。（A 选项错误。）
- 模拟：在定量风险分析中，使用模型来模拟单个项目风险和其他不确定性来源的综合影响，以评估它们对项目目标的潜在影响。模拟通常采用蒙特卡洛分析。（B 选项正确。）
- 敏感性分析：有助于确定哪些单个项目风险或不确定性来源对项目结果具有最大的潜在影响。它在项目结果变化与定量风险分析模型中的要素变化之间建立联系。（C 选项正确。）
- 影响图：在不确定条件下进行决策的图形辅助工具。（D 选项正确。）

综上所述，本题参考答案为 A 选项。

例题 13

试题答案：A

试题解析：本题考查规划风险应对。

风险应对方案应该与风险的重要性相匹配，并且能够经济有效地应对挑战，同时在当前项目背景下现实可行，获得全体干系人的同意，并由一名责任人具体负责（D 选项正确）。往往需要从几套可选方案中选出最优的风险应对方案，为每个风险选择最可能有效的策略或策略组合，可以用结构化的决策技术来选择最适当的应对策略（B 选项正确）。

对于大型或复杂的项目，可能需要以数学优化模型或实际方案分析为基础，进行备选风险应对策略经济分析（C 选项正确）。如果选定的策略并不完全有效，或者发生了已接受的风险，就需要制订应急计划。同时，也需要识别次生风险。次生风险是实施风险应对措施直接导致的风险，而题干中描述的仍然存在的未被完全消除的风险通常被称为“残余风险”（A 选项错误）。

综上所述，本题参考答案为 A 选项。

例题 14

试题答案：A

试题解析：本题考查风险应对策略。

回避风险是指改变项目计划，以排除风险或条件，或者保护项目目标，使其不受影响，或对受到威胁的一些目标放松要求，例如，延长进度或减小范围等。

综上所述，本题参考答案为 A 选项。

例题 15

试题答案：B

试题解析：本题考查风险应对策略。

风险应对是一系列过程，它通过开发备用的方法、制定某些措施来提高项目成功的机会，同时降低失败的威胁。应该针对每种风险选择一种或几种有效的策略。某些决策工具，如决策树，可以用来选择最合适的应对方法，然后采取具体的行动来实现该策略。还应该开发一种备用策略，以防当前的策略变得不太有效，或者发生某种可以接受的风险。

另外，还要为进度和成本建立应急储备。最后，还应该制订一个应急计划，同时包含启动该计划的触发条件。

典型的风险应对策略包括避免、转移、减轻和接受。

- 避免：例如，修改项目计划以消除相应的威胁、隔离项目目标免受影响、放宽项目目标（如获得更多的时间，或减小项目范围）。项目早期出现的一些风险，很有可能通过澄清需求、获得相关信息、改良沟通或者获得专家指导而得到解决。
- 转移：即把威胁的不利影响以及风险应对的责任转移到第三方。这只是将风险转移给另外的团队，让该团队负责处理，而并没有解决问题。转移风险责任在处理财务问题时也许有一定的效果，接收所转移的风险的人或团队需要得到相应的经济补偿，转移方法包括保险、性能约束、授权和保证。在这个过程中可能会用到契约，一份成本类的契约可以转移成本风险给买主。如果项目的设计是固定不变的，那么一份固定价格的契约可以转移风险给卖方。
- 减轻：即通过降低风险的概率和影响程度，使之达到一个可接受的范围。尽早采取行动减少风险发生的可能性，与在风险已经发生后去弥补相比，对项目的影响会更小。采用更简单的流程，进行更多的测试，或者选择一个更稳定的供应商是风险减轻的方法。当不可能降低风险发生的概率时，风险减轻计划就要注意决定影响严重程度的相关联动环节。例如，在一个子系统中增加冗余设计，可以减少由于原系统的失效而带来的影响。（B 选项正确。）
- 接受：采用该策略的原因是可以消除项目所有风险的可能性很小。在已经决定不打算为处置某个风险而改变项目计划，无法找到任何其他应对良策，或者为应对风险而采取的对策需要付出的代价太高（尤其是当该风险发生的概率很小时）的情况下，往往采用“接受”这一策略。针对机会或威胁，均可采用该策略。该策略可分为主动方式和被动方式。最常见的主动接受风险的方式就是建立应急储备，应对已知或潜在的未知威胁或机会。被动接受风险的方式则不要求采取任何行动，将其留给项目团队，待风险发生时视情况进行处理。

综上所述，本题参考答案为 B 选项。

例题 16

试题答案：C

试题解析：本题考查风险应对策略。

本题翻译如下：

风险应对策略包括两种类型：负面风险的应对策略和正面风险的应对策略。风险应对计划的目标是最小化威胁，并且最大化机会。处理负面风险有三种典型战略：（　　）、转移和减轻。

A. 挑战　　B. 开发　　C. 避免　　D. 提高

处理负面风险的三种典型战略包括避免、转移和减轻。这些战略的目的是最小化项目的潜在威胁。

综上所述，本题参考答案为 C 选项。

例题 17

试题答案：A

试题解析：本题考查监督风险的工具。

适用于监督风险过程的会议是风险审查会。应该定期安排风险审查，来检查和记录风险应对在处理整体项目风险和已识别的单个项目风险方面的有效性。在风险审查中，还可以识别出新的单个项目风险（包括已商定的应对措施所引发的次生风险）、重新评估当前风险、关闭已过时的风险、讨论风险发生所引发的问题，以及总结可用于当前项目后续阶段或未来类似项目的经验教训。

综上所述，本题参考答案为 A 选项。

例题 18

试题答案：B

试题解析：本题考查重新评估风险分析结果和应急资金的基础知识。

在项目实施阶段的中期，由于未预料到的变更，项目经费要花光了，此时采取的最佳措施是重新评估风险分析结果和应急资金。因此，本题参考答案为 B 选项。

第 16 章
项目采购管理

16.1 考点分析

根据考试大纲，本章要求考生掌握以下知识点：

- 项目采购管理概述
- 规划采购管理
- 实施采购
- 控制采购
- 项目招投标
- 项目合同管理

本章考查重点是项目采购管理概述、实施采购、控制采购、合同类型、合同管理过程和项目招投标。项目采购管理历年考查知识点分布情况如表 16-1 所示。

表 16-1 项目采购管理历年考查知识点分布情况

试　题	考查知识点
2019 年 11 月试题考 3 分	控制采购、合同类型
2020 年 11 月试题考 2 分	合同类型、项目招投标
2021 年 5 月试题考 4 分	项目采购管理概述、控制采购、合同类型、项目招投标
2021 年 11 月试题考 3 分	项目采购管理概述、合同管理过程、项目招投标
2022 年 5 月试题考 5 分	实施采购、合同类型、项目招投标
2022 年 11 月试题考 5 分	实施采购、合同类型、合同管理过程、项目招投标
2023 年 5 月试题考 3 分	实施采购、合同类型
2023 年 11 月试题考 3 分	项目采购管理概述、实施采购、控制采购
2024 年 5 月第一批次试题考 4 分	制订采购管理计划、控制采购、合同类型
2024 年 5 月第二批次试题考 4 分	项目采购管理概述、实施采购、合同管理过程

16.2 项目采购管理概述

例题 1

采购文档是采购时用于达成法律协议的各种书面文件，不包括（ ）。

A. 供方选择标准　　B. 资金筹措方案

C. 采购工作说明书　　D. 招标文件

例题 2

关于项目采购管理的描述，不正确的是（ ）。

A. 对于项目非标准化的采购需求，应使用最低成本法

B. 在选择供方时应有适当理由才使用唯一来源法，且应将其视为特殊情况

C. 项目进度计划会影响规划采购管理过程中采购策略的制定

D. 项目章程是规划采购管理过程的输入文件

例题 3

The key benefit of the Project（ ）is that it determines whether to acquire goods and services from outside the project, if so, what to acquire as well as how and when to acquire it.

A.Schedule Management　　B.Change Management

C.Knowledge Management　　D.Procurement Management

16.3 规划采购管理

例题 4

以下关于采购计划的叙述中，不正确的是（ ）。

A. 编制采购计划的第一步是考虑哪些产品或服务是由项目团队自己提供划算，还是通过采购更为划算

B. 每一次采购都要经历从编制采购计划到完成采购的全过程

C. 项目进度计划决定和影响着项目采购计划，项目采购计划中的决策不会影响项目进度计划

D. 在编制采购计划时，需要考虑的内容有成本估算、进度、质量管理计划、现金流预测等

例题 5

（ ）is the process of specifying the approach and identifying potential sellers.

A.Plan Procurement Management　　B.Close Procurement Management

C.Control Procurement　　D.Conduct Procurement

例题 6

某公司准备采购一批设备，附加技术服务。在选择供方时应优先选择（ ）。

①相同预算技术得分最高的　　②设备成本和服务成本最低的

③能够在预算范围内完成相关工作的　　④服务人员资质最强的

A. ①②　　B. ③④　　C. ①③　　D. ②④

16.4 实施采购

例题 7

在实施采购过程中，需要考虑组织过程资产等一系列因素，以下（ ）不属于实施采购时需要考虑的因素。

A. 进度计划　　B. 采购文件

C. 采购工作说明书　　D. 卖方建议书

例题 8

关于实施采购的描述，正确的是（ ）。

A. 复杂且高风险的采购在授予卖方合同前要由组织授权管理者审批

B. 采购管理计划中应包含清晰且详细的采购目标、需求及成果

C. 实施采购过程的主要作用是确保买卖双方履行法律协议，满足项目需求

D. 实施采购过程的输出包括卖方履行的工作绩效达成情况

16.5 控制采购

例题 9

在控制采购过程中，项目经理发现某些供应商提供的产品存在质量问题，并且这些问题可能导致项目延期。项目经理应（ ）。

A. 立即终止与存在问题的供应商合作，并寻找新的供应商

B. 自行决定采取补救措施，如增加项目预算或延长项目工期，以弥补供应商的问题

C. 首先与供应商沟通，了解问题的原因，并尝试解决或减轻其对项目的影响

D. 通知高层领导，并等待高层领导决策后再采取行动

例题 10

（ ）is the process of managing procurement relationships, monitoring contract performance, and making changes and corrections as appropriate, and closing out contracts.

A.Control Procurements　　B.Conduct Procurements

C.Plan Procurement Management　　D.Procurement Strategy

16.6 项目招投标

例题 11

在政府采购工作中，不符合政府采购法相关规定的是：（ ）。

A. 采用公开招标方式的费用占政府采购项目总价值的比例过大的情况，可以采用邀请招标方式采购

B. 招标后没有供应商投标或者没有合格标的或者重新招标未能成立的情况，可以采用竞争性谈判方式采购

C. 采购人、采购代理机构对政府采购项目每项采购活动的采购文件应当妥善保存，不得伪造、变造、隐匿或者销毁。采购文件的保存期限为从采购结束之日起至少保存十五年

D. 必须保证原有采购项目一致性或者服务配套的要求，需要继续从原供应商处添购，且添购资金总额不超过原合同采购金额百分之十五的，可以采用单一来源方式采购

例题 12

某市政府计划采购一批服务，但是采用公开招标方式的费用占该采购项目总价值的比例过大，该市政府可依法采用（ ）方式采购。

A. 邀请招标　　B. 单一来源　　C. 竞争性谈判　　D. 询价

例题 13

根据《中华人民共和国政府采购法》，（ ）应作为政府采购的主要方式。

A. 公开招标　　B. 邀请招标　　C. 竞争性谈判　　D. 询价

16.7 项目合同管理

例题 14

在确定项目合同类型时，如果工作性质清楚，但工作量不是很清楚，而且工作不复杂，又需要快速签订合同。在这种情况下建议使用（ ）。

A. 成本加激励费用合同　　B. 总价合同

C. 成本补偿合同　　D. 工料合同

例题 15

订立项目分包合同需要满足以下（ ）条件。

①经过买方认可　　②分包方不能与买方有隶属或连带关系

③分包的部分必须是项目非主体工作　　④分包方必须满足相应的资质条件

⑤不能转包整个项目　　⑥分包方再次分包需经买方同意

A. ①②③⑥　　B. ①②④⑥　　C. ②③⑤⑥　　D. ①③④⑤

例题 16

合同管理包括（ ）、合同履约管理、合同变更管理、（ ）、合同违约索赔管理。

A. 合同签订管理；合同补充管理　　B. 合同规划管理；合同补充管理

C. 合同签订管理；合同档案管理　　D. 合同规划管理；合同档案管理

例题 17

在处理索赔的过程中，需要以合同为依据，合同解释非常重要。（ ）原则不属于合同解释的原则。

A. 整体解释　　B. 适用法律　　C. 实施纠偏　　D. 公平诚信

例题 18

关于合同管理的描述，不正确的是（ ）。

①合同管理包括：合同签订管理、合同履行管理、合同变更管理、合同档案管理、合同违约索赔管理

②对于合同中需要变更、转让、解除等的内容应有详细说明

③如果合同中有附件，对于附件的内容也应精心准备，当主合同与附件产生矛盾时，以附件为主

④为了使签约各方对合同有一致的理解，合同一律使用行业标准合同

⑤在签订合同前应了解相关环境，做出正确的风险分析判断

A. ①②　　B. ③④　　C. ②⑤　　D. ①⑤

16.8 答案与解析

例题 1

试题答案：B

试题解析：本题考查采购文档。

采购文档是用于达成法律协议的各种书面文件，其中可能包括当前项目启动之前的较旧文件。采购文档可包括：

- 招标文件：包括发给卖方的信息邀请书、建议邀请书、报价邀请书，或其他文件，以便卖方编制应答文件。（D 选项正确。）
- 采购工作说明书：向卖方清晰地说明目标、需求及成果，以便卖方据此做出量化应答。（C 选项正确。）
- 独立成本估算：可由内部人员或外部人员编制，用于评估投标人提交的建议书的合理性。
- 供方选择标准：描述如何评估投标人的建议书，包括评估标准和权重。为了减轻风险，买方可能决定与多个卖方签署协议，以便在单个卖方出问题并影响整体项目时，降低由此造成的损失。（A 选项正确。）

综上所述，本题参考答案为 B 选项。

例题 2

试题答案：A

试题解析：本题考查规划采购管理。

最低成本：适用于标准化或常规采购（A 选项错误）。此类采购有成熟的实践与标准，有具体明确的预期成果，可以用不同的成本来取得。

唯一来源：买方要求特定卖方准备技术和财务建议书，然后针对建议书开展谈判。由于没有竞争，因此仅在有适当理由时才采用此方法，而且应将其视为特殊情况。（B 选项正确。）

项目进度计划对规划采购管理过程中的采购策略制定有重要影响（C 选项正确）。在制订采购管理计划时所做出的决定也会影响项目进度计划。在开展制订进度计划过程、估算活动资源过程，以及制定自制或外购决策时，都需要考虑这些决定。

规划采购管理过程的输入包括：项目章程（D 选项正确）、立项管理文件、项目管理计划（范围管理计划、质量管理计划、资源管理计划、范围基准）、项目文件（里程碑清单、项目团队派工单、需求文件、需求跟踪矩阵、资源需求、风险登记册、干系人登记册）、

事业环境因素、组织过程资产。

综上所述，本题参考答案为 A 选项。

例题 3

试题答案：D

试题解析：本题考查项目采购管理的作用。

本题翻译如下：

项目（ ）的主要作用是它决定了是否从项目外部购买商品和服务，如果是，则购买什么，以及如何和何时购买。

A. 进度管理　　B. 变更管理　　C. 知识管理　　D. 采购管理

项目采购管理的主要作用是决定是否从项目外部购买商品和服务。如果决定购买，则需要明确购买什么、如何购买以及何时购买。

综上所述，本题参考答案为 D 选项。

例题 4

试题答案：C

试题解析：本题考查采购计划编制的输入。

项目管理计划提供了管理项目的总体计划，包括辅助的计划，如采购管理计划、变更控制管理计划和为采购管理计划编制提供指导的总体合同管理计划。在其他计划产出可得的情况下，采购计划编制需要考虑其他计划编制的产出。通常应加以考虑的其他计划编制的产出包括：成本估算、进度、质量管理计划、现金流预测、可识别风险和计划的人员配备等。

项目采购计划中的决策当然会影响项目进度计划，所以 C 选项错误。

综上所述，本题参考答案为 C 选项。

例题 5

试题答案：A

试题解析：本题考查规划采购管理的概念。

本题翻译如下：

（ ）是明确采购方法和识别潜在卖方的过程。

A. 规划采购管理　　B. 关闭采购管理

C. 控制采购　　D. 实施采购

在项目管理中，规划采购管理是制订如何管理采购活动的详细计划的过程。这个过程包括明确采购方法，比如决定是公开招标、邀请招标、直接采购还是采用其他采购方式，以及识别潜在的卖方或供应商。规划采购管理是确保项目采购活动顺利进行的关键步骤，它通常发生在项目规划阶段。

综上所述，本题参考答案为 A 选项。

例题 6

试题答案：C

试题解析：本题考查规划采购管理的工具与技术。

固定预算：在建议邀请书中向受邀的卖方披露可用预算，然后在此预算内选择技术建议书得分最高的卖方（①）。因为有成本限制，所以卖方会在建议书中调整工作的范围和质量，以适应该预算。买方应该确保固定预算与工作说明书相符，且卖方能够在该预算内完成相关任务（③）。

综上所述，本题参考答案为 C 选项。

例题 7

试题答案：A

试题解析：本题考查实施采购的基础知识。

实施采购的输入包括：采购计划、采购文件、卖方建议书、项目文件、采购工作说明书、组织过程资产。

综上所述，本题参考答案为 A 选项。

例题 8

试题答案：A

试题解析：本题考查实施采购过程概述。

对于较复杂、高价值和高风险的采购，在授予卖方合同前，要把选定的卖方报给组织高级管理人员审批。（A 选项正确。）

根据每个项目的需要，采购管理计划可以是正式的或非正式的，也可以是非常详细的或高度概括的。（B 选项错误。）

控制采购过程的主要作用是确保买卖双方履行法律协议，满足项目需求。（C 选项错误。）

卖方履行的工作绩效达成情况是控制采购过程的输出，而不是实施采购过程的输出。（D 选项错误。）

综上所述，本题参考答案为 A 选项。

例题 9

试题答案：C

试题解析：本题考查控制采购。

项目经理发现某些供应商提供的产品存在质量问题，并且这些问题可能导致项目延期。在此情况下，项目经理应该首先与供应商沟通，了解问题的原因，并尝试解决或减轻其对项目的影响。在此过程中，可以与供应商合作寻找解决方案，并根据具体情况决定是否通知高层决策者并等待其决策后再采取行动。在情景题考查中，需要选择最合适的选项。

综上所述，本题参考答案为 C 选项。

例题 10

试题答案：A

试题解析：本题考查控制采购的定义。

本题翻译如下：

（ ）是管理采购关系，监测合同执行情况，并根据需要实施变更以及结束合同的过程。

A. 控制采购　　B. 实施采购

C. 采购计划管理　　D. 采购策略

管理采购关系，监测合同执行情况，并根据需要实施变更以及结束合同的过程，通常被称为控制采购。这个过程是项目沟通管理的重要组成部分，因为它涉及与供应商之间的沟通和协调，确保采购活动按照项目的需求和计划进行。

综上所述，本题参考答案为 A 选项。

例题 11

试题答案：D

试题解析：本题考查政府采购法的相关内容。

参考《中华人民共和国政府采购法》第二十九条、第三十条、第三十一条和第四十二条。以下内容为原文节选：

第二十九条　符合下列情形之一的货物或者服务，可以依照本法采用邀请招标方式采购：

（一）具有特殊性，只能从有限范围的供应商处采购的；

（二）采用公开招标方式的费用占政府采购项目总价值的比例过大的。（A 选项正确。）

第三十条　符合下列情形之一的货物或者服务，可以依照本法采用竞争性谈判方式采购：

（一）招标后没有供应商投标或者没有合格标的或者重新招标未能成立的；（B 选项正确。）

（二）技术复杂或者性质特殊，不能确定详细规格或者具体要求的；

（三）采用招标所需时间不能满足用户紧急需要的；

（四）不能事先计算出价格总额的。

第三十一条　符合下列情形之一的货物或者服务，可以依照本法采用单一来源方式采购：

（一）只能从唯一供应商处采购的；

（二）发生了不可预见的紧急情况不能从其他供应商处采购的；

（三）必须保证原有采购项目一致性或者服务配套的要求，需要继续从原供应商处添购，且添购资金总额不超过原合同采购金额百分之十的。（D 选项错误。）

第四十二条　采购人、采购代理机构对政府采购项目每项采购活动的采购文件应当妥善保存，不得伪造、变造、隐匿或者销毁。采购文件的保存期限为从采购结束之日起至少保存十五年。（C 选项正确。）

综上所述，本题参考答案为 D 选项。

例题 12

试题答案：A

试题解析：本题考查政府采购法的相关内容。

参考《中华人民共和国政府采购法》，以下内容为原文节选：

第二十九条　符合下列情形之一的货物或者服务，可以依照本法采用邀请招标方式采购：

（一）具有特殊性，只能从有限范围的供应商处采购的；

（二）采用公开招标方式的费用占政府采购项目总价值的比例过大的。

第三十条　符合下列情形之一的货物或者服务，可以依照本法采用竞争性谈判方式采购：

（一）招标后没有供应商投标或者没有合格标的或者重新招标未能成立的；

（二）技术复杂或者性质特殊，不能确定详细规格或者具体要求的；

（三）采用招标所需时间不能满足用户紧急需要的；

（四）不能事先计算出价格总额的。

第三十一条　符合下列情形之一的货物或者服务，可以依照本法采用单一来源方式采购：

（一）只能从唯一供应商处采购的；

（二）发生了不可预见的紧急情况不能从其他供应商处采购的；

（三）必须保证原有采购项目一致性或者服务配套的要求，需要继续从原供应商处添购，且添购资金总额不超过原合同采购金额百分之十的。

第三十二条　采购的货物规格、标准统一，现货货源充足且价格变化幅度小的政府采购项目，可以依照本法采用询价方式采购。

综上所述，本题参考答案为 A 选项。

例题 13

试题答案：A

试题解析：本题考查采购法律法规的基础知识。

根据《中华人民共和国政府采购法》第四条政府采购工程进行招标投标的，适用招标投标法。

第二十六条　政府采购采用以下方式：

（一）公开招标；

（二）邀请招标；

（三）竞争性谈判；

（四）单一来源采购；

（五）询价；

（六）国务院政府采购监督管理部门认定的其他采购方式。

公开招标应作为政府采购的主要采购方式。

综上所述，本题参考答案为 A 选项。

例题 14

试题答案：D

试题解析：本题考查合同类型的选择。

在项目工作中，要根据项目的实际情况和外界条件的约束来选择合同类型。

- 如果工作范围很明确，且项目的设计已具备详细的细节，则使用总价合同。
- 如果工作性质清楚，但范围不是很清楚，而且工作不复杂，又需要快速签订合同，则使用工料合同。（D 选项正确。）
- 如果工作范围尚不清楚，则使用成本补偿合同。
- 如果双方分担风险，则使用工料合同；如果买方承担成本风险，则使用成本补偿合同；如果卖方承担成本风险，则使用总价合同。
- 如果是购买标准产品，且数量不大，则使用单边合同等。

综上所述，本题参考答案为 D 选项。

例题 15

试题答案：D

试题解析：本题考查订立项目分包合同。

订立项目分包合同必须同时满足如下 5 个条件：

（1）经过买方认可。

（2）分包的部分必须是项目非主体工作。

（3）只能分包部分项目，而不能转包整个项目。

（4）分包方必须具备相应的资质条件。

（5）分包方不能再次分包。

综上所述，本题参考答案为 D 选项。

例题 16

试题答案：C

试题解析：本题考查合同管理过程。

合同管理包括：合同签订管理、合同履行管理、合同变更管理、合同档案管理、合同违约索赔管理。

综上所述，本题参考答案为 C 选项。

例题 17

试题答案：C

试题解析：本题考查合同违约索赔管理。

合同解释的原则：在处理索赔的过程中，需要以合同为依据，但如果合同中的规定比较含糊或者不清楚，则需要使用一般的合同解释原则来进行解释。其主要包括主导语言原则、适用法律原则、整体解释原则和公平诚信原则。

- 主导语言原则：如果合同存在两种语言的文本，则必须约定哪一种语言是主导语言。当两者不一致时，应该以主导语言文本为准。
- 适用法律原则：合同中应该规定以哪个国家的法律作为合同的适用法律，合同的解释必须根据适用法律进行。
- 整体解释原则：合同是一个整体，不能割断其中的内在联系。如果合同中没有其他特别规定，那么在出现含糊或矛盾时可以按惯例进行解释。一般来说，特殊条件优先于一般条件，具体规定优先于笼统规定，手写条文优先于印刷文，单价优先于总价，价格的文字表达优先于阿拉伯数字表达，技术规范优先于图纸。
- 公平诚信原则：在解释合同时应公平合理，兼顾双方当事人的利益。如果按整体解释原则进行解释后仍含糊不清，则可按不利于合同起草一方（一般为买方）的原则进行解释。在这种情况下，可以理解为买方故意使用了这种有歧义的词句，因此应该承担相应的责任。

实施纠偏不属于合同解释的原则，故本题参考答案为 C 选项。

例题 18

试题答案：B

试题解析：本题考查合同签订过程的基础知识。

对于合同标的是提供服务的，一定要写明服务的质量、标准或效果要求等，切忌只写“按照行业的通常标准提供服务或达到行业通常的服务标准要求等”之类的描述。

如果合同有附件，对于附件的内容也应精心准备，并注意保持与主合同一致，不要相互之间产生矛盾。

综上所述，③④描述不正确，因此本题参考答案为 B 选项。

第 17 章
项目干系人管理

17.1 考点分析

根据考试大纲，本章要求考生掌握以下知识点：

- 项目干系人管理概述
- 识别干系人
- 规划干系人参与
- 管理干系人参与
- 监督干系人参与

本章考查重点是项目干系人管理概述、识别干系人和管理干系人参与。项目干系人管理历年考查知识点分布情况如表 17-1 所示。

表 17-1 项目干系人管理历年考查知识点分布情况

试　题	考查知识点
2019 年 11 月试题考 2 分	项目干系人管理概述、识别干系人
2020 年 11 月试题考 2 分	识别干系人
2021 年 5 月试题考 2 分	识别干系人、管理干系人参与
2021 年 11 月试题考 2 分	项目干系人管理概述、识别干系人
2022 年 5 月试题考 2 分	管理干系人参与
2022 年 11 月试题考 3 分	项目干系人管理概述、识别干系人
2023 年 5 月试题考 3 分	规划干系人参与、识别干系人、管理干系人参与
2023 年 11 月试题考 4 分	规划干系人参与、识别干系人、监督干系人参与
2024 年 5 月第一批次试题考 3 分	规划干系人参与、监督干系人参与
2024 年 5 月第二批次试题考 3 分	项目干系人管理概述、识别干系人、管理 干系人参与

17.2 项目干系人管理概述

例题 1

关于项目干系人管理的描述，正确的是（ ）。

A. 识别干系人过程的输出文件包括干系人登记册、工作绩效信息、变更请求

B. 监管机构、环保人士、媒体与项目关联程度低，不需要纳入干系人管理中

C. 识别干系人的过程需要在整个项目期间定期开展

D. 干系人参与计划是规划干系人参与过程的输入文件

例题 2

干系人管理活动按时间顺序排列正确的是（ ）。

①管理干系人期望，确保目标实现　　②查看项目章程和采购文件

③识别干系人及其相关信息　　④制订干系人管理计划

A. ②③④①　　B. ②④①③　　C. ③④②①　　D. ③①②④

例题 3

Project （ ） management includes the processes required to identify the people, groups or organizations that could impact or be impacted by the project, to analyze their expectations and impact on the project, and to develop the appropriate management strategies for effectively engaging them in project decisions and execution.

A.supplier　　B.customer　　C.resource　　D.stakeholder

17.3 识别干系人

例题 4

关于识别干系人过程的描述，不正确的是（ ）。

A. 干系人登记册是识别干系人过程的主要输出，记录与识别干系人的信息

B. 变更日志、问题日志、需求文件可以作为识别干系人过程的输入

C. 对干系人进行分类的方法，包括权力 / 利益方格、因果图、回归分析、凸显模型等

D. 识别干系人过程的主要作用是使项目团队能够建立对每个干系人或干系人群体的适度关注

例题 5

在项目管理过程中，针对低权力、高利益类的干系人，应（ ）。

A. 将项目的相关事项信息随时告知对方

B. 重点解决其提出的主要需求，争取其支持

C. 判断其对项目产生的影响，实施令其满意的行动策略

D. 避免其对项目产生负面影响，不需要进行过多的干预

例题 6

根据干系人分类模式，“高利益 - 低权力”的干系人对项目最不可能的一种态度是（ ）。

A. 支持　　B. 中立　　C. 抵制　　D. 领导

例题 7

根据干系人的权力、紧迫程度和合法性对干系人进行分类的是（ ）。

A. 凸显模型　　B. 影响 / 作用方格

C. 权力 / 利益方格　　D. 权力 / 影响方格

17.4 规划干系人参与

例题 8

项目经理根据干系人的需求、期望、利益和对项目的潜在影响，制定项目干系人参与项目的方法，则该项目经理正在执行（ ）过程。

A. 识别干系人　　B. 规划干系人参与

C. 管理干系人参与　　D. 监督干系人参与

例题 9

在以下干系人参与度评估矩阵中，需要授权管理职责并引导其积极参与项目执行的干系人是（ ）。

干系人	不知晓	抵制	中立	支持	领导
干系人 1			○●		
干系人 2			●	○	
干系人 3			●		○

注：○表示期望参与水平，●表示实际参与水平。

A. 干系人 1　　B. 干系人 2

C. 干系人 3　　D. 干系人 2 和干系人 3

例题 10

关于干系人参与计划的描述，不正确的是（ ）。

A. 干系人参与计划是项目管理计划的组成部分

B. 干系人参与计划基于项目的需要和干系人的期望而制订

C. 干系人参与计划是识别干系人过程的输出

D. 干系人参与计划制定了干系人有效参与和执行项目决策的策略与行动

17.5 管理干系人参与

例题 11

“通过与干系人进行沟通和协作以满足其需求与期望，并处理问题，以促进其合理参与项目”属于（ ）过程的工作。

A. 识别干系人　　B. 规划干系人参与

C. 管理干系人参与　　D. 监督干系人参与

例题 12

关于项目干系人管理的描述，不正确的是（ ）。

A. 项目成员的家属也可能成为项目干系人

B. 在整个项目周期中，项目干系人都可能发生增减变化

C. 规划干系人管理应由项目经理在项目规划阶段完成

D. 应把干系人的满意度作为一个关键的项目目标来管理

例题 13

关于管理干系人参与过程的描述，正确的是（ ）。

A. 干系人参与计划必须是正式的、详细的项目文件，以确保满足项目的需要

B. 规划干系人参与过程是管理干系人参与过程的前置流程，不受管理干系人参与过程的影响

C. 管理干系人参与过程的输出包括变更请求、组织过程资产、事业环境因素

D. 管理干系人参与过程的主要作用是尽可能提高干系人的支持度，降低抵制程度

17.6 监督干系人参与

例题 14

在监督干系人参与时，（ ）用于确定干系人群体和个人在项目任何特定时间的状态。

A. 根本原因分析　　B. 优先级排序

C. 职责分配矩阵　　D. 干系人分析

例题 15

（ ）不属于控制干系人参与的输入。

A. 变更管理计划　　B. 问题日志

C. 工作绩效信息　　D. 干系人登记册

17.7 答案与解析

例题 1

试题答案：C

试题解析：本题考查项目干系人管理的知识。

识别干系人过程的输出包括：干系人登记册、变更请求、项目管理计划（更新）（包括需求管理计划、沟通管理计划、风险管理计划、干系人参与计划）、项目文件（更新）（包括假设日志、问题日志、风险登记册）。（A 选项错误。）

当前新技术快速发展，“干系人”一词的外延正在扩大，从传统意义上的员工、供应商和高层管理者扩展到涵盖各式群体，包括监管机构、环保人士、金融组织、媒体，以及那些自认为是干系人的人员（他们认为自己会受项目工作或成果的影响）。（B 选项错误。）

识别干系人的过程应根据需要在整个项目期间定期开展。（C 选项正确。）

干系人参与计划是规划干系人参与过程的输出。（D 选项错误。）

综上所述，本题参考答案为 C 选项。

例题 2

试题答案：A

试题解析：本题考查项目干系人管理过程。

①管理干系人期望，确保目标实现（管理干系人参与）

②查看项目章程和采购文件（识别干系人过程的输入）

③识别干系人及其相关信息（识别干系人过程的输出）

④制订干系人管理计划（规划干系人管理）

正确排序为②③④①，故本题参考答案为 A 选项。

例题 3

试题答案：D

试题解析：本题考查项目干系人管理。

本题翻译如下：

项目（ ）管理包括识别可能影响或受项目影响的人员、团体或组织，分析他们的期望和对项目的影响，制定适当的管理策略，以有效地让他们参与项目决策和执行所需的过程。

A. 供应商　　B. 客户　　C. 资源　　D. 干系人

项目管理中的干系人管理包括识别项目内外部可能影响项目或受项目影响的所有人员、团体或组织。这涉及了解他们的需求、期望、关注点，以及他们可能对项目产生的正面或负面影响。

综上所述，本题参考答案为 D 选项。

例题 4

试题答案：C

试题解析：本题考查识别干系人过程。

对干系人进行分类有助于团队与已识别的项目干系人建立关系。常见的分类方法包括：权力 / 利益方格、权力 / 影响方格或影响 / 作用方格，干系人立方体，凸显模型，影响方向，优先级排序。

综上所述，本题参考答案为 C 选项。

例题 5

试题答案：A

试题解析：本题考查权力 / 利益方格，参考下图。

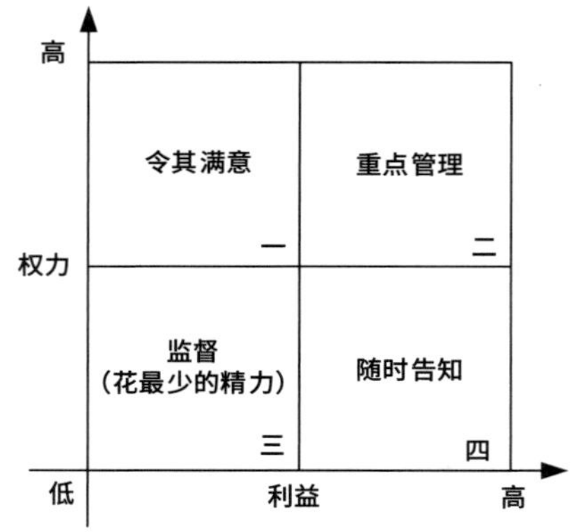

针对低权力、高利益类的干系人，应随时告知项目的相关事项信息。因此，本题参考答案为 A 选项。

例题 6

试题答案：D

试题解析：本题考查项目干系人管理。

在干系人分类模式中，通常使用权力 / 利益方格对干系人进行分类。在这种分类方法中，“高利益 - 低权力”的干系人可能对项目的结果非常关心，但他们可能没有足够的权力来直接影响项目的决策或方向。因此，他们最不可能持有的态度是“领导”，因为这通常需要较高的权力水平来指导和控制项目的方向。

综上所述，低权力无法对项目起到促进作用，即领导，所以本题选择 D 选项比较合适。

例题 7

试题答案：A

试题解析：本题考查识别干系人过程的工具与技术。

干系人分类模型如下。

- 权力 / 利益方格：根据干系人的职权（权力）大小及其对项目结果的关注（利益）程度进行分类。
- 权力 / 影响方格：根据干系人的职权（权力）大小及其主动参与（影响）项目的程度进行分类。
- 影响 / 作用方格：根据干系人主动参与（影响）项目的程度及其改变项目计划或执行的能力（作用）进行分类。
- 凸显模型：根据干系人的权力（施加自己意愿的能力）、紧急程度（需要立即关注）和合法性（有权参与）对干系人进行分类。

综上所述，本题参考答案为 A 选项。

例题 8

试题答案：B

试题解析：本题考查项目干系人管理过程。

项目干系人管理过程包括：

- 识别干系人：定期识别干系人，分析和记录他们的利益、参与度、相互依赖性、影响力和对项目的潜在影响。
- 规划干系人参与：根据干系人的需求、期望、利益和对项目的潜在影响，制定项目干系人参与项目的方法。
- 管理干系人参与：与干系人进行沟通和协作，以满足其需求与期望，并处理问题，以促进干系人合理参与项目。
- 监督干系人参与：监督项目干系人的关系，并通过修订参与策略和计划来引导干系人合理参与项目。

综上所述，本题参考答案为 B 选项。

例题 9

试题答案：C

试题解析：本题考查干系人参与度评估矩阵。

干系人参与度评估矩阵：用于将干系人的当前参与水平与期望参与水平进行比较。对干系人参与水平进行分类的方式之一，如题干中的表所示。干系人参与水平可分为：①不了解型——不知道项目及其潜在影响。②抵制型——知道项目及其潜在影响，但抵制项目工作或项目成果可能引发的任何变更。此类干系人不会支持项目工作或项目成果。③中立型——了解项目，但既不支持，也不反对项目工作及其成果。④支持型——了解项目及其潜在影响，并且会支持项目工作及其成果。⑤领导型——了解项目及其潜在影响，而且积极参与以确保项目取得成功。

由题干中所给的表可知，需要授权管理职责并引导其积极参与项目执行的干系人是“干系人 3”，因此本题选择 C 选项。

例题 10

试题答案：C

试题解析：本题考查干系人参与计划。

干系人参与计划是项目管理计划的组成部分（A 选项正确）。该计划制定了干系人有效参与和执行项目决策的策略与行动（D 选项正确）。干系人参与计划可以是正式的或非正式的、非常详细的或高度概括的，这基于项目的需要和干系人的期望来定（B 选项正确）。干系人参与计划是规划干系人参与过程的输出（C 选项错误）。

综上所述，本题参考答案为 C 选项。

例题 11

试题答案：C

试题解析：本题考查项目干系人管理过程。

具体解析同例题 8。

本题参考答案为 C 选项。

例题 12

试题答案：C

试题解析：本题考查管理干系人参与过程的相关知识。

C 选项不正确：规划干系人管理是一个反复的过程，应由项目经理定期开展。

因此，本题参考答案为 C 选项。

例题 13

试题答案：D

试题解析：本题考查管理干系人参与过程。

干系人参与计划是项目管理计划的组成部分。该计划制定了干系人有效参与和执行项目决策的策略与行动。干系人参与计划可以是正式的或非正式的、非常详细的或高度概括的，这基于项目的需要和干系人的期望来定。（A 选项错误。）

在项目实际进展中，项目干系人管理的各个过程会相互交叠和相互作用。（B 选项错误。）

组织过程资产和事业环境因素是管理干系人参与过程的输入。（C 选项错误。）

管理干系人参与是通过与干系人进行沟通和协作，以满足其需求与期望，并处理问题，以促进干系人合理参与项目的过程。本过程的主要作用是尽可能提高干系人的支持度，并降低干系人的抵制程度。（D 选项正确。）

综上所述，本题参考答案为 D 选项。

例题 14

试题答案：D

试题解析：本题考查监督干系人参与过程的工具与技术。

适用于监督干系人参与过程的数据分析技术主要包括：

- 备选方案分析：在干系人参与效果没有达到期望的要求时，应该开展备选方案分析，评估应对偏差的各种备选方案。
- 根本原因分析：开展根本原因分析，确定干系人参与未达到预期效果的根本原因（A

选项）。

- 干系人分析：确定干系人群体和个人在项目任何特定时间的状态（D 选项）。

优先级排序：如果项目有大量干系人、干系人群体的成员频繁变化、干系人和项目团队之间或干系人群体内部的关系复杂，则有必要对干系人进行优先级排序（B 选项）。

职责分配矩阵（RAM）：显示了分配给每个工作包的项目资源，用于说明工作包或活动与项目团队成员之间的关系。它也可确保任何一项任务都只由一个人负责，从而避免职权不清（C 选项）。

综上所述，本题参考答案为 D 选项。

例题 15

试题答案：C

试题解析：本题考查控制干系人参与的基础知识。

控制干系人参与的输入通常包括：干系人登记册、问题日志、工作绩效数据等，这些文档与工具有助于监控和调整干系人的期望和参与，以确保项目的成功。工作绩效信息包括与干系人参与状态有关的信息，是控制干系人参与的输出。

综上所述，本题参考答案为 C 选项。

第 18 章
项目绩效域

18.1 考点分析

根据考试大纲，本章要求考生掌握以下知识点：

- 项目管理原则
- 干系人绩效域
- 团队绩效域
- 开发方法和生命周期绩效域
- 规划绩效域
- 项目工作绩效域
- 交付绩效域
- 度量绩效域
- 不确定性绩效域

本章考查重点是项目管理原则、干系人绩效域、不确定性绩效域、度量绩效域、交付绩效域、项目工作绩效域和规划绩效域。项目绩效域历年考查知识点分布情况如表 18-1 所示。

表 18-1 项目绩效域历年考查知识点分布情况

试　题	考查知识点
2023 年 5 月试题考 5 分	项目管理原则、不确定性绩效域、项目工作绩效域、规划绩效域
2023 年 11 月试题考 7 分	项目管理原则、度量绩效域、交付绩效域、规划绩效域、开发方法和生命周期绩效域
2024 年 5 月第一批次试题考 3 分	不确定性绩效域、交付绩效域、规划绩效域
2024 年 5 月第二批次试题考 3 分	度量绩效域、项目工作绩效域、团队绩效域

18.2 项目管理原则

例题 1

某跨国企业需要建设覆盖多个国家的人力资源系统，项目经理在规划系统建设时对系统覆盖的多个国家的文化规范、语言、时区等问题进行了充分的调研，确保了该系统满足管理的需要，这是价值驱动的项目管理原则中（ ）原则的体现。

A. 展现领导力行为　　B. 驾驭复杂性

C. 为实现目标而驱动变革　　D. 促进干系人参与

例题 2

（ ） is the ultimate indicator of project success.

A.Value　　B.Service level agreement

C.Senior leadership satisfaction　　D.Quality improvement

例题 3

关于项目价值的描述，不正确的是（ ）。

A. 项目存在于组织中，为干系人创造价值

B. 价值以过程为导向并定量定义，以获得预期的经济收益为目标

C. 项目可通过提高效率、生产力、效果或响应能力来创造价值

D. 价值是项目成功的最终指标，可创造满足需要的新产品、服务或结果

18.3 干系人绩效域

例题 4

促进干系人参与的步骤包括：识别、理解、____、优先级排序、参与和 ____。

A. 分析；变更　　B. 分析；监督

C. 效果评价；监督　　D. 效果评价；变更

18.4 团队绩效域

例题 5

下列关于建设团队的说法，不正确的是（ ）。

A. 团队成员对成果的主人翁意识越强，表现就越好

B. 出现问题或故障时能够快速定位责任，体现了团队绩效高、韧性强

C. 所有团队成员都应展现出相应的领导力和人际关系技能

D. 团队成员相互协作与合作，有助于产生多样化的想法，获得更好的成果

18.5 开发方法和生命周期绩效域

例题 6

高风险的产品需要大量的前期规划和严格的流程来降低风险，可采用（ ）开发方法，新药开发项目可能会进行（ ），临床前建议、第 1 阶段临床试验结果、第 2 阶段临床试验结果、第 3 阶段临床试验结果、注册和上市，按照顺序进行交付。

A. 混合型；多次交付　　B. 混合型；定期交付

C. 预测型；多次交付　　D. 适应型；持续交付

例题 7

Considerations for choosing a development method include: product, service or result,（ ）.

A.technology and process　　B.funds and persornal

C.cycle and cost　　D.project and organization

18.6 规划绩效域

例题 8

有效执行规划绩效域，能够达到的目标不包括（ ）。

A. 项目以有条理、协调一致的方式推进

B. 可以根据新出现的和不断变化的需求进行调整

C. 对实物资源进行了有效管理

D. 以系统的方法交付项目成果

例题 9

从计算机模拟中得出的概率估算有 3 个相关因素，这 3 个因素共同构成了一个可描述概率估算的完整的度量指标，其中不包含（ ）。

A. 具有一定区间的点估算　　B. 置信程度

C. 概率分布　　D. 期望值

18.7 项目工作绩效域

例题 10

在项目工作绩效域，管理实物资源的主要目标不包括（ ）。

A. 促进安全的工作环境
B. 杜绝报废和浪费
C. 消除材料等待时间
D. 减少现场的材料搬运和储存

例题 11

关于项目工作绩效域的目标和工作内容的描述，不正确的是（ ）。

A. 使干系人接受项目可交付物和成果，并对其满意

B. 使项目团队保持专注，并使项目活动顺利进行

C. 通过持续学习和过程改进，提高团队能力

D. 涉及大量的沟通工作，与干系人绩效域关联

18.8 交付绩效域

例题 12

交付绩效域的绩效要点包括（ ）。

①质量 ②成本 ③风险 ④可交付物 ⑤价值的交付

A. ①②③
B. ②③④
C. ①④⑤
D. ②④⑤

例题 13

在交付绩效域，为了有效执行项目交付工作，项目经理需要重点关注的内容包括（ ）。

①可交付物 ②价值的交付 ③质量 ④规划 ⑤预算

A. ②③④
B. ①②③
C. ①②③④⑤
D. ①②④

18.9 度量绩效域

例题 14

在一个信息化系统开发项目中，（ ）属于有效的项目绩效度量指标。

A. 系统可用性百分比
B. 项目文档的总页数
C. 开发进度报告更新频率
D. 项目经理加班工时

18.10 不确定性绩效域

例题 15

探索各种选项，权衡包括时间与成本、风险与进度等多种因素，舍弃无效或次优的替代方案，这种不确定性的应对方法是（ ）。

A. 增加韧性　　B. 为多种结果做好准备

C. 收集信息　　D. 集合设计

例题 16

项目不确定性的应对方法包括（ ）。

①听取专家分析和专项市场分析　　②提高组织和团队的适应性能力

③建立项目关键绩效指标　　④权衡项目多种因素，选择最佳方案

⑤应用系统的方法交付项目成果　　⑥对潜在的不确定性估算发生概率

A. ①②③⑤　　B. ①③④⑥　　C. ①③⑤⑥　　D. ①②④⑥

18.11 答案与解析

例题 1

试题答案：B

试题解析：本题考查驾驭复杂性。

项目团队通常无法预见复杂性的出现，因为复杂性是由风险、依赖性、事件或相互关系等许多因素交互形成的，很难分离出造成复杂性的特定原因。常见的复杂性来源包括：

- 人类行为：包括人的行为、举止、态度和经验，以及它们之间的相互作用。主观因素的引入也会使人类行为的复杂性加深。位于偏远地区的干系人可能在不同的时区，讲不同的语言，遵守不同的文化规范。
- 系统行为：项目要素内部和项目要素之间动态地相互依赖与交互的结果。例如，不同技术系统的集成可能会增加复杂性，项目系统各组件之间的交互也可能导致相互关联的风险，造成新的不可预见的问题。
- 不确定性和模糊性：不确定性是缺乏对问题、事件、目标路径和解决方案的理解与认识而导致的一种状态，是超出了现有的知识或经验的新因素引起的。模糊性是一种不清晰、不知道会发生什么情况或无法理解某种情况的状态。选项众多或不清楚哪个是最佳选项都会导致模糊性。不清晰或误导性事件、新出现的问题或主观情况也会导致模糊性。在复杂的环境中，不确定性和模糊性往往混合在一起，导致其对项目的影响概率和可能性难以确定。

- 技术创新：包括产品、服务、工作方式、流程、工具、技术、程序等的颠覆性创新。创新有助于项目产生新的解决方案，但新技术带来的不确定性也可能导致项目混乱，从而增加复杂性。

综上所述，本题参考答案为 B 选项。

例题 2

试题答案：A

试题解析：本题考查项目管理原则。

本题翻译如下：

（ ）是项目成功的最终指标。

A. 价值　　B. 服务水平协议

C. 高层领导满意度　　D. 质量改进

项目管理者在坚持“聚焦于价值”原则时，应该关注的关键点包括：①价值是项目成功的最终指标；②价值可以在整个项目进行期间、项目结束或完成后实现；③对价值可以从定性和 / 或定量的角度进行定义和衡量；④以成果为导向，可帮助项目团队获得预期收益，从而创造价值；⑤评估项目进展并做出调整，使期望的价值最大化。

综上所述，本题参考答案为 A 选项。

例题 3

试题答案：B

试题解析：本题考查“聚焦于价值”原则。

项目管理者在坚持“聚焦于价值”原则时，应该关注的关键点包括：①价值是项目成功的最终指标；②价值可以在整个项目进行期间、项目结束或完成后实现；③对价值可以从定性和 / 或定量的角度进行定义和衡量；④以成果为导向（B 选项错误），可帮助项目团队获得预期收益，从而创造价值；⑤评估项目进展并做出调整，使期望的价值最大化。

价值是指某种事物的作用、重要性或实用性。价值是项目的最终成功指标和驱动因素。项目的价值具体可表现为财务收益值，也可表现为所取得的公共利益和社会收益（包括客户从项目结果中所感知到的收益）。当项目是项目集的组件时，项目的价值也可以表现为对项目集成果的贡献。

综上所述，本题参考答案为 B 选项。

例题 4

试题答案：B

试题解析：本题考查干系人绩效域。

为了有效地让干系人参与，项目经理可带领项目团队按步骤开展工作：识别→理解→分析→优先级排序→参与→监督。

综上所述，本题参考答案为 B 选项。

例题 5

试题答案：B

试题解析：本题考查团队绩效域。

共享责任：项目团队成员对成果的主人翁意识越强，表现就越好（绩效要点——高绩效项目团队）。（A 选项正确。）

韧性：当出现问题或故障时，高绩效项目团队可以快速解决（绩效要点——高绩效项目团队）。（B 选项错误，它只说了能够快速定位责任，没有表达解决的意思。）

所有团队成员都展现出相应的领导力和人际关系技能（团队绩效域的预期目标）。（C 选项正确。）

协作：项目团队相互协作与合作，有助于产生多样化的想法，获得更好的成果（绩效要点——高绩效项目团队）。（D 选项正确。）

综上所述，本题参考答案为 B 选项。

例题 6

试题答案：C

试题解析：本题考查开发方法和生命周期绩效域的绩效要点。

某些高风险产品需要大量的前期规划和严格的流程来降低风险，可适当采用预测型方法，通过模块化构建、调整设计和开发，从而降低风险。

一个项目可能包含多个组件，这些组件会在整个项目期间的不同时间交付，因此有些项目会进行多次交付。例如，新药开发项目可能会进行多次交付：临床前建议、第 1 阶段临床试验结果、第 2 阶段临床试验结果、第 3 阶段临床试验结果、注册和上市，在此示例中，交付是按顺序进行的。

定期交付与多次交付非常相似，但定期交付是按固定的交付计划进行的，例如每月或每两个月交付一次。新的软件应用程序可能每两周进行一次内部交付，然后定期向市场发布。

持续交付是将项目特性增量交付给客户，通常通过小批量工作和自动化技术完成。

混合型开发方法是适应型方法和预测型方法的结合体，该方法中预测型方法的要素和适应型方法的要素均会涉及。混合型方法的适应性比预测型方法的适应性强，但比纯粹的适应型方法的适应性弱。当需求存在不确定性或风险时，这种开发方法非常有用。当可交付物可以模块化时，或者由不同的项目团队开发可交付物时，混合型方法也非常适用。混合型方法通常使用迭代型方法或增量型方法。

适应型方法在项目开始时确立了明确的愿景，之后在项目进行过程中，在最初已知需求的基础上，根据用户反馈、环境或意外事件来不断完善、说明、更改或替换。当需求面临高度的不确定性和易变性，且在整个项目期间不断变化时，适合采用适应型方法。

综上所述，本题参考答案为 C 选项。

例题 7

试题答案：D

试题解析：本题考查开发方法的选择。

本题翻译如下：

选择开发方法的考虑因素包括：产品、服务或成果，（ ）。

A. 技术和流程　　B. 资金和人员

C. 循环和成本　　D. 项目和组织

产品、服务或成果，项目和组织都会影响开发方法的选择。

综上所述，本题参考答案为 D 选项。

例题 8

试题答案：C

试题解析：本题考查规划绩效域的预期目标。

在项目整个生命周期过程中，有效执行规划绩效域可以实现预期目标，主要包括：①项目以有条理、协调一致的方式推进（A 选项）；②应用系统的方法交付项目成果（D 选项）；③对演变情况进行详细说明；④规划投入的时间成本是适当的；⑤规划的内容对管理干系人的需求而言是充分的；⑥可以根据新出现的和不断变化的需求进行调整（B 选项）。

在项目整个生命周期过程中，为了有效执行规划绩效域，项目经理需要重点关注：规划的影响因素、项目估算、项目团队组成和结构规划、沟通规划、实物资源规划（C 选项）、采购规划、变更规划、度量指标和一致性。C 选项属于绩效要点的实物资源规划。

综上所述，本题参考答案为 C 选项。

例题 9

试题答案：D

试题解析：本题考查项目估算方法中的概率估算。

从计算机模拟中得出的概率估算有 3 个相关因素：

- 具有一定区间（例如，36 个月 + 3 个月 /–1 个月）的点估算。
- 置信程度，例如 95% 的置信水平。

- 概率分布，描述特定区间内和周围的数据分布情况。

综上所述，本题参考答案为 D 选项。

例题 10

试题答案：B

试题解析：本题考查项目工作绩效域。

管理实物资源的目标主要包括：①减少或消除现场的材料搬运和储存；②消除材料等待时间；③最小化报废和浪费；④促进安全的工作环境等。

综上所述，本题参考答案为 B 选项。

例题 11

试题答案：A

试题解析：本题考查项目工作绩效域。

项目工作可使项目团队保持专注，并使项目活动顺利进行。在项目整个生命周期过程中，有效执行项目工作绩效域可以实现预期目标，主要包括：①高效且有效的项目绩效；②适合项目和环境的项目过程；③干系人适当的沟通和参与；④对实物资源进行了有效管理；⑤对采购进行了有效管理；⑥有效处理了变更；⑦通过持续学习和过程改进提高了团队能力。

绩效要点包括：①项目过程；②项目制约因素；③专注于工作过程和能力；④管理沟通和参与；⑤管理实物资源；⑥处理采购事宜；⑦监督新工作和变更；⑧学习和持续改进。

“使干系人接受项目可交付物和成果，并对其满意”，是交付绩效域的预期目标。

综上所述，本题参考答案为 A 选项。

例题 12

试题答案：C

试题解析：本题考查交付绩效域的绩效要点。

在项目整个生命周期过程中，为了有效执行交付绩效域，项目经理需要重点关注价值的交付、可交付物和质量。

综上所述，本题参考答案为 C 选项。

例题 13

试题答案：B

试题解析：本题考查交付绩效域的绩效要点。

在项目整个生命周期过程中，为了有效执行交付绩效域，项目经理需要重点关注价值的交付（②）、可交付物（①）和质量（③）。

综上所述，①②③是正确的，本题参考答案为 B 选项。

例题 14

试题答案：A

试题解析：本题考查度量绩效域的度量内容及相应指标。

绩效度量指标：描述与系统运行相关的物理或功能属性，例如尺寸、重量、容量、准确度、可靠性和效率等。

综上所述，本题参考答案为 A 选项。

例题 15

试题答案：D

试题解析：本题考查不确定性的应对方法。

项目中必然存在不确定性，任何活动的影响都无法准确预测，而且可能会产生一系列的不确定性。针对不确定性的应对方法主要包括：

- 收集信息：可以对信息收集和分析工作进行规划，以便发现更多信息（如进行研究、争取专家参与或进行市场分析）来减少不确定性。
- 为多种结果做好准备：制定可用的解决方案，包括备份或应急计划，为每一种不确定性做好准备。如果存在大量潜在的不确定性，项目团队就需要对潜在原因进行分类和评估，估算其发生的可能性。
- 集合设计：探索各种选项，权衡包括时间与成本、质量与成本、风险与进度、进度与质量等多种因素，在整个过程中，舍弃无效或次优的替代方案，以便项目团队能够从各种备选方案中选择最佳方案。
- 增加韧性：韧性是对意外变化快速适应和应对的能力，韧性既适用于项目团队成员，也适用于组织过程。如果对产品设计的初始方法或原型无效，则项目团队和组织需要能够快速学习、适应和应对变化。

综上所述，本题参考答案为 D 选项。

例题 16

试题答案：D

试题解析：本题考查不确定性的应对方法。

项目中必然存在不确定性，任何活动的影响都无法准确预测，而且可能会产生一系列的不确定性。针对不确定性的应对方法主要包括：

- 收集信息：可以对信息收集和分析工作进行规划，以便发现更多信息（如进行研究、争取专家参与或进行市场分析①）来减少不确定性。

- 为多种结果做好准备：制定可用的解决方案，包括备份或应急计划，为每一种不确定性做好准备。如果存在大量潜在的不确定性，项目团队就需要对潜在原因进行分类和评估，估算其发生的可能性（⑥）。
- 集合设计：探索各种选项，权衡包括时间与成本、质量与成本、风险与进度、进度与质量等多种因素，在整个过程中，舍弃无效或次优的替代方案，以便项目团队能够从各种备选方案中选择最佳方案（④）。
- 增加韧性：韧性是对意外变化快速适应和应对的能力，韧性既适用于项目团队成员，也适用于组织过程。如果对产品设计的初始方法或原型无效，则项目团队和组织需要能够快速学习、适应和应对变化（②）。

应用系统的方法交付项目成果属于规划绩效域，建立项目关键绩效指标属于度量绩效域。

综上所述，①②④⑥是正确的，本题参考答案为 D 选项。

第 19 章
配置与变更管理

19.1 考点分析

根据考试大纲，本章要求考生掌握以下知识点：

- 配置管理包括配置项的相关概念、配置库、配置基线、配置管理角色与职责、配置管理活动
- 变更管理包括变更管理原则、变更管理角色与职责、变更工作程序、变更控制、版本发布和回退计划
- 项目文档管理的规则和方法

本章考查重点是配置管理和变更管理。其中，配置管理的考查次数相当多，复习时应作为重点，并熟练掌握与配置管理相关的基础概念。配置与变更管理历年考查知识点分布情况如表 19-1 所示。

表 19-1 配置与变更管理历年考查知识点分布情况

试 题	考查知识点
2023 年 5 月试题考 3 分	配置审计、变更管理的概念、文档的规范化管理
2023 年 11 月试题考 2 分	配置审计、信息系统开发项目的文档分类
2024 年 5 月第一批次试题考 2 分	配置审计、信息系统开发项目的文档分类
2024 年 5 月第二批次试题考 2 分	配置管理的综合概念、变更管理角色与职责

19.2 配置管理的基本概念

例题 1

关于项目配置管理的描述，不正确的是（ ）。

A. 配置项负责人需要定期开展项目所有配置的审计

B. 配置管理相关角色包括变更控制委员会、配置管理员、配置项负责人

C. 配置经理负责管理和决策整个项目生命周期中的配置活动

D. 建立和维护配置管理系统是配置管理员的职责之一

例题 2

关于配置管理的描述，正确的是（ ）。

A. 某个配置项的版本号为 0.91，该配置项的状态为“正式”

B. 配置项版本管理的目的是保留配置项的最新版本，删除所有旧的版本，以避免发生版本混淆

C. 一个产品只能有一条基线，因此对基线的变更必须遵循正式的变更控制程序

D. 开发库中的信息可能被频繁修改，因此可以由开发人员自行控制

例题 3

关于配置控制委员会（CCB）的说法，正确的是（ ）。

A.CCB 负责分配对配置库的操作权限　　B.CCB 负责制订配置管理计划

C.CCB 必须是常设机构　　D.CCB 可以是兼职人员

例题 4

在测试某软件开发项目时发现需求需要调整，涉及需求规格说明书、概要设计、详细设计及代码等相关文档的变更，需要对（ ）进行变更控制。

A. 知识库　　B. 配置库　　C. 产品库　　D. 数据库

例题 5

配置项版本控制过程的步骤是（ ）。

①技术评审或领导审批　　②正式发布

③修改处于“草稿”状态的配置项　　④创建配置项

A. ①④③②　　B. ③②①④　　C. ④③①②　　D. ④③②①

例题 6

依据《信息技术 软件生存周期过程》（GB/T 8566—2007）中有关配置管理的规定，（ ）是配置控制的任务。

①建立基线的文档

②批准或否决变更请求

③审核跟踪变更

④确定和保证软件项目针对其需求的功能完备性、物理完整性分析和评价变更

⑤分析和评估变更

⑥编制配置管理计划

⑦实现、验证和发布已修改的软件项

A. ②③⑤⑦　　B. ①③⑤⑥　　C. ①③⑤⑦　　D. ②④⑥⑦

19.3 配置审计

例题 7

关于配置审计的描述，不正确的是（ ）。

A. 审计软件即使发现不一致的情况，也不允许自动更新配置库或配置管理数据库，必须由有关负责人调查后再进行更新

B. 配置审计也称配置审核或配置评价，包括功能配置审计和物理配置审计

C. 功能配置审计是审计配置项的完整性，物理配置审计是审计配置项的一致性

D. 验证配置项的开发已圆满完成属于功能配置审计

19.4 变更管理基础

例题 8

关于项目变更管理的描述，不正确的是（ ）。

A. 项目范围（工作）和产品范围（工作）定义的过失或者疏忽不属于变更的原因

B. 当项目规模小、与其他项目的关联度小时，变更的提出和处理过程可在操作上力求简便、高效

C. 变更管理的实质是根据项目情况不断调整项目方向和资源配置，最大程度地满足项目需求

D. 在项目变更过程控制中，需要对进度变更控制、成本变更控制和合同变更控制等进行重点关注

例题 9

在采用基于配置库的变更控制对软件代码进行修改的过程中，请将下列活动按照时间先后顺序排列：（ ）。

①将新基线存入产品库中　　②从产品库中取出待修改的代码

③程序员在开发库中修改代码　　④将待修改的代码从受控库中检出

A. ①②③④　B. ②①④③　C. ②④③①　D. ③①②④

19.5 变更管理角色与职责

例题 10

监控变更管理过程是（ ）的职责。

A. 质量经理　B. 变更经理　C. 变更请求者　D. 变更实施者

19.6 项目文档管理

例题 11

对于信息系统开发项目来说，其文档一般分为开发文档、产品文档和管理文档。下列不属于开发文档的是（ ）。

A. 软件集成计划　B. 安全和测试信息

C. 配置管理计划　D. 可行性研究报告

例题 12

文档的规范化管理主要体现在（ ）方面。

①文档书写规范　②文档质量级别　③图表编号规则

④文档目录编写标准　⑤文档管理制度　⑥文档安全标准

A. ①②③④　B. ②③④⑤　C. ③④⑤⑥　D. ①③④⑤

19.7 答案与解析

例题 1

试题答案：A

试题解析：本题考查配置管理角色与职责。

<table>
<tr><th>配置管理负责人</th><th>配置管理员</th><th>配置项负责人</th></tr>
<tr><td>①管理所有活动，包括计划、识别、控制、审计和回顾
②负责配置管理过程
③通过审计过程确保配置管理数据库的准确和真实
④审批配置库或配置管理数据库的结构性变更
⑤定义配置项责任人
⑥指派配置审计员
⑦定义配置管理数据库的范围、配置项属性、配置项之间的关系和配置项状态
⑧评估配置管理过程并持续改进
⑨参与变更管理过程评估
⑩对项目成员进行配置管理培训</td><td>①建立和维护配置管理系统
②建立和维护配置库或配置管理数据库
③配置项识别
④建立和管理基线
⑤版本管理和配置控制
⑥配置状态报告
⑦配置审计（A 选项不正确）
⑧发布管理和交付</td><td>①记录所负责配置项的所有变更
②维护配置项之间的关系
③调查审计中发现的配置项差异，完成差异报告
④遵从配置管理过程
⑤参与配置管理过程评估</td></tr>
</table>

综上所述，本题参考答案为 A 选项。

例题 2

试题答案：D

试题解析：本题考查配置管理。

A 选项的错误之处在于：0.XY 的状态为“草稿”；B 选项的错误之处在于：配置项版本管理的目的是按照一定的规则保存配置项的所有版本，避免发生版本丢失或混淆现象；C 选项的错误之处在于：一个产品可以有多条基线，也可以只有一条基线。

综上所述，本题参考答案为 D 选项。

例题 3

试题答案：D

试题解析：本题考查配置控制委员会（CCB）。

A 选项错误，配置管理员的工作是为每个项目成员分配对配置库的操作权限。

B 选项错误，配置管理员制订配置管理计划，CCB 审批配置管理计划。

C 选项错误，CCB 不必是常设机构。

综上所述，本题参考答案为 D 选项。

例题 4

试题答案：B

试题解析：本题考查基于配置库的变更控制的基础知识。

基于配置库的变更控制：在信息系统开发项目中，一处出现了变更，经常会连锁引起多处变更，会涉及参与开发工作的许多人员。例如，测试引发了需求的修改，那么很可能会涉及需求规格说明书、概要设计、详细设计和代码等相关文档，甚至会使测试计划随之变更。

综上所述，本题参考答案为 B 选项。

例题 5

试题答案：C

试题解析：本题考查配置项版本控制过程的基础知识。

配置项版本控制过程的步骤是创建配置项、修改处于“草稿”状态的配置项、技术评审或领导审批、正式发布。因此，本题参考答案为 C 选项。

例题 6

试题答案：A

试题解析：本题考查《信息技术 软件生存周期过程》（GB/T 8566—2007）中规定的配置控制活动。

配置控制活动包括下列任务：应标识和记录变更请求；分析和评价变更；批准或否决变更请求；实现、验证和发布已修改的软件项。在每次修改时都应保存审核追踪，并可以追踪修改的原因和修改的授权。对处理安全性或安全保密性功能的受控软件项的所有访问均应进行控制和审核。

根据“①建立基线的文档”可以排除 B、C 选项，根据“⑥编制配置管理计划”可以排除 D 选项。

综上所述，本题参考答案为 A 选项。

例题 7

试题答案：C

试题解析：本题考查配置审计。

部分常规配置审计工作可由审计软件完成。但需要注意的是，审计软件即使发现不一致的情况，也不允许自动更新配置库或配置管理数据库，必须由有关负责人调查后再进行更新。（A 选项正确。）

配置审计也称配置审核或配置评价，包括功能配置审计和物理配置审计，分别用于验证当前配置项的一致性和完整性。（B 选项正确。）

- 功能配置审计。功能配置审计是审计配置项的一致性（配置项的实际功效是否与其需求一致），具体验证主要包括：①配置项的开发已圆满完成（D 选项正确）；②配置项已达到配置标识中规定的性能和功能特征；③配置项的操作和支持文档已完成并且是符合要求的；等等。

- 物理配置审计。物理配置审计是审计配置项的完整性（配置项的物理存在是否与预期一致），具体验证主要包括：①要交付的配置项是否存在；②配置项中是否包含了所有必需的项目；等等。

综上所述，本题参考答案为 C 选项。

例题 8

试题答案：A

试题解析：本题考查变更管理。

由于项目具有逐渐完善的基本特性，早期的共识会随着项目的进行，对项目有不断深入的理解，作业过程与预先的计划发生变化是必然的。如果持续按照项目早期的定义开展，则很难保质保量地交付项目，因而变更控制必不可少。变化可能是对交付物的需求发生的变化，也可能是项目范围或项目的资源、进度等执行过程发生的变化。变更的常见原因包括：

- 产品范围（成果）定义的过失或者疏忽。
- 项目范围（工作）定义的过失或者疏忽。（A 选项错误。）
- 增值变更。
- 应对风险的紧急计划或回避计划。
- 项目执行过程与基准要求不一致带来的被动调整。
- 外部事件等。

综上所述，本题参考答案为 A 选项。

例题 9

试题答案：C

试题解析：本题考查基于配置库的变更控制之软件产品升级过程。

（1）将待升级的基线（假设版本号为 V2.1）从产品库中取出，放入受控库中。

（2）程序员将待修改的代码段从受控库中检出（Check out），放入自己的开发库中进行修改。代码被检出后即被“锁定”，以保证同一段代码同一时间只能被一个程序员修改。例如，如果甲正对其进行修改，那么乙就无法将其检出。

（3）程序员将开发库中修改好的代码段检入（Check in）受控库。检入后，代码的“锁定”被解除，其他程序员就可以检出该段代码了。

（4）软件产品的升级修改工作全部完成后，将受控库中的新基线存入产品库中（软件产品的版本号更新为 V2.2，旧的 V2.1 版本并不删除，继续在产品库中保存）。

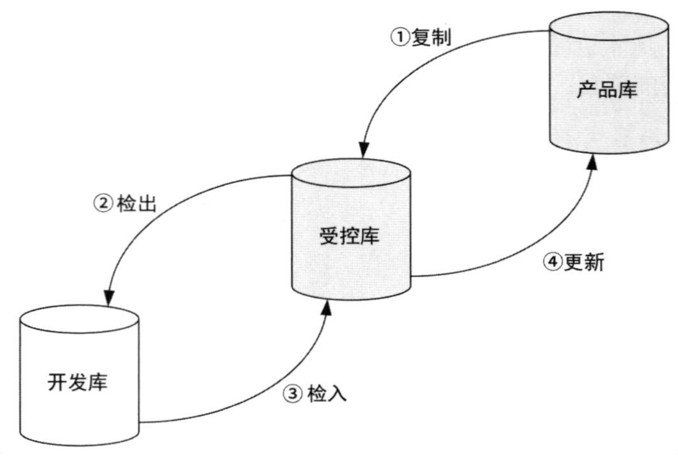

综上所述，本题参考答案为 C 选项。

例题 10

试题答案：B

试题解析：本题考查变更经理的职责。

变更管理负责人（变更经理）	变更请求者	变更实施者	变更顾问委员会
①负责整个变更过程方案的结果 ②负责变更管理过程的监控（B 选项正确） ③负责协调相关的资源，保障所有变更都按照预定的过程顺利运作 ④确定变更类型，组织变更计划和日程安排 ⑤管理变更的日程安排 ⑥变更实施完成之后的回顾和关闭 ⑦承担变更相关责任，并且具有相应的权限 ⑧可能以逐级审批的形式或团队会议的形式参与变更的风险评估和审批等	①提交初步的变更方案和计划 ②初步评价变更的风险和影响，给变更请求设定适当的变更类型 ③对理解变更过程有能力要求等	负责按照实施计划实施具体的变更任务	①在紧急变更时，其中的被授权者行使审批权 ②定期听取变更经理的汇报，评估变更管理的执行情况，必要时提出改进建议等

综上所述，本题参考答案为 B 选项。

例题 11

试题答案：C

试题解析：本题考查信息系统开发项目的文档分类。

信息系统项目的类型不同，其文档分类的方法也不同，不同的组织也会结合自身的管理实践，定义其文档类型。对于信息系统开发项目来说，其文档一般分为开发文档、产品文档和管理文档。

- 开发文档描述开发过程本身，基本的开发文档包括：可行性研究报告（D 选项）和项目任务书、需求规格说明、功能规格说明、设计规格说明〔包括程序和数据规格说明、开发计划、软件集成和测试计划（A 选项）、质量保证计划、安全和测试信息（B 选项）等〕。

- 产品文档描述开发过程的产物，基本的产品文档包括：培训手册、参考手册和用户指南、软件支持手册、产品手册和信息广告。
- 管理文档记录项目管理的信息，例如：开发过程的每个阶段的进度和进度变更的记录；软件变更情况的记录；开发团队的职责定义、项目计划、项目阶段报告；配置管理计划（C 选项）。

综上所述，本题参考答案为 C 选项。

例题 12

试题答案：D

试题解析：本题考查项目文档管理的规则和方法。

文档的规范化管理主要体现在文档书写规范、图表编号规则、文档目录编写标准和文档管理制度等几个方面。

- 文档书写规范：管理信息系统的文档资料涉及文本、图形和表格等多种类型，无论是哪种类型的文档，都应该遵循统一的书写规范，包括符号的使用、图标的含义、程序中注释行的使用，以及注明文档书写人和书写日期等。
- 图表编号规则：在管理信息系统的开发过程中用到了很多图表，对这些图表进行有规则地编号，可以方便图表的查找。图表的编号一般采用分类结构。
- 文档目录编写标准：为了存档及未来使用方便，应该编写文档目录。
- 文档管理制度：为了更好地进行信息系统文档的管理，应该建立相应的文档管理制度。

综上所述，本题参考答案为 D 选项。

第 20 章
高级项目管理

20.1 考点分析

根据考试大纲，本章要求考生掌握以下知识点：

- 项目集管理角色和职责、项目集管理绩效域
- 项目组合管理角色和职责、项目组合管理绩效域
- 组织级项目管理（OPM）框架要素及成熟度模型
- 量化管理理论及应用
- 项目管理实践 CMMI 模型

本章考查重点是项目集管理和项目组合管理。其中，项目集管理绩效域和项目组合管理绩效域的考查次数相当多，复习时应作为重点，并熟练掌握与项目集管理绩效域和项目组合管理绩效域相关的概念。高级项目管理历年考查知识点分布情况如表 20-1 所示。

表 20-1 高级项目管理历年考查知识点分布情况

试　题	考查知识点
2023 年 5 月试题考 4 分	项目集效益管理活动、项目组合启动阶段的活动、组织级项目管理框架、量化管理的综合概念
2023 年 11 月试题考 4 分	项目集的综合概念、项目组合规划阶段的活动、组织级项目管理框架、组织级量化管理
2024 年 5 月第一批次试题考 3 分	项目组合生命周期的阶段、组织级项目管理框架的关键要素、CMMI 模型的四大能力域
2024 年 5 月第二批次试题考 4 分	项目集发起人的职责、项目组合价值管理绩效域、组织级项目管理的含义、组织级量化管理的依据

20.2 项目集管理角色和职责

例题 1

项目集发起人的主要职责不包括（ ）。

A. 消除项目集交付的困难和障碍

B. 与项目组合经理进行交互，确保提供适当的资源和优先级

C. 确保项目集的目标与战略愿景保持一致

D. 提供资金

20.3 项目集管理绩效域

例题 2

项目集效益管理的主要活动包括（ ）。

①效益识别　②效益分析和规划　③效益交付

④效益移交　⑤效益维持　⑥效益改进

A. ①②③④⑥　B. ②③④⑤⑥

C. ①②④⑤⑥　D. ①②③④⑤

例题 3

关于项目集生命周期管理的描述，不正确的是（ ）。

A. 项目集与组织战略的一致性评估在项目集构建时完成

B. 项目集的项目经理一般在项目集构建时被任命

C. 项目集收益阶段是一个不断迭代的过程

D. 项目集收尾阶段主要是保证项目集按照预定和受控的过程收尾

20.4 项目组合管理绩效域

例题 4

为了实现高效的项目组合价值，需要执行的关键活动不包括（ ）。

A. 测量价值和报告价值　B. 最大化价值

C. 协商期望的价值　D. 输出正确价值观

例题 5

项目组合生命周期由（ ）4 个阶段组成。

A. 规划、执行、监控、收尾　B. 规划、执行、监控、改进

C. 启动、规划、执行、收尾　D. 启动、规划、执行、优化

20.5 项目组合管理基础

例题 6

关于项目组合管理的描述，不正确的是（ ）。

A. 项目组合管理包含运营性质的工作

B. 项目组合管理通过管理项目间的依赖关系支持组织战略

C. 项目组合管理的目标是确保项目组合与组织的目标保持一致

D. 项目组合管理是指为了实现战略目标而对多个项目组合进行的集中管理

例题 7

关于项目组合和项目集的描述，不正确的是（ ）。

A. 项目组合和项目集中都可能包含日常运作业务

B. 项目集是项目组合的一部分

C. 项目组合中的项目既可以位于项目集之内，也可以位于项目集之外

D. 项目组合中的项目集和项目应有依赖关系

例题 8

关于项目组合管理的描述，不正确的是（ ）。

A. 项目组合管理绩效必须结合战略目标进行测量

B. 项目组合管理使组织在高速发展和快速变化的环境中维持市场竞争力

C. 项目组合管理统筹财务、人力、设备等资源

D. 项目集是组织战略计划和项目组合之间联系的桥梁

例题 9

项目组合的管理 / 协调对象是（ ）。

A. 项目团队　　B. 项目经理　　C. 项目干系人　　D. 组合管理人员

20.6 组织级项目管理框架

例题 10

关于组织级项目管理（OPM）框架的描述，正确的是（ ）。

A.OPM 框架的关键要素包括 OPM 方法论、人才管理、知识管理三个方面

B. 组织通过建立和整合被认为最有可能提供预期收益的项目组合、项目集和项目方法论的要素来开发和改进 OPM 方法论

C. 人才管理侧重于实现绩效改进、创新、经验教训分享、最佳实践记录、流程整合和组织持续改进的组织目标

D. 知识管理应与项目组合经理、项目集经理和项目经理的职业化发展保持一致

例题 11

在组织级项目管理成熟度模型（OPM3）中，（ ）属于 3 级的特征。

A. 在项目或职能层级上计划、执行、监督和控制项目

B. 组织的项目绩效是可预测的

C. 项目管理和流程管理是由数据驱动的

D. 组织稳定且专注于持续改进

20.7 量化项目管理

例题 12

组织开展量化管理工作的前提是该组织已经（ ）。

A. 定义了组织量化过程性能目标并识别了关键过程

B. 建立了组织度量体系及数据收集体系

C. 建立了过程性能基线及过程性能模型

D. 定义了产品或项目管理的组织级标准过程

20.8 项目管理实践模型

例题 13

在 CMMI 的四大能力域类别中，（ ）用于生产和提供优秀解决方案。

A. 提高（Improving）　　B. 管理（Managing）

C. 使能（Enabling）　　D. 行动（Doing）

20.9 答案与解析

例题 1

试题答案：B

试题解析：本题考查项目集管理角色和职责。

项目集发起人的典型职责包括：

- 为项目集提供资金，确保项目集的目标与战略愿景保持一致。
- 实现效益交付。
- 消除项目集管理与交付的困难和障碍。

与项目组合经理进行交互，确保提供适当的资源和优先级，是项目集经理的职责。

综上所述，本题参考答案为 B 选项。

例题 2

试题答案：D

试题解析：本题考查项目集管理绩效域。

项目集效益管理是定义、创建、最大化和交付项目集所提供效益的绩效域。其主要活动包括效益识别、效益分析和规划、效益交付、效益移交和效益维持。

- 效益识别：识别和审核项目集干系人预期实现的效益。其主要活动包括定义项目集的目标和成功要素，识别并量化业务效益。根据项目集立项评估、组织战略计划和其他相关的项目集目标，形成效益登记册，并由干系人审查，以便为每项效益制定适当的绩效衡量指标。
- 效益分析和规划：制订项目集效益管理计划，定义项目集组件及其相互依赖关系，明确优先级，制定和沟通共识项目集绩效基准，并持续更新。
- 效益交付：确保项目集按照效益管理计划中的定义交付预期的效益，并向项目集指导委员会、项目集发起人、其他项目集干系人进行报告，以评估项目集的整体健康状况。
- 效益移交：确保项目集效益被移交至运营领域，并能够在移交后持续维持。效益移交的活动包括制订向运营领域移交的计划，验证项目集及其组件的整合、移交、收尾是否满足项目集目标和交付效益实现标准。
- 效益维持：在项目集结束后，由接收组织持续进行维护工作，以确保持续生成项目集所交付的改进和成果。在项目集收尾前，制订效益维持计划，以识别必要的风险、流程、措施、衡量指标和必要的工具。

综上所述，本题参考答案为 D 选项。

例题 3

试题答案：A

试题解析：本题考查项目集管理——项目集生命周期管理。

A 选项“项目集与组织战略的一致性评估在项目集构建时完成”不正确，因为项目集与组织战略的一致性评估贯穿于项目集管理过程的始终，直至项目集收尾。

项目集管理绩效域主要包括项目集战略一致性管理、项目集收益管理、项目集干系人参与、项目集治理和项目集生命周期管理等方面的内容。根据项目集收益的实现情况，将项目集生命周期划分为项目集定义阶段、项目集交付阶段和项目集收尾阶段三个过程组。其中，项目集定义阶段分为项目集构建和项目集准备两个部分。项目集构建是指在经过项目集的战略一致性论证之后，项目集获得了高层相关干系人的审批，然后就开始了构建项目集的工作。

综上所述，本题参考答案为 A 选项。

例题 4

试题答案：D

试题解析：本题考查项目组合价值管理。

高效的项目组合价值管理需要的关键活动主要包括：协商期望的价值、最大化价值、实现价值、测量价值和报告价值等。

综上所述，本题参考答案为 D 选项。

例题 5

试题答案：D

试题解析：本题考查项目组合生命周期的阶段。

项目组合生命周期由启动、规划、执行和优化 4 个阶段组成。

综上所述，本题参考答案为 D 选项。

例题 6

试题答案：B

试题解析：本题考查项目组合管理的基本概念。

项目集是一组相互关联且被协调管理的项目、子项目集和项目集活动，以便获得分别管理所无法获得的效益。

项目组合管理通过选择正确的项目集或项目，对工作进行优先排序，以及提供所需资源，来与组织战略保持一致。

综上所述，本题参考答案为 B 选项。

例题 7

试题答案：D

试题解析：本题考查项目组合、项目集的基本概念。

项目集是一组相互关联的项目，这些项目被集中管理以实现共同的战略目标或收益。

项目组合是组织内所有项目的集合，这些项目可能相互独立，也可能存在某些联系。

D 选项“项目组合中的项目集和项目应有依赖关系”的描述不正确。

综上所述，本题参考答案为 D 选项。

例题 8

试题答案：D

试题解析：本题考查项目组合管理与组织战略的关系。

在有些组织中，日常运作业务、项目集或者项目可能位于组织的项目组合中，项目组合在组织战略和项目集、项目及日常运作业务之间起到了桥梁连接的作用。通过这样的方式，组织中所有的活动最终都可以与组织战略保持一致。采用项目组合管理方式有助于提升项目的选择过程和执行过程成功的可能性，并能够在激烈变化的外部环境中为组织提供强有力的支持。所以说项目组合是组织战略计划和项目或项目集之间联系的桥梁。

综上所述，本题参考答案为 D 选项。

例题 9

试题答案：D

试题解析：本题考查项目、项目集、项目组合的辨析。

项目、项目集、项目组合的比较

	项目	项目集	项目组合
定义	项目是为创造独特的产品、服务或成果而进行的临时性工作	项目集是一组相互关联且被协调管理的项目、子项目集和项目集活动，以便获得分别管理所无法获得的效益	项目组合是为实现战略目标而组合在一起管理的项目、项目集、子项目组合和运营工作的集合
范围	项目具有明确的目标，范围在整个项目生命周期中是渐进明晰的	项目集的范围包括其项目集组件的范围。项目集通过确保各项目集组件的输出和成果协调互补，为组织带来效益	项目组合的组织范围随着组织战略目标的变化而变化

续表

	项目	项目集	项目组合
变更	项目经理对变更和实施过程做出预期，实现对变更的管理和控制	项目集的管理方法是随着各项目集组件成果和输出的交付，在必要时接受和适应变更，优化效益实现	项目组合经理持续监督更广泛的内外部环境的变更
规划	在整个项目生命周期中，项目经理渐进明晰高层级信息，将其转化为详细的计划	项目集的管理利用高层级计划，跟踪项目集组件的依赖关系和进展。项目集计划也用于在组件层级指导规划	项目组合经理建立并维护与项目组合整体有关的必要过程和沟通
管理	项目经理为实现项目目标而管理项目团队	项目集由项目集经理管理，其通过协调项目集组件的活动，确保项目集效益按预期实现	项目组合经理可以管理或协调项目组合管理人员或对项目组合整体负有报告职责的项目集人员和项目人员
监督	项目经理监督在项目开展中生产产品、提供服务或成果的工作	项目集经理监督项目集组件的进展，确保整体目标、进度计划、预算目标和项目集效益的实现	项目组合经理监督战略变更，以及总体资源分配、绩效成果和项目组合风险
成果	项目的成功通过产品和项目的质量、时间表、预算的依从性以及客户满意度水平进行衡量	项目集的成功通过项目集向组织交付预期效益的能力，以及项目集交付所述效益的效率和效果进行衡量	项目组合的成功通过项目组合的总体投资效果和实现的效益进行衡量

A. 项目——管理 / 协调的对象——项目团队

B. 项目集——管理 / 协调的对象——项目经理

C. 项目干系人管理对象

D. 项目组合——管理 / 协调的对象——组合管理人员

综上所述，本题参考答案为 D 选项。

例题 10

试题答案：B

试题解析：本题考查 OPM 框架要素。

针对本题的各选项解释如下：

A.OPM 框架的关键要素通常还包括战略一致性、利益相关者参与、项目组合管理、项目集管理、项目管理、能力发展、OPM 治理、风险管理等，并非仅限于 OPM 方法论、人才管理、知识管理这三个方面。

B. 此选项的描述准确反映了 OPM 的核心概念之一，即组织通过选择、优先排序和控制其项目、项目集和项目组合来实现战略目标和期望的效益。

C. 人才管理注重确保组织拥有所需的人才和技能来成功执行项目和项目集，而不仅仅是绩效改进、创新、经验教训分享等。这些活动更多地属于知识管理的范畴。

D. 人才管理需要与项目组合、项目集和项目管理的专业发展保持一致，而非知识管理。

因此，最符合 OPM 框架描述的是 B 选项。然而，实际的 OPM 框架包括更广泛的内容和更复杂的集成机制，不仅仅局限于项目、项目集和项目组合的方法论要素。

综上所述，本题参考答案为 B 选项。

例题 11

试题答案：B

试题解析：本题考查 OPM 成熟度模型。

下面是 OPM 成熟度级别特征的一般描述，可应用于项目组合、项目集和项目。

- 级别 1：初始或临时的 OPM。项目绩效无法可靠预测。项目管理极不稳定，高度依赖执行工作的人员的经验和能力。项目虽然完成了，但经常出现推迟、超出预算、质量各异的情况。存在的 OPM 流程是临时的或无序的。
- 级别 2：项目层级采用 OPM。根据行业最佳实践，在项目或职能层级上计划、执行、监督和控制项目。但 OPM 流程和实践并不是从组织的角度统一应用或管理的，并且可能存在项目差异。
- 级别 3：组织定义的 OPM。项目管理是主动的，组织的项目绩效是可预测的。项目团队遵循组织建立的 OPM 流程，对这些流程可根据项目的复杂性和从业者的能力加以裁剪。OPM 流程在组织上是标准化的、可测量的、可控制的，并可由组织进行分析，以监控 OPM 流程绩效。
- 级别 4：量化管理的 OPM。组织中的项目管理决策和流程管理是由数据驱动的。OPM 流程绩效的管理方式能够实现量化改进目标。OPM 流程绩效经过了系统性分析，以创造为组织增加价值的改进机会。
- 级别 5：持续优化的 OPM。组织稳定且专注于持续改进。OPM 与组织战略的一致性，以及以定义好的和可测量的价值贡献为关注点的 OPM 流程，促进了组织的敏捷和创新。在优化的组织中，已建立了有效的持续改进机制，以及一系列的测量和度量指标。项目集和项目的成功率很高，项目组合经过优化可以确保业务价值。

综上所述，本题参考答案为 B 选项。

例题 12

试题答案：D

试题解析：本题考查组织级量化管理。

组织开展量化管理工作的前提是，该组织已经定义了产品或项目管理的组织级标准过程，各个产品或项目团队能够遵循组织统一的管理流程、规程和产出要求开展工作，组织收集的度量数据才具有统计意义，可供开展量化管理建设。

综上所述，本题参考答案为 D 选项。

例题 13

试题答案：D

试题解析：本题考查 CMMI 模型的四大能力域。

CMMI（Capability Maturity Model Integration，能力成熟度模型集成）将所有收集并论证过的最佳实践按逻辑归为四大能力域类别。

- 行动（Doing）：用于生产和提供优秀解决方案的能力域。
- 管理（Managing）：用于策划和管理解决方案实施的能力域。
- 使能（Enabling）：用于支持解决方案实施和交付的能力域。
- 提高（Improving）：用于维持和提高效率效能的能力域。

综上所述，本题参考答案为 D 选项。

第 21 章 项目管理科学基础

21.1 考点分析

根据考试大纲，本章要求考生掌握以下知识点：

- 工程经济学的基础概念、静态投资回收期、动态投资回收期、净现值、净现值率、投资收益率。
- 运筹学中的线性规划、运输问题、指派问题、动态规划、最短路径问题、资源分配问题、最小生成树、博弈论、不确定型决策、风险型决策。

本章考查重点是投资回收期、净现值和线性规划。其中，线性规划的考查次数相当多，复习时应作为重点，并熟练掌握与运筹学相关的基础概念。项目管理科学基础历年考查知识点分布情况如表 21-1 所示。

表 21-1 项目管理科学基础历年考查知识点分布情况

试　题	考查知识点
2019 年 11 月试题考 5 分	线性规划、最小生成树、动态规划
2020 年 11 月试题考 5 分	线性规划、投资收益率、指派问题、决策树或决策表分析
2021 年 5 月试题考 5 分	动态投资回收期、动态规划
2021 年 11 月试题考 5 分	投资回收期、投资收益率、指派问题、线性规划
2022 年 5 月试题考 5 分	静态投资回收期、线性规划、运输问题、欧拉图
2022 年 11 月试题考 5 分	静态投资回收期、线性规划、动态规划
2023 年 5 月试题考 5 分	动态投资回收期、最短路径问题、线性规划
2023 年 11 月试题考 5 分	投资回报率、线性规划、指派问题、决策树或决策表分析、不确定型决策
2024 年 5 月第一批次试题考 5 分	现值复利、费用现值法、指派问题、博弈论、不确定型决策
2024 年 5 月第二批次试题考 5 分	静态投资回收期、最短路径问题、线性规划

21.2 资金的时间价值与等值计算

例题 1

投资 100 万元，年利率为 10%，按复利法计算，则 3 年后本利和约为（ ）万元。

A.133　　B.121　　C.135　　D.130

21.3 费用现值法

例题 2

某项目有 4 个方案均能满足要求，其费用数据如下表所示。在基准折现率为 10% 的情况下，根据费用现值法，最优方案是（ ）。

方　案	总投资（第 1 年年初）	每年运营费用（第 1 年到第 3 年）
甲	150	40
乙	300	5
丙	200	15
丁	250	10

A. 丙　　B. 丁　　C. 乙　　D. 甲

21.4 项目投资回收期法

例题 3

某公司进行项目投资，项目初始固定资产投资 20000 万元。随后 5 年的投入分别是 1000 万元、1500 万元、2000 万元、1000 万元和 2000 万元，各年度的收益分别是 10000 万元、12000 万元、16000 万元、20000 万元和 21000 万元，则该项目的静态投资回收期为（ ）年。

A.2.299　　B.2.083　　C.2.179　　D.2.036

例题 4

某项目现金流量如下表所示，项目的动态投资回收期为（ ）年。（折现率按 0.1 计算。）

年　份	0	1	2	3	4	5
现金流出	200					
现金流入		60	60	60	60	60

A.4.26　　B.4.37　　C.4.43　　D.5.03

21.5 投资回报率

例题 5

甲公司对某投资项目进行评估，投入 100 万元，10% 的概率获得利润 150 万元，55% 的概率获得利润 200 万元，20% 的概率获得利润 280 万元，10% 的概率不赔不赚，5% 的概率亏 300 万元。该项目的投资回报率为（ ）。

A.266　　B.2.66　　C.166　　D.1.66

21.6 线性规划

例题 6

某公司承接了一项业务，需研发 2 个新产品 A、4 个新产品 B，需要市场上两种平台资源甲和乙。甲售价为 300 万元 / 台，可支持研发 1 个新产品 A 和 2 个新产品 B；乙售价为 200 万元 / 台，可支持研发 2 个新产品 A 和 1 个新产品 B。该公司应购买甲、乙各（ ）台，可完成业务且花费的成本最低，最低成本为（ ）万元。

A.2，1　　B.1，2　　C.0，2　　D.2，0

A.800　　B.700　　C.600　　D.400

例题 7

某炼油厂每季度需供应合同单位汽油 15 吨、煤油 12 吨、重油 12 吨，该厂从甲、乙两处运回原油提炼，已知这两处的原油成分如下表所示，从甲处采购原油价格（含运费）为 2000 元 / 吨，乙处为 2900 元 / 吨。为了使成本最低，炼油厂每季度应从甲处采购（ ）吨原油，从乙处采购（ ）吨原油。

原油成分	甲	乙
汽油	0.15	0.50
煤油	0.20	0.30
重油	0.50	0.15
其他	0.15	0.50

A.15　　B.20　　C.25　　D.30

A.20　　B.25　　C.30　　D.35

例题 8

已知某公司生产 A、B 两种产品，其中生产 1 件 A 产品需要 1 个单位的甲资源和 3 个单位的丙资源；生产 1 件 B 产品需要 2 个单位的乙资源和 2 个单位的丙资源。已知甲、乙、丙三种资源分别有 4 个单位、12 个单位和 18 个单位。通过市场预测，可知 A 产品的单位市场利润为 2 元，B 产品的单位市场利润为 5 元。该公司为了突破最大利润，应生产 A 产品（ ）件，此时（ ）资源应有剩余。

A.0　　B.2　　C.4　　D.6

A. 甲　　B. 乙　　C. 丙　　D. 甲和丙

例题 9

某乳制品加工厂用纯牛奶和酸牛奶两种生产原料，加工生产甲、乙两种乳制品。该厂加工每单位乳制品消耗原料数、现有原料数、每单位乳制品的利润如下表所示。该厂的最大利润为（ ）万元。该厂获得最大利润时，生产甲的数量是（ ）吨。

		甲	乙	现有原料 / 吨
消耗原料 / 吨	纯牛奶	1	2	86
	酸牛奶	5	3	150
利润 / 万元		3	4	

A.140　　B.144　　C.175　　D.178

A.5　　B.6　　C.40　　D.50

例题 10

某电池厂生产甲、乙两种型号的产品（单位：万个），这两种产品都需要设备和 A、B 两种原材料，利润与资源限制条件如下表所示。为了获得最大利润，该电池厂每天生产甲产品的数量应为（ ）万个，此时该厂每天的利润为（ ）万元。

	甲	乙	资源限制条件
设备（台式）	2	3	20
原材料 A / 千克	3	1	15
原材料 B / 千克	0	2	12
利润 / 万元	2	4	

A.1　　B.2　　C.3　　D.4

A.20　　B.22　　C.24　　D.26

21.7 运输问题

例题 11

假设某产品有 3 个产地 A1、A2、A3，4 个销地 B1、B2、B3、B4，其供应量、需求量和单位产品运价如下表所示。完成该运输任务所需的最少运费为（ ）。

产 地	销 地				供应量
	B1	B2	B3	B4	
A1	2	3	2	1	3
A2	10	8	5	4	7
A3	7	6	6	8	5
需求量	4	3	4	4	

A.35　　B.56　　C.68　　D.79

例题 12

某公司有东部、中部、西部 3 个生产基地，生产的产品需要被运送到甲、乙、丙、丁 4 个市场，从生产基地到各个市场的单位运价及产量和需求量如下表所示。完成该运输任务所需的最少运费为（ ）。

	甲	乙	丙	丁	产 量
东部	4	12	4	11	16
中部	2	10	3	9	10
西部	8	5	11	6	22
需求量	8	14	12	14	

A.242　　B.244　　C.289　　D.302

21.8 指派问题

例题 13

某项目有 4 个硬件的生产任务需要完成，有 4 个硬件厂商可选择，每个厂商只能被分配一个任务。下表数据是各厂商完成各硬件生产所需的时间：

	硬件 1	硬件 2	硬件 3	硬件 4
厂商甲	13	6	8	9
厂商乙	6	11	5	8

续表

	硬件 1	硬件 2	硬件 3	硬件 4
厂商丙	7	9	5	8
厂商丁	8	6	7	12

4 个硬件生产完成的总时间最短为（ ）。

A.26　　B.25　　C.28　　D.27

21.9 图解最短路径

例题 14

下图是某小区的内部道路图，线上的数字为两点之间的距离。现在需要从 V1 向 V8 运送物资，则最短的距离为（ ）。

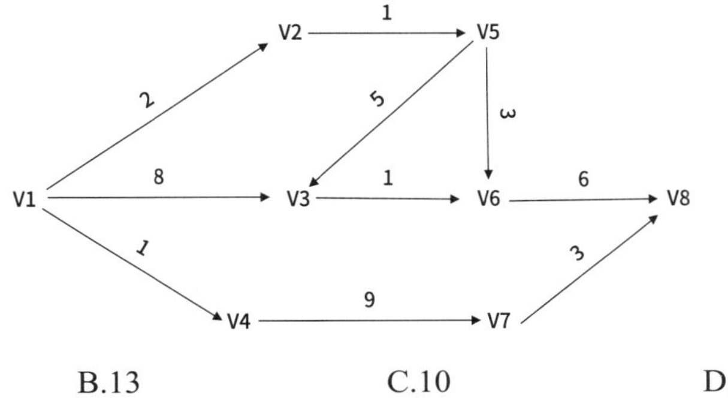

A.12　　B.13　　C.10　　D.15

21.10 图解最小生成树

例题 15

下图为某地区的通信线路图，图中的节点为 8 个城市，节点间所标识的数字为城市间铺设通信线路的长度。为了保持 8 个城市的通信连接，则至少铺设（ ）千米的线路。

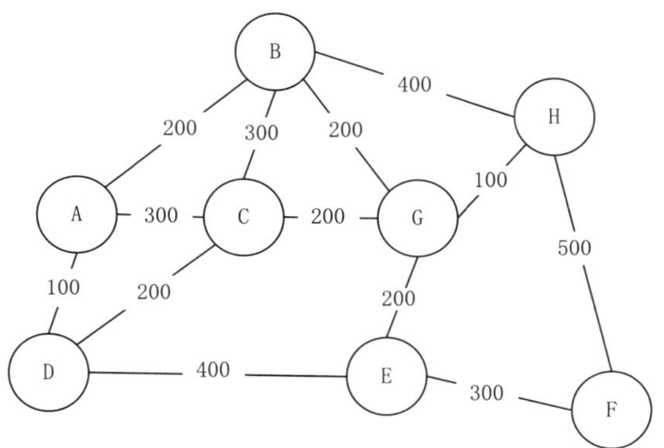

A.1000　　B.1100　　C.1200　　D.1300

例题 16

有 8 口海上油井，相互间的距离如下表所示（单位：海里）。其中 1 号井离海岸最近，为 5 海里。现要从海岸 1 号井铺设输油管将各井连接起来，则铺设输油管的最短长度为（ ）海里。

	1	2	3	4	5	6	7	8
1	0	1.3	2.1	0.9	0.7	1.8	2.0	1.5
2		0	0.9	1.8	1.2	2.6	2.3	1.1
3			0	2.6	1.7	2.5	1.9	1.0
4				0	0.7	1.6	1.5	0.9
5					0	0.9	1.1	0.8
6						0	0.6	1.0
7							0	0.5
8								0

A.9.1　　B.9.2　　C.10.1　　D.10.2

例题 17

工程师小张需要完成图中所有区域的巡检工作，图中圆圈代表巡检地点，两个地点之间的连接线为可行的交通线路，连接线上所标识的数字为两个地点之间所需的交通费用（单位：元）。从地点 1 开始完成巡检（不需要按数字顺序，也无须返回到起点）所需的最少交通费用为（ ）元。

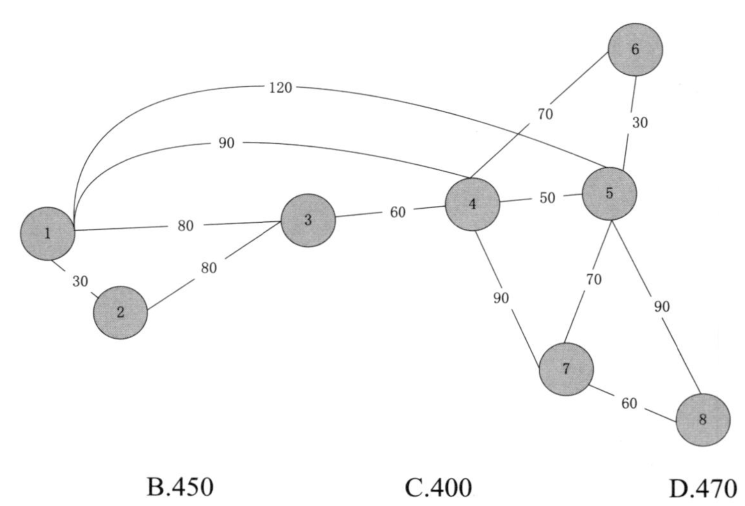

A.390　　B.450　　C.400　　D.470

21.11 博弈论

例题 18

两家企业生产同种产品，为抢占市场份额，每家企业都制定了 3 种市场推销策略。两家企业的市场推销策略会影响双方的市场份额占有情况，赢得矩阵如下：

	乙企业策略 1	乙企业策略 2	乙企业策略 3
甲企业策略 1	–2	–1	3
甲企业策略 2	1	0	1
甲企业策略 3	3	–1	–3

在这个矩阵中，每个单元格中的正数表示甲企业比乙企业多占有的市场份额，负数表示甲企业比乙企业少占有的市场份额。双方各应选择哪种策略？（ ）

A. 甲企业选择策略 2，乙企业选择策略 2

B. 甲企业选择策略 1，乙企业选择策略 2

C. 甲企业选择策略 1，乙企业选择策略 3

D. 甲企业选择策略 3，乙企业选择策略 1

21.12 悔值决策法

例题 19

某公司承接一个智能会议信息系统项目，有四种方案可供选择，并且每种方案都可能出现三种不同的结果，分别对应获取不同的利润，如下表所示。根据悔值决策法，该公司应选择方案（ ）。

	最差结果 / 万元	一般结果 / 万元	最佳结果 / 万元
方案甲	–5	15	30
方案乙	10	60	80
方案丙	20	35	45
方案丁	–60	10	50

A. 丙　　B. 丁　　C. 甲　　D. 乙

例题 20

为了满足经营业务的需要，某公司决定在现有生产条件不变的情况下生产一种新产品。现可供生产的产品有甲、乙、丙、丁四种类型。由于缺少相关背景资料，对新产品的市场需求只能估计为大、中、小三种状态。在不同的市场需求条件下，新产品的收益值如下表所示。如果决策者采用悔值决策法进行决策，那么该公司应该生产（ ）产品。

产品 / 需求	需求量大	需求量中	需求量小
甲	800	320	–250
乙	600	300	–200
丙	300	150	50
丁	400	250	100

A. 甲　　B. 乙　　C. 丙　　D. 丁

21.13 悲观决策法

例题 21

四种备选投资方案的决策损益表如下所示。如果采用最大最小决策标准（悲观主义），则选择（ ）。

收益值 / 万元	销售状态			
	很好	好	一般	很差
方案 A	50	25	–25	–45
方案 B	70	30	–40	–80
方案 C	30	15	–5	–10
方案 D	60	40	–30	–20

A. 方案 A　　B. 方案 B　　C. 方案 C　　D. 方案 D

21.14 期望值决策法

例题 22

某公司主营产品有甲、乙、丙、丁四种，按照历史数据预测，下半年的市场需求总量可能有 10 万件、15 万件和 20 万件三种情况，对应的概率分别为 50%、30%、20%。在不同的情况下各产品带来的市场收益（单位：万元）如下表所示。为了追求利润最大化，该公司应该生产（ ）产品。

市场收益 / 万元	需求量为 10 万件	需求量为 15 万件	需求量为 20 万件
甲	–25	35	70

续表

市场收益 / 万元	需求量为 10 万件	需求量为 15 万件	需求量为 20 万件
乙	–20	30	65
丙	–10	25	55
丁	10	15	40

A. 甲　　B. 乙　　C. 丙　　D. 丁

例题 23

某项目需购买一项资产，投入 50 万元，50% 的概率能收入 100 万元，20% 的概率能收入 200 万元，15% 的概率能收入 250 万元，10% 的概率不赚不赔，5% 的概率亏损 500 万元。这项资产的投资回报为（ ）万元。

A.102.5　　B.77.5　　C.60.5　　D.52.5

21.15 答案与解析

例题 1

试题答案：A

试题解析：本题考查项目管理科学基础知识——复利法。

复利法按上一期的本利和计息，除本金计息外，利息也生利息，每一计息周期的利息都要并入下一期的本金，再计利息。复利计算公式为 $F_n = P(1+i)^n$。

年　份	本金 / 万元	当年利息 / 万元	本利和 / 万元
1	100	100×10%=10	100+10=110
2	100	110×10%=11	110+11=121
3	100	121×10%=12.1	121+12.1=133.1

综上所述，本题参考答案为 A 选项。

例题 2

试题答案：A

试题解析：本题考查项目管理科学基础知识——费用现值法。

费用现值是不同方案在计算期内的各年成本，按基准收益率换算到基准年的现值与方案的总投资现值的和。费用现值越小，其方案的经济效益越好。

$$PC=\sum_{t=0}^{n} CO_t(\frac{P}{F}, i_0, t)=\sum_{t=0}^{n}(K + C - S_v - W)_t(\frac{P}{F}, i_0, t)$$

$PC_{甲}=150+40/(1+0.1)+40/(1+0.1)^2+40/(1+0.1)^3=249.47$

$PC_{乙}=300+5/(1+0.1)+5/(1+0.1)^2+5/(1+0.1)^3=312.43$

$PC_{丙}=200+15/(1+0.1)+15/(1+0.1)^2+15/(1+0.1)^3=237.3$

$PC_{丁}=250+10/(1+0.1)+10/(1+0.1)^2+10/(1+0.1)^3=274.86$

综上所述，本题参考答案为 A 选项。

例题 3

试题答案：D

试题解析：本题考查静态投资回收期的计算。

P_t =（累计净现金流量开始出现正值或零的年份数 –1）+

上年累计净现金流量的绝对值 / 当年净现金流量

年　份	0	1	2	3	4	5
投入 / 万元	20000	1000	1500	2000	1000	2000
收益 / 万元		10000	12000	16000	20000	21000
净现金流量 / 万元	–20000	9000	10500	14000	19000	19000
累计净现金流量 / 万元	–20000	–11000	–500	13500	32500	51500

P_t=(3–1)+|–500|/14000=2.036（年）

综上所述，本题参考答案为 D 选项。

例题 4

试题答案：A

试题解析：本题考查动态投资回收期的计算。

年　份	0	1	2	3	4	5
现金流出	200					
现金流入		60	60	60	60	60
净现金流量	–200	60	60	60	60	60
折现因子	1	0.91	0.83	0.75	0.68	0.62
净现金流量现值	–200	54.6	49.8	45	40.8	37.2
累计净现金流量现值	–200	–145.4	–95.6	–50.6	–9.8	27.4

动态投资回收期 =4+|–9.8/37.2|=4.26（年）

综上所述，本题参考答案为 A 选项。

例题 5

试题答案：D

试题解析：本题考查投资回报率的计算。

项目预期利润：150×10%+200×55%+280×20%+0×10%+(-300)×5%=166（万元）

投资回报率：ROI=166/100=1.66

综上所述，本题参考答案为 D 选项。

例题 6

试题答案：D、C

试题解析：本题考查线性规划问题。

解题步骤如下：

设购买甲 X 台、乙 Y 台，由题意可得：$X+2Y \geqslant 2$ ①；$2X+Y \geqslant 4$ ②。

题目要求 X 和 Y 的最小值及最低成本：$\min(300X+200Y)$。

解①②得 $X \geqslant 2$，$Y \geqslant 0$，因此 X 最小值为 2，Y 最小值为 0，第一问选择 D 选项。

将 $X=2$，$Y=0$ 代入 $(300X+200Y)$，得最低成本为 600 万元，第二问选择 C 选项。

综上所述，本题参考答案为 D、C 选项。

例题 7

试题答案：A、C

试题解析：本题考查线性规划问题。

解题步骤如下：

设炼油厂每季度从甲处采购 X 吨原油，从乙处采购 Y 吨原油，根据题意有：

$0.15X+0.5Y \geqslant 15$ ①

$0.2X+0.3Y \geqslant 12$ ②

$0.5X+0.15Y \geqslant 12$ ③

$X \geqslant 0$，$Y \geqslant 0$ ④

最低成本：$\min(2000X+2900Y)$

将②③组合可得 $X=15$，$Y=30$；代入①满足条件，它们就是最优解。

综上所述，本题参考答案为 A、C 选项。

例题 8

试题答案：B、A

试题解析：本题考查线性规划问题。

	A 产品	B 产品	总　数
甲资源	1		4
乙资源		2	12
丙资源	3	2	18
利润 / 元	2	5	

解题步骤如下：

设该公司生产 A 产品 X 件、B 产品 Y 件，则有：

$X \leqslant 4$ ①

$2Y \leqslant 12$ ②

$3X+2Y \leqslant 18$ ③

最大利润：$2X+5Y$

由①②③可得 X=2 和 Y=6 为最优解，此时最大利润为 34 元，甲资源用了 2 个单位，还剩 2 个单位。

综上所述，本题第一问选择 B 选项，第二问选择 A 选项。

例题 9

试题答案：D、B

试题解析：本题考查线性规划问题。

解题步骤如下：

设生产甲 X 吨、乙 Y 吨，列出不等式组：

$X+2Y \leqslant 86$

$5X+3Y \leqslant 150$

$X \geqslant 0$，$Y \geqslant 0$

最大利润：$3X+4Y$

求得 X=6，Y=40；最大值为 178。

综上所述，本题参考答案为 D、B 选项。

例题 10

试题答案：A、D

试题解析：本题考查线性规划问题。

解题步骤如下：

设 X、Y 分别为每天计划生产甲、乙产品的数量，则题干中的表可以用以下数学模型表示。

最大利润：$2X+4Y$

约束条件：$2X+3Y \leqslant 20$，$3X+Y \leqslant 15$，$2Y \leqslant 12$，$X \geqslant 0$，$Y \geqslant 0$

求解以上约束条件可知：当 X=1 时，即生产甲产品 1 万个时，生产乙产品 6 万个的利润为 26 万元（$2X+4Y$=26）；当 X=2 时，即生产甲产品 2 万个时，生产乙产品 5 万个的利润为 24 万元（$2X+4Y$=24）；当 X=3 时，即生产甲产品 3 万个时，生产乙产品 4 万个的利润为 22 万元（$2X+4Y$=22）。所以，该电池厂每天生产甲产品 1 万个时，利润最高为 26 万元。

综上所述，本题参考答案为 A、D 选项。

例题 11

试题答案：C

试题解析：本题考查运筹学中的运输问题——伏格尔法。

解题步骤如下：

（1）计算每行每列的最小元素和次小元素的差值。

产 地	销 地				供应量	
	B1	B2	B3	B4		差 值
A1	2	3	2	1	3	1
A2	10	8	5	4	7	1
A3	7	6	6	8	5	0
需求量	4	3	4	4		
差 值	5	3	3	3		

找到最大差值为 B1 的列差 5，以与最大差值同行或同列的最小运价为准，用其所在行的供应量，最大限度地满足其所在列的需求。即从 A1 运送 3 个单位产品到 B1，运费为

3×2=6；A1 的供应量用完，删除 A1 这一行，B1 余下的需求量为 1。

（2）找到最大差值为 B4 的列差 4，第一次重复。

产　地	销　地				供应量	
	B1	B2	B3	B4		差　值
A1	2	3	2	1	0	
A2	10	8	5	4	7	1
A3	7	6	6	8	5	0
需求量	1	3	4	4		
差　值	3	2	1	4		

以与最大差值同行或同列的最小运价为准，用其所在行的供应量，最大限度地满足其所在列的需求。即从 A2 运送 4 个单位产品到 B4，运费为 4×4=16；B4 的需求得到满足，删除 B4 这一列，A2 的供应量余 3。

（3）找到最大差值为 B1 的列差 3，第二次重复。

产　地	销　地				供应量	
	B1	B2	B3	B4		差　值
A1	2	3	2	1	0	
A2	10	8	5	4	3	3
A3	7	6	6	8	5	0
需求量	1	3	4	0		
差　值	3	2	1			

以与最大差值同行或同列的最小运价为准，用其所在行的供应量，最大限度地满足其所在列的需求。即从 A3 运送 1 个单位产品到 B1，运费为 7×1=7；B1 的需求得到满足，删除 B1 这一列，A3 的供应量余 4。

（4）找到最大差值为 A2 的行差 3，第三次重复。

产　地	销　地				供应量	
	B1	B2	B3	B4		差　值
A1	2	3	2	1	0	
A2	10	8	5	4	3	3
A3	7	6	6	8	4	0
需求量	0	3	4	0		
差　值		2	1			

以与最大差值同行或同列的最小运价为准，用其所在行的供应量，最大限度地满足其所在列的需求。即从 A2 运送 3 个单位产品到 B3，运费为 3×5=15；A2 的供应量用完，删除 A2 这一行，B3 余下的需求量为 1。

产 地	销 地				供应量
	B1	B2	B3	B4	
A1	2	3	2	1	0
A2	10	8	5	4	0
A3	7	6	6	8	4
需求量	0	3	1	0	

从 A3 运送 3 个单位产品到 B2，运费为 3×6=18；从 A3 运送 1 个单位产品到 B3，运费为 1×6=6。

对所有的运费求和：6+16+7+15+18+6=68。

综上所述，本题参考答案为 C 选项。

例题 12

试题答案：B

试题解析：本题考查运筹学中的运输问题。

采用伏格尔法，该方法考虑的是运费的差额。如果差额太大，若不使用最便宜的运输方案，就会多花许多钱来执行昂贵的次优运输方案。

解题步骤如下：

第一轮比较。乙所在列的差值最大为 5；再找到乙所在列的最少运费为 5。首先从【西部】→【乙】14，运费为 14×5=70；乙的需求得到满足。

	甲	乙	丙	丁	产 量	差值 = 次小值 – 最小值
东部	4	12	4	11	16	0
中部	2	10	3	9	10	1
西部	8	5	11	6	22	1
需求量	8	14	12	14		
差 值	2	5	1	3		

第二轮去除乙列再比较。丁所在列的差值最大为 3；再找到丁所在列的最少运费为 6。首先从【西部】→【丁】8，运费为 8×6=48；丁的需求量还有 14–8=6，【西部】的产量用完。

	甲	乙	丙	丁	产　量	差值 = 次小值 – 最小值
东部	4	12	4	11	16	0
中部	2	10	3	9	10	1
西部	8	5	11	**6**	22–14=8	1
需求量	8	14	12	14		
差　值	2	5	1	**3**		

第三轮去除乙列、西部行再比较。甲所在列的差值最大为 2；再找到甲所在列的最少运费为 2。首先从【中部】→【甲】8，运费为 8×2=16；甲的需求得到满足，【中部】的产量还有 2。

	甲	乙	丙	丁	产　量	差值 = 次小值 – 最小值
东部	4	12	4	11	16	0
中部	**2**	10	3	9	10	1
~~西部~~	~~8~~	~~5~~	~~11~~	~~6~~	~~22~~	~~1~~
需求量	8	14	12	14–8=6		
差　值	**2**	5	1	2		

第四轮去除甲列、乙列、西部行再比较。东部所在行的差值最大为 7；再找到东部所在行的最少运费为 4。首先从【东部】→【丙】12，运费为 12×4=48；丙的需求得到满足，【东部】的产量还有 4，【中部】的产量还有 2，丁的需求量还有 6。从【东部】→【丁】4，运费为 4×11=44；从【中部】→【丁】2，运费为 2×9=18。

	甲	乙	丙	丁	产　量	差值 = 次小值 – 最小值
东部	4	12	**4**	11	16	**7**
中部	2	10	3	9	10–8=2	1
~~西部~~	~~8~~	~~5~~	~~11~~	~~6~~	~~22~~	~~1~~
需求量	8	14	12	14–8=6		
差　值	2	5	1	2		

最优运输方案如下：

	甲	乙	丙	丁	产　量	运　费
东部			4×12	11×4	16	48+44=92
中部	2×8			9×2	10	16+18=34
西部		5×14		6×8	22	70+48=118

续表

	甲	乙	丙	丁	产 量	运 费
需求量	8	14	12	14		
					合计运费：	244

对所有的运费求和：70+48+16+18+48+44=244

综上所述，本题参考答案为 B 选项。

例题 13

试题答案：A

试题解析：本题考查运筹学中的指派问题。

通常采用匈牙利算法求解。

（1）行变换。

7	0	2	3
1	6	0	3
2	4	0	3
2	0	1	6

（2）列变换。

6	0	2	0
0	6	0	0
1	4	0	0
1	0	1	3

（3）查找独立的 0。

6	0	2	0
0	6	0	**0**
1	4	**0**	0
1	**0**	1	3

因此，最短时间 =6+6+5+9=26。

综上所述，本题参考答案为 A 选项。

例题 14

试题答案：A

试题解析：本题考查最短路径问题。

采用穷举法，路径如下：

V1-V2-V5-V6-V8，距离为 12。

V1-V3-V6-V8，距离为 15。

V1-V2-V5-V3-V6-V8，距离为 15。

V1-V4-V7-V8，距离为 13。

综上所述，最短的距离为 12，本题参考答案为 A 选项。

例题 15

试题答案：D

试题解析：本题考查最小生成树的应用。

解题思路是“边全去、加小边、不成环、全相连、再累加”。

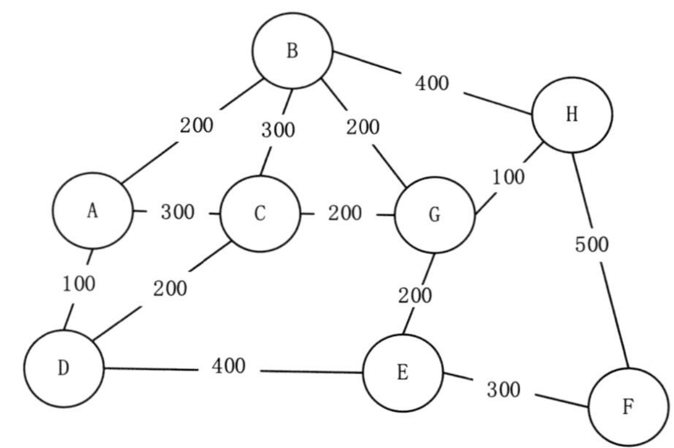

200+100+200+200+100+200+300=1300（千米）

本题参考答案为 D 选项。

例题 16

试题答案：D

试题解析：本题考查最小生成树的应用。

解题思路是“边全去、加小边、不成环、全相连、再累加”。

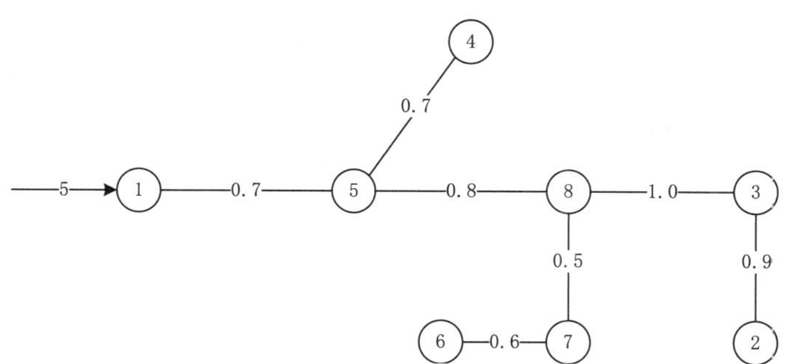

5+0.7+0.7+0.8+0.5+0.6+1.0+0.9=10.2（海里）

本题参考答案为 D 选项。

例题 17

试题答案：C

试题解析：本题考查如何应用最小生成树求最短路径。

最短路径为 1-2-3-4-6-5-7-8。因此，最少交通费用为 30+80+60+70+30+70+60=400（元）。

本题参考答案为 C 选项。

例题 18

试题答案：A

试题解析：本题考查运筹学中的博弈论。

	乙企业策略 1	乙企业策略 2	乙企业策略 3	MaxMin（小中取大）
甲企业策略 1	–2	–1	3	–2
甲企业策略 2	1	0	1	0
甲企业策略 3	3	–1	–3	–3
MinMax（大中取小）	3	0	3	

由此可知，甲企业选择策略 2，乙企业选择策略 2。本题参考答案为 A 选项。

例题 19

试题答案：D

试题解析：本题考查运筹学中的决策分析——不确定型决策之悔值决策法。

悔值决策法是对悲观决策法的一种修正，目的是使保守程度小一些。

所谓悔值，是指当某一状态出现时，就可知对应这一状态的最优策略。如果决策者当初没有采用这一方案，而是采用了其他方案，那么这时就会感到后悔，因此对某状态的最优方案的结果值与各方案的结果值有一个差值。这个差值就被称为悔值。悔值决策法就是计算在各种自然状态下的悔值，经过比较，从最大的悔值中选出最小的悔值。

悔值表

	最差结果 / 万元	一般结果 / 万元	最佳结果 / 万元	悔值 max / 万元
方案甲	25	45	50	50
方案乙	10	0	0	10
方案丙	0	25	35	35
方案丁	80	50	30	80

由此可知，该公司应选择方案乙。本题参考答案为 D 选项。

例题 20

试题答案：B

试题解析：本题考查运筹学中的决策分析——不确定型决策之悔值决策法。

悔值表

产品 / 需求	需求量大	需求量中	需求量小	收益值（大中取小）
甲	0	0	350	350
乙	**200**	**20**	**300**	**300**
丙	500	170	50	500
丁	400	70	0	400

由此可知，该公司应生产乙产品。本题参考答案为 B 选项。

例题 21

试题答案：C

试题解析：本题考查运筹学中的决策分析——不确定型决策之悲观决策法。

悲观决策法也被称为最大最小决策标准，是基于“小中取大”准则的一种决策方法。题干已明确“采用最大最小决策标准（悲观主义）”，我们先找到 A、B、C、D 四种方案的最小收益，分别是 -45、-80、-10、-20，然后从最小收益方案中选择收益最大的方案，即选择 -10 的方案，也就是方案 C。

收益值 / 万元	销售状态				max
	很好	好	一般	很差	
方案 A	50	25	–25	–45	–45
方案 B	70	30	–40	–80	–80
方案 C	30	15	–5	–10	**–10**
方案 D	60	40	–30	–20	–20

综上所述，本题参考答案为 C 选项。

例题 22

试题答案：D

试题解析：本题考查运筹学中的决策分析——风险型决策之期望值决策法。

本题计算出各产品对应的期望货币价值（EMV）即可。

生产甲产品的收益：–25×0.5+35×0.3+70×0.2=12（万元）

生产乙产品的收益：–20×0.5+30×0.3+65×0.2=12（万元）

生产丙产品的收益：–10×0.5+25×0.3+55×0.2=13.5（万元）

生产丁产品的收益：10×0.5+15×0.3+40×0.2=17.5（万元）

因此，该公司应该选择生产丁产品。

综上所述，本题参考答案为 D 选项。

例题 23

试题答案：D

试题解析：本题考查运筹学中的决策分析——风险型决策中的期望值决策法。

通过 EMV 决策树计算投资总收益：100×50%+200×20%+250×15%–500×5%=102.5（万元）

计算投资回报：投资总收益 – 投入成本 =102.5–50=52.5（万元）

综上所述，本题参考答案为 D 选项。

第 22 章
组织通用治理

22.1 考点分析

根据考试大纲，本章要求考生掌握以下知识点：

- 组织战略要点，组织的愿景、使命和文化，创新和改进
- 绩效考核包括绩效计划、绩效实施、绩效治理、绩效评估、绩效评价结果反馈和绩效评价结果应用
- 数字化转型实施

各知识点的考查频次存在差异。本章不考案例，也不考论文，主要通过做题来了解基础概念即可，不需要深入理解。组织通用治理历年考查知识点分布情况如表 22-1 所示。

表 22-1 组织通用治理历年考查知识点分布情况

试　题	考查知识点
2023 年 5 月试题考 1 分	绩效评估
2023 年 11 月试题考 1 分	数字化转型的基本概念
2024 年 5 月第一批次试题考 3 分	数字化转型的基本概念、组织战略创新和改进的要素、绩效评估方法
2024 年 5 月第二批次试题考 3 分	组织战略定位的概念、绩效实施的概念、绩效评价结果应用

22.2 组织战略

例题 1

关于组织定位的描述，不正确的是（ ）。

A. 组织定位包括使命、愿景和价值观，不包括产品和服务定位

B. 组织使命是组织较长期的业务发展的总方向和总特征

C. 组织文化为日常工作提供具体的实践方法

D. 组织愿景描述了组织发展的目的和对如何达到这个目的的理性认知

例题 2

在组织通用治理中，组织在分析和回顾战略实施过程中进行创新和改进的要素包括：（ ）。

①内外部发展环境对战略规划的影响

②在业务增长、发展趋势等方面的预测及其与实际的差异

③提升业务增长和盈利的措施

④竞争优势和发展水平分析及措施

⑤流程规划和知识管理

A. ①②③④　　B. ①③④⑤　　C. ②③④⑤　　D. ①②④⑤

例题 3

根据对企业内外环境的分析，运用 SWOT 配比技术就可以提出不同的企业战略。S-T 战略是（ ）。

A. 发挥优势，利用机会　　B. 利用机会，克服弱点

C. 利用优势，回避威胁　　D. 减小弱点，回避威胁

22.3 绩效考核

例题 4

关于绩效实施的描述，不正确的是（ ）。

A. 绩效实施的核心是持续沟通式的绩效辅导

B. 组织管理者应当投入一定的精力进行绩效的实施

C. 绩效实施的过程是对绩效计划执行情况的指导、监督和管理

D. 绩效实施的具体内容包括绩效沟通和绩效评估

例题 5

绩效评价结果应用包含价值评价和绩效改进两层内容。（ ）不属于价值评价。

A. 人事调动　　B. 薪酬调整　　C. 在职培训　　D. 员工奖励

例题 6

（ ）通过财务、客户、内部运营、学习与成长 4 个角度，将组织战略目标逐层分解转化为细化指标，有差异化地针对不同的指标进行不同时间周期的绩效评估，有助于组织战略目标的实现。

A. 目标管理法　　　　B. 平衡计分卡法

C. 硬性分布法　　　　D. 尺度评价表法

例题 7

关于绩效评估的描述，不正确的是（ ）。

A. 绩效评估要以员工发展为第一目标，全面了解员工的发展潜力

B. 绩效评估由人力资源部门负责牵头组织、协调，相关部门予以配合

C. 绩效评估是绩效治理整个周期性循环过程中技术性最强的一个环节

D. 制定科学合理的评价方法是绩效评估的关键

22.4 战略转型升级

例题 8

组织在数字化转型中，（ ）是转型成功与否的关键要素，使组织具备长期竞争优势。

A. 组织数字营销　　　　B. 数字化产品和服务

C. 数字人才队伍　　　　D. 组织数字文化

22.5 答案与解析

例题 1

试题答案：A

试题解析：本题考查组织定位。

组织定位包括应有清晰的使命、愿景和目标，有明确的价值观和组织文化来帮助组织实现战略要点，并能够向组织的内外部传达清晰的定位。组织定位还应包括对业务单元的定位战略。业务单元定位战略实质上是行业或领域中的产品或服务定位战略，也就是在行业或领域定位之后，所做出的产品定位决策或服务定位决策。（A 选项错误。）

组织使命是管理者为组织确定的较长时期的业务发展的总方向、总目的、总特征和总的指导思想，描述了组织所处的社会价值范畴、当前的业务和宗旨。（B 选项正确。）

组织文化有两个基本特征：①组织文化具有浓厚的文化属性和良好的执行性。组织文化确立了组织核心价值观、道德准则、运行管理理念、组织宗旨和组织精神等思想层面的内容。在共同的价值观的引导下，组织的各项工作朝着统一的发展方向开展。②组织文化提出了组织发展涉及的制度、行为等措施，如员工管理方法、员工互动方式、激励机制等，为日常工作提供了具体的实践方法。（C 选项正确。）

组织愿景是在汇集组织每个员工个人心愿的基础上形成的全体员工共同心愿的美好愿景，描述了组织发展的目的和对如何达到这个目的的理性认知。（D 选项正确。）

综上所述，本题参考答案为 A 选项。

例题 2

试题答案：A

试题解析：本题考查组织战略创新和改进的要素。

在分析和回顾战略实施过程中进行创新和改进的要素主要包括：

- 内外部发展环境对战略规划的影响，包括客户和用户的需求、技术或监管环境。
- 在业务增长、发展趋势等方面的预测及其与实际的差异。
- 提升业务增长和盈利的措施。
- 竞争优势和发展水平分析及措施。
- 风险分析及措施。

综上所述，本题参考答案为 A 选项。

例题 3

试题答案：C

试题解析：本题考查 SWOT 分析工具的应用。

SWOT 分析是指分析企业的优势（Strength）、劣势（Weakness）、机会（Opportunity）和威胁（Threat）。因此，SWOT 分析实际上是对企业内外部条件的各方面内容进行综合和概括，进而分析组织的优劣势、组织所面临的机会和威胁的一种方法。

根据对企业内外环境的分析，运用 SWOT 配比技术就可以提出不同的企业战略，如下所示。

- S-O 战略：发挥优势，利用机会。
- W-O 战略：利用机会，克服弱点。
- S-T 战略：利用优势，回避威胁。
- W-T 战略：减小弱点，回避威胁。

综上所述，本题参考答案为 C 选项。

例题 4

试题答案：D

试题解析：本题考查绩效实施。

绩效实施的具体内容一般包括两个方面：一是持续不断的绩效沟通；二是绩效信息的记录和收集。

综上所述，本题参考答案为 D 选项。

例题 5

试题答案：C

试题解析：本题考查绩效评价结果应用。

绩效评价结果应用包含两层内容。

- 价值评价：作为组织人事决策的重要参考，用于相关的奖惩、薪酬调整和人事调动（A、B、D 选项对）。
- 绩效改进：对绩效评价结果进行分析，为组织安排员工培训（C 选项不对）、员工职业生涯规划等方面提供依据。

综上所述，本题参考答案为 C 选项。

例题 6

试题答案：B

试题解析：本题考查 绩效评估。

在具体应用中绩效评估的方法较多，在实际考评工作中比较常用的方法有如下几种。

- 排序法：根据工作绩效评估结果的高低对具有相同工作性质的员工进行排序的方法。该方法简便易行，一般适用于当工作内容单一或工作内容相同的员工较多时进行绩效评估。
- 硬性分布法：对绩效评估结果进行分档，评估者根据分档的档次和分档的比例对被评估者进行分派的方法。这种评估方法成本相对较低，但绩效评估标准模糊，主观性较高。
- 尺度评价表法：评估者通过评估表的形式，对绩效评估的每一项内容进行定量分解，对被评估者的工作绩效进行考评打分，最后将考评分值进行合计得到评估总分的方法。这种方法一般适用于对组织管理人员的绩效评估。
- 关键事件法：评估者通过在日常工作中收集的与被评估者的绩效评估相关的“重要事件”形成书面记录，并进行整理和分析后，最终形成评估结果的方法。一般情况下，这种方法通常与其他方法结合使用，不单独使用。
- 平衡计分卡法：通过财务、客户、内部运营、学习与成长 4 个角度，将组织的战略目标落实为可操作的衡量指标和目标值，对被评估者进行综合考评的方法。平衡计分卡法是一种有效的绩效管理工具，可以将组织战略目标逐层分解转化为相互平衡的细化指标，从而有差异化地针对不同的指标进行不同时间周期的绩效评估，有助于组织战略目标的实现。这种方法被广泛地用于团队和个人的绩效评估。
- 目标管理法：通过事先设定目标、制订计划对被评估者的工作目标完成情况进行绩效评估的方法。目标管理一般包括目标确定、计划执行、检查调整、完成评价等几个步骤。这种方法也被广泛地用于团队和个人的绩效评估。

综上所述，本题参考答案为 B 选项。

例题 7

试题答案：A

试题解析：本题考查绩效评估。

绩效评估是指以员工与组织的共同发展为目标，通过正式的结构化的制度或方法，评价和测量在一定的周期内团队或员工个人的工作行为和工作成果，全面了解员工的发展潜力。

综上所述，本题参考答案为 A 选项。

例题 8

试题答案：D

试题解析：本题考查数字化转型内容。

- 数字化营销：利用数字技术，拓展产品和服务的传播渠道，建设个性化的客户和服务对象沟通服务体系，实现精准营销。
- 数字化产品和服务：将数字化的理念和技术融入产品和服务中，利用数字技术促进产品和服务的研发创新及其能力智能化。
- 数字人才队伍：搭建数字化人才队伍需要有足够且完备的人才储备，人才组建要合理，岗位职责要清晰。
- 组织数字文化：组织文化是数字化转型成功与否的关键要素，是指导一个团体行为的共同信念、价值观和思维模式。

综上所述，本题参考答案为 D 选项。

第 23 章
组织通用管理

23.1 考点分析

根据考试大纲，本章要求考生掌握以下知识点：

- 人力资源管理包括工作分析与岗位设计、人力资源战略与计划、人员招聘与录用、人员培训、组织薪酬管理、人员职业规划与管理
- 流程管理包括流程规划、流程执行、流程评价和流程持续改进
- 知识管理包括显性知识与隐性知识、知识管理过程
- 市场营销中的营销环境、营销分析、营销管控

这些知识点在考试中出现的次数相等。本章不考案例，也不考论文，主要通过做题来了解基础概念即可，不需要深入理解。组织通用管理历年考查知识点分布情况如表 23-1 所示。

表 23-1 组织通用管理历年考查知识点分布情况

试　题	考查知识点
2023 年 5 月试题考 1 分	知识管理过程
2023 年 11 月试题考 1 分	市场营销组合工具
2024 年 5 月第一批次试题考 2 分	流程管理的基础概念、市场营销中的营销管理
2024 年 5 月第二批次试题考 2 分	人力资源管理中的人员招聘与录用、知识管理中的显性知识与隐性知识的特征

23.2 人力资源管理

例题 1

在招聘成本中，（ ）不属于显性成本。

A. 管理层参与面试　　B. 增加招聘渠道

C. 发布招聘广告　　D. 内部推荐奖励金

23.3 流程管理

例题 2

在流程管理中，组织战略执行保障体系包含战略控制层、流程执行层、系统支撑层三层。其中，（ ）是战略执行落地的核心枢纽；预算考核属于（ ）。

A. 流程执行层；系统支撑层　　B. 战略控制层；流程执行层

C. 战略控制层；系统支撑层　　D. 流程执行层；战略控制层

23.4 知识管理

例题 3

显性知识的特征不包括（ ）。

A. 非陈述性　　B. 可共享性　　C. 静态存在性　　D. 客观存在性

例题 4

知识管理需要遵循积累原则、共享原则和交流原则，其中（ ）是实施知识管理的基础，（ ）需要建立有利于知识管理的组织结构和文化气氛。

A. 共享原则；交流原则　　B. 积累原则；交流原则

C. 积累原则；共享原则　　D. 交流原则；共享原则

例题 5

关于知识管理的描述，不正确的是（ ）。

A. 知识包含显性知识、隐性知识和共享知识三类

B. 隐性知识通常是指难以表达、隐含于过程和行动中的非结构化知识

C. 可通过利益驱动促进隐性知识共享

D. 组织结构扁平化，决策权向下层移动，是学习型组织的特征之一

例题 6

（ ）是隐性知识的特征。

A. 经过编码、格式化、结构化　　B. 规范、系统、稳定、明确

C. 不易保存、传递、掌握　　D. 用公式、规律、原则等方式表述

23.5 市场营销

例题 7

市场营销的“4P”模型包含产品、（ ）、渠道和促销。

A. 计划　　B. 定价　　C. 定位　　D. 过程

例题 8

某企业管理层采取纠偏措施缩小目标与实际业绩之间的差距。该企业正在执行（ ）阶段的营销活动。

A. 市场营销组织　　B. 市场营销执行　　C. 市场营销控制　　D. 市场营销分析

23.6 答案与解析

例题 1

试题答案：A

试题解析：本题考查招聘效果评估。

招聘成本是指一个职位招聘需要花费的总费用，包括显性成本和隐性成本。组织对显性成本比较敏感，对隐性成本则认识不足。招聘成本的核算取决于多个因素，除招聘广告费用、内部推荐奖励资金以外，不可忽视的还有内部沟通、内部协商、管理层或技术骨干面试等隐性成本。

综上所述，本题参考答案为 A 选项。

例题 2

试题答案：D

试题解析：本题考查流程管理之流程基础。

在战略明晰的基础上，组织还需要构建战略执行保障体系，具体包括以下三层。

第一层：以会议管理、运行分析、预算考核为基础建立组织发展计划，形成以执行和控制为目标的战略控制层。

第二层：以业务流程、岗位描述、绩效测评为基础架构，对研发、采购、生产与交付、销售、客服等各职能领域构建稳定的流程执行层。

第三层：以 ERP（组织资源规划）、CRM（客户关系管理）、PDM（产品数据管理）等大量的信息技术应用为基础的系统支撑层。

流程执行层是战略执行落地的核心枢纽，在整个战略执行保障体系中起承上启下的作用，组织的战略目标需要落实到流程上，从而方便执行。

综上所述，本题参考答案为 D 选项。

例题 3

试题答案：A

试题解析：本题考查显性知识与隐性知识。

显性知识的特征：①客观存在性；②静态存在性；③可共享性；④认知元能性。

隐性知识的特征：①非陈述性；②个体性；③实践性；④情境性；⑤交互性；⑥非编码性。

综上所述，本题参考答案为 A 选项。

例题 4

试题答案：B

试题解析：本题考查知识管理过程。

知识管理是一个复杂的过程，需要遵循以下三条原则。

- 积累原则：知识积累是实施知识的管理基础。
- 共享原则：知识共享是指一个组织内部的知识和信息要尽可能公开，使每一个员工都能够接触和使用组织的知识和信息。
- 交流原则：知识管理的核心就是要在组织内部建立有利于交流的组织结构和文化气氛，使人员之间的交流毫无障碍。

综上所述，本题参考答案为 B 选项。

例题 5

试题答案：A

试题解析：本题考查知识管理。

知识可以分为两类：显性知识（Explicit Knowledge）和隐性知识（Tacit Knowledge）。（A 选项错误。）

隐性知识是指难以表达、隐含于过程和行动中的非结构化知识，是知窍（Know-how，技能知识）和知人（Know-who，人力知识）两方面的知识，具体表现为个人的技能、经验或诀窍、心智模式、解决问题的方式和组织惯例。

隐性知识的共享途径主要有：

- 创建学习型组织，充分发挥知识团队的作用。
- 构建项目组织内部的信任机制。
- 项目组织隐性知识的编码化。

- 设立知识主管，加强隐性知识的学习与共享。
- 项目组织内部建立限制知识垄断的机制。
- 通过利益驱动，促进隐性知识共享。
- 创建以人为本的组织文化。

学习型组织具有以下 8 个基本特征：

- 组织成员拥有一个共同的愿景。
- 组织由多个创造性个体组成。
- 善于不断学习。
- 扁平式结构。
- 自主管理。
- 组织的边界将被重新界定。
- 家庭与事业的平衡。
- 领导者的新角色。

综上所述，本题参考答案为 A 选项。

例题 6

试题答案：C

试题解析：本题考查显性知识与隐性知识的特征。

隐性知识具有不易保存、传递、掌握的特征。

隐性知识是指难以表达、隐含于过程和行动中的非结构化知识。

隐性知识共享的方法主要有编码化、面对面交流、人员轮换和网络。

综上所述，本题参考答案为 C 选项。

例题 7

试题答案：B

试题解析：本题考查组织通用管理中的市场营销。

主要的市场营销组合工具被称为市场营销的 4P：产品（Product）、定价（Price）、渠道（Place）和促销（Promotion）。

综上所述，本题参考答案为 B 选项。

例题 8

试题答案：C

试题解析：本题考查市场营销中的营销管理。

由于在营销计划的执行过程中会发生许多意想不到的情况，市场营销者必须进行持续的市场营销控制，即评价市场营销战略和计划的结果，并采取纠偏措施以确保既定目标的实现。

市场营销控制的步骤包括：①管理层首先要设定具体的营销目标；②衡量其市场业绩，找到造成预期业绩和实际业绩之间缺口的原因；③管理层采取纠偏措施缩小目标与实际业绩之间的差距，包括改变行动计划，或者改变目标本身。

综上所述，本题参考答案为C选项。

第 24 章
法律法规与标准规范

24.1 考点分析

根据考试大纲，本章要求考生掌握以下知识点：

- 信息系统相关活动经常涉及的一些法律法规包括：《中华人民共和国民法典》《中华人民共和国招标投标法》《中华人民共和国政府采购法》《中华人民共和国专利法》《中华人民共和国著作权法》《中华人民共和国商标法》《中华人民共和国网络安全法》《中华人民共和国数据安全法》。
- 系统与软件工程相关标准主要分为基础标准（主要包含 GB/T 11457《信息技术 软件工程术语》、GB/Z 31102《软件工程 软件工程知识体系指南》等标准）、生存周期管理标准（主要包含 GB/T 8566《信息技术 软件生存周期过程》、GB/T 22032《系统与软件工程 系统生存周期过程》等标准）以及质量与测试标准（主要包含 GB/T 25000《系统与软件工程 系统与软件质量要求和评价（SQuaRE）》等标准）。
- 新一代信息技术主要包括物联网、云计算、大数据、区块链、人工智能、虚拟现实、移动互联网等，针对物联网、云计算两个领域的重点标准需要熟悉标准编号、标准名称、主要内容及适用范围等。

这些知识点在考试中出现的频率和分值各有不同。本章不考案例，也不考论文，主要通过做题来了解基础概念即可，不需要深入理解。法律法规与标准规范历年考查知识点分布情况如表 24-1 所示。

表 24-1 法律法规与标准规范历年考查知识点分布情况

试　题	考查知识点
2023 年 5 月试题考 2 分	《中华人民共和国民法典》、GB/T 35301《信息技术 云计算 平台即服务（PaaS）参考架构》
2023 年 11 月试题考 1 分	信息化相关法律法规综合判断
2024 年 5 月第一批次试题考 3 分	《中华人民共和国专利法》、《中华人民共和国数据安全法》、信息技术服务标准体系
2024 年 5 月第二批次试题考 2 分	《中华人民共和国商标法》、信息技术服务标准体系

24.2 法律法规

例题 1

关于知识产权的描述，不正确的是（ ）。

A. 文字作品、口述作品、计算机软件、产品设计图都受知识产权保护

B. 商标是在商品及其包装上或服务标记上使用的由文字、图形、字母、数字、三维标志等构成的一种可视性标志

C. 带有欺骗性、容易使公众对商品的质量等特点或产地产生误认的标志不得作为商标使用

D. 著作权由组织享有的职务作品，其发表权的保护期截止于作品首次发表后第五十年的该作品发表日的前一日

例题 2

关于商标法，（ ）是不正确的。

A. 商标十年到期后，再续展有效期是五年

B. 商标在相当大的范围内被大众所熟知，如果商标持有人觉得被侵权，则可以申请驰名商标保护

C. 商标有效期到期前十二个月内需提交延期申请

D.《中华人民共和国商标法》于 2019 年 4 月修订

例题 3

关于数据安全法的描述，不正确的是（ ）。

A. 现行《中华人民共和国数据安全法》于 2021 年 9 月 1 日起正式施行

B. 数据安全法延续了网络安全法生效以来的“一轴两翼三级”的监管体系，通过多方共同参与实现各地方、各部门对工作集中收集和产生数据的安全管理

C. 数据安全法从数据安全与发展、数据安全制度、数据安全保护义务、政务数据安全与开放的角度，对数据安全保护的义务和相应的法律责任进行规定

D. 数据安全法是数据安全领域最高位阶的专门法，与网络安全法一起补充了《中华人民共和国国家安全法》框架下的安全治理法律体系

例题 4

在专利分类中，（ ）是指对产品、方法或者其改进所提出的新的技术方案；（ ）是指对产品的形状、构造或者其结合所提出的适于实用的新的技术方案。

A. 实用新型；发明

B. 实用新型；外观设计

C. 发明；外观设计　　D. 发明；实用新型

例题 5

（ ）is enforced in 2021.

A.The Civil Code of the people's Republic of China

B.The Tendering and Bidding Law of the people's Republic of China

C.Government Procurement Law of the people's Republic of China

D.The Personal Information Protection Law of the People's Republic of China

24.3 标准规范

例题 6

根据软件生存周期标准，验证确认过程属于（ ）。

A. 主要过程　　B. 支持过程　　C. 组织过程　　D. 改进过程

例题 7

在 GB/T 8566—2007《信息技术 软件生存周期过程》中，将软件生存周期分为获取过程、供应过程、开发过程、运作过程和（ ）。

A. 验收过程　　B. 维护过程　　C. 移植过程　　D. 退役过程

例题 8

（ ）适用于 PaaS 云计算系统的设计、实现、部署和使用。

A.GB/T 35301《信息技术 云计算 平台即服务（PaaS）参考架构》

B.GB/T 36327《信息技术 云计算 平台即服务（PaaS）应用程序管理要求》

C.GB/T 37739《信息技术 云计算 平台即服务部署要求》

D.GB/T 32399《信息技术 云计算 参考架构》

例题 9

（ ）标准适用于服务供方与需方确立服务内容和签署合同。

A.GB/T 33850《信息技术服务 质量评价指标体系》

B.GB/T 37696《信息技术服务 从业人员能力评价要求》

C.GB/T 37961《信息技术服务 服务基本要求》

D.GB/T 39770《信息技术服务 服务安全要求》

例题 10

国家标准（ ）为信息技术服务体系的建立提供了范围基础。

A.《信息技术服务 从业人员能力评价要求》

B.《信息技术服务 服务安全要求》

C.《信息技术服务 服务基本要求》

D.《信息技术服务 分类与代码》

24.4 答案与解析

例题 1

试题答案：D

试题解析：本题考查著作权的相关知识。

著作权属于单位。发表权、使用权和获得报酬权的保护期为五十年（截止于作品首次发表后第五十年的 12 月 31 日）；五十年内未发表的，不予保护。但单位变更、终止后，著作权由承受其权利义务的单位享有。

综上所述，本题参考答案为 D 选项。

例题 2

试题答案：A

试题解析：本题考查法律法规知识。

注册商标的有效期为十年，自核准注册之日起计算。注册商标有效期满，需要继续使用的，商标注册人应当在期满前十二个月内按照规定办理续展手续；在此期间未能办理的，可以给予六个月的宽展期。期满未办理续展手续的，注销其注册商标。每次续展注册的有效期为十年。

综上所述，本题参考答案为 A 选项。

例题 3

试题答案：B

试题解析：本题考查《中华人民共和国数据安全法》。

《中华人民共和国数据安全法》（以下简称“数据安全法”）于 2021 年 9 月 1 日起正式施行。（A 选项正确。）

数据安全法从数据安全与发展、数据安全制度、数据安全保护义务、政务数据安全与开放的角度，对数据安全保护的义务和相应的法律责任进行规定。（C 选项正确。）

数据安全法作为数据安全领域最高位阶的专门法，与《中华人民共和国网络安全法》（以下简称“网络安全法”）一起补充了《中华人民共和国国家安全法》框架下的安全治理法律体系，更全面地提供了国家安全在各行业、各领域保障的法律依据。（D 选项正确。）

同时，数据安全法延续了网络安全法生效以来的“一轴两翼多级”的监管体系，通过多方共同参与实现各地方、各部门对工作集中收集和产生数据的安全管理。（B 选项错误。）

综上所述，本题参考答案为 B 选项。

例题 4

试题答案：D

试题解析：本题考查《中华人民共和国专利法》。

2020 年 10 月 17 日第四次修正的《中华人民共和国专利法》（以下简称“专利法”）通过，并于 2021 年 6 月 1 日正式实施。专利法规定，发明创造是指发明、实用新型和外观设计。发明是指对产品、方法或者其改进所提出的新的技术方案。实用新型是指对产品的形状、构造或者其结合所提出的适于实用的新的技术方案。外观设计是指对产品的整体或局部的形状、图案或者其结合以及色彩与形状、图案的结合所做出的富有美感并适于工业应用的新设计。

综上所述，本题参考答案为 D 选项。

例题 5

试题答案：D

试题解析：本题考查法律实施年份。

本题翻译如下：

（ ）是在 2021 年实施的。

A.《中华人民共和国民法典》

B.《中华人民共和国招标投标法》

C.《中华人民共和国政府采购法》

D.《中华人民共和国个人信息保护法》

这是一道关于识别特定法律实施年份的问题。确定哪部法律是在 2021 年实施的。

《中华人民共和国民法典》，这部法律于 2020 年 5 月 28 日通过，自 2021 年 1 月 1 日起施行。题目要求的是“在 2021 年实施”，而此法律实际上是在 2020 年通过，2021 年开始生效的，不完全符合题目要求的“实施”时间点。

《中华人民共和国招标投标法》，这部法律并不是在 2021 年实施的或进行了重大修订，因此可以排除。

《中华人民共和国政府采购法》，这部法律也不是在 2021 年实施的或进行了重要更新，不符合题目要求。

《中华人民共和国个人信息保护法》，这部法律于 2021 年 8 月 20 日通过，并自 2021 年 11 月 1 日起施行。它完全符合题目中“在 2021 年实施”的要求。

综上所述，本题参考答案为 D 选项。

例题 6

试题答案：B

试题解析：本题考查标准规范《信息技术 软件生存周期过程》（GB/T 8566—2007）。

过 程 名		主要活动和任务描述
主要过程	获取过程	定义、分析需求或委托供方进行需求分析后认可；招标准备；合同准备及验收
	供应过程	评审需求；准备投标；签订合同；制订并实施项目计划；开展评审及评价；交付产品
	开发过程	过程实施；系统需求分析；系统结构设计；软件需求分析；软件结构设计；软件详细设计；软件编码和测试；软件集成；软件合格测试；系统集成；系统合格测试；软件安装及软件验收支持
	运作过程	过程实施（制订并实施运行计划）；运行测试；系统运行；对用户提供帮助和咨询
	维护过程	问题和变更分析；实施变更；维护评审及维护验收；软件移植及软件退役
支持过程	文档编制过程	设计文档编制标准；确认文档输入数据的来源和适宜性；文档的评审及编辑；文档发布前的批准；文档的生产与提交、存储和控制；文档的维护
	配置管理过程	配置标志；配置控制；记录配置状态；评价配置；发行管理与交付
	质量保证过程	软件产品的质量保证；软件过程的质量保证；按 ISO 9000 标准实施的质量体系保证
	验证过程	验证合同、过程、需求、设计、编码、集成和文档等
	确认过程	为分析测试结果实施特定的测试；确认软件产品的用途；测试软件产品的适用性
	联合评审过程	实施项目管理评审（评价项目计划、进度、标准、指南等）；技术评审（评审软件产品的完整性、标准符合性等）
	审核过程	审核项目是否符合需求、计划、合同，以及规格说明和标准
	问题解决过程	分析和解决开发、运行、维护或其他过程中出现的问题，提出响应对策，使问题得到解决
	易用性过程	过程实施、以人为本的设计（HCD）、策略、推广和各方面的人为因素

续表

过程名		主要活动和任务描述
组织过程	管理过程	制订计划；监控计划的实施；评价计划的实施；涉及有关过程的产品管理、项目管理和任务管理
	基础设施过程	为其他过程所需的硬件、软件、工具、技术、标准，以及开发、运行或维护所用的各种基础设施建立和维护服务
	改进过程	对整个软件生存周期过程进行评估、度量、控制和改进
	人力资源过程	过程实施；定义培训需求；补充合格的员工；评价员工绩效；建立项目团队需求；知识管理
	资产管理过程	过程实施；资产存储和检索定义；资产管理和控制
	重用大纲管理	启动、领域标识；重用评估、策划、执行和控制、评审和评价过程
	领域工程过程	过程实施；领域分析；领域设计；资产供应；资产维护

综上所述，本题参考答案为 B 选项。

例题 7

试题答案：B

试题解析：本题考查标准规范——生存周期管理标准。

软件生存周期的主要过程有：获取过程、供应过程、开发过程、运作过程和维护过程。

综上所述，本题参考答案为 B 选项。

例题 8

试题答案：A

试题解析：本题考查云计算相关标准。

现行主要云计算相关标准

标准编号	标准名称	主要内容	适用范围	类别
GB/T 32400	《信息技术 云计算 概览与词汇》	该标准给出了云计算概览、云计算相关术语及定义。该标准为云计算标准提供了术语基础	该标准适用于各类组织（如企业、政府机关和非营利性组织）	国家标准
GB/T 32399	《信息技术 云计算 参考架构》	该标准规定了云计算参考架构（CCRA），包括云计算角色、云计算活动、云计算功能组件，以及它们之间的关系	该标准适用于云计算架构参考使用	国家标准
GB/T 35301	《信息技术 云计算 平台即服务（PaaS）参考架构》	该标准规定了平台即服务（PaaS）参考架构的术语定义和缩略语、图例说明、PaaS 参考架构概念、PaaS 用户视图和功能视图	该标准适用于 PaaS 云计算系统的设计、实现、部署和使用	国家标准

续表

标准编号	标准名称	主要内容	适用范围	类 别
GB/T 35293	《信息技术 云计算 虚拟机管理通用要求》	该标准规定了虚拟机的基本管理，以及虚拟机的生命周期、配置与调度、监控与告警、可用性和可靠性、安全性等管理通用技术要求	该标准适用于虚拟机相关产品的设计、开发、测评、使用等	国家标准
GB/T 36327	《信息技术 云计算 平台即服务（PaaS）应用程序管理要求》	该标准提出了平台即服务（PaaS）应用程序的管理流程，并规定了 PaaS 应用程序的一般要求与管理要求	该标准适用于与 PaaS 应用程序管理相关的 PaaS 提供者的服务供应、PaaS 客户使用云平台服务部署运行应用程序，以及 PaaS 协作者基于 PaaS 应用程序管理的功能提供第三方服务的场景	国家标准
GB/T 36326	《信息技术 云计算 云服务运营通用要求》	该标准给出了云服务总体描述，规定了云服务提供者在人员、流程、技术及资源方面应具备的条件和能力	该标准适用于：①云服务提供者向云服务开发者提出需求的依据；②云服务提供者评估自身的条件和能力；③云服务客户选择和评价云服务提供者；④第三方评估云服务提供者的能力	国家标准
GB/T 36325	《信息技术 云计算 云服务级别协议基本要求》	该标准给出了云服务级别协议的构成要素，明确了云服务级别协议的管理要求，并提供了云服务级别协议中的常用指标	该标准适用于：①为云服务提供者和云服务客户建立云服务级别协议提供指导；②为客户对提供者交付的云服务进行考评提供参考依据；③为第三方进行云服务级别协议评估提供参考依据	国家标准
GB/T 36623	《信息技术 云计算 文件服务应用接口》	该标准规定了文件服务应用接口的基本要求和扩展要求，并针对 HTTP 1.1 协议给出了实现例子	该标准适用于基于文件的云服务应用的开发、测试和使用	国家标准
GB/T 37741	《信息技术 云计算 云服务交付要求》	该标准规定了云服务交付的方式、内容、过程、质量及管理要求	该标准适用于：① CSP 评估和改进自身的交付能力；② CSC 及第三方机构评价和认定 CSP 的交付能力	国家标准
GB/T 37740	《信息技术 云计算 云平台间应用和数据迁移指南》	该标准规定了不同云平台间应用和数据迁移过程中迁移准备、迁移设计、迁移实施和迁移交付的具体内容	该标准适用于指导迁移实施方与迁移发起方开展应用和数据迁移活动	国家标准
GB/T 37737	《信息技术 云计算 分布式块存储系统总体技术要求》	该标准规定了分布式块存储系统的资源管理功能要求、系统管理功能要求、可扩展要求、兼容性要求和安全性要求	该标准适用于分布式块存储系统的研发和应用	国家标准
GB/T 37739	《信息技术 云计算 平台即服务部署要求》	该标准规定了云计算平台即服务（PaaS）部署过程中的活动及任务	该标准适用于平台即服务提供方进行平台即服务的部署规划、实施和评估	国家标准
GB/T 37736	《信息技术 云计算 云资源监控通用要求》	该标准规定了对云资源进行监控的技术要求和管理要求	该标准适用于云服务提供者建立云资源监控能力，以及云服务客户评价云资源的运行情况	国家标准

续表

标准编号	标准名称	主要内容	适用范围	类别
GB/T 37734	《信息技术 云计算 云服务采购指南》	该标准规定了云服务采购流程、云服务采购需求分析、云服务提供商选择、协议 / 合同签订和服务交付与验收的基本要求	该标准适用于云服务客户和云服务提供者，用于指导云服务客户采购云服务	国家标准
GB/T 37738	《信息技术 云计算 云服务质量评价指标》	该标准规定了云服务质量的评价指标	该标准适用于为云服务提供商评价自身云服务质量提供方法、为云服务客户选择云服务提供商提供依据和为第三方实施云服务质量评价提供参考	国家标准
GB/T 37735	《信息技术 云计算 云服务计量指标》	该标准规定了不同类型云服务的计量指标和计量单位	该标准适用于各类云服务的提供、采购、审计和监管	国家标准
GB/T 37732	《信息技术 云计算 云存储系统服务接口功能》	该标准规定了云存储系统提供的块存储、文件存储、对象存储等存储服务和运维服务接口的功能	该标准适用于指导云存储系统的研发、评估和应用	国家标准
GB/T 40690	《信息技术 云计算 云际计算参考架构》	该标准规定了云际计算参考架构的功能、角色与活动	该标准适用于云际计算架构的设计、实现、部署和使用，也适用于具有云际资源协作需求的各类云服务参与者	国家标准
YD/T 3148	《云计算安全框架》	该标准分析了云计算环境中云服务客户、云服务提供商、云服务伙伴面临的安全威胁和挑战，阐明了可减缓这些风险和应对安全挑战的安全能力	该标准提供的框架方法用于确定在减缓云计算安全威胁和应对安全挑战方面，需要对其中哪些安全能力做出具体规范。该标准适用于云计算	行业标准
YD/T 2806	《云计算基础设施即服务（IaaS）功能要求与架构》	该标准规定了云计算基础设施即服务（IaaS）的服务种类与服务模式、功能架构及功能需求、接口及安全要求，以及关键业务流程	该标准适用于云计算基础设施即服务	行业标准

由此可知，GB/T 35301《信息技术 云计算 平台即服务（PaaS）参考架构》适用于PaaS云计算系统的设计、实现、部署和使用。因此，本题参考答案为A选项。

例题 9

试题答案：C

试题解析：本题考查信息技术服务标准。

现行主要信息技术服务通用标准

标准编号	标准名称	主要内容	适用范围	类别
GB/T 29264	《信息技术服务分类与代码》	该标准规定了信息技术服务的分类与代码，是信息技术服务分类、管理和编目的准则，为信息技术服务体系的建立提供了范围基础	该标准适用于信息技术服务的信息管理及信息交换，供科研、规划等工作使用	国家标准

续表

标准编号	标准名称	主要内容	适用范围	类别
GB/T 33850	《信息技术服务质量评价指标体系》	该标准建立了信息技术服务质量模型，规定了信息技术服务质量评价指标、测量方法及质量评价过程等	该标准适用于对信息技术服务质量进行评价	国家标准
GB/T 37696	《信息技术服务从业人员能力评价要求》	该标准规定了信息技术服务从业人员的职业种类、能力要素等级和评价方法	该标准适用于信息技术服务从业人员的能力评价与培养	国家标准
GB/T 37961	《信息技术服务服务基本要求》	该标准规定了信息技术服务中服务过程基本要求、信息技术咨询、设计与开发、信息系统集成实施、运行维护、数据处理和存储、运营等服务的活动内容和成果要求	该标准适用于服务供方与需方确立服务内容和签署合同	国家标准
GB/T 39770	《信息技术服务服务安全要求》	该标准提出了信息技术服务安全模型，规定了安全总则、生存周期和能力要素的安全要求	该标准适用于信息技术服务提供方、服务需求方和第三方	国家标准
SJ/T 11691	《信息技术服务服务级别协议指南》	该标准给出了信息技术服务级别协议的各项要素，并提出了针对服务级别协议的管理流程	该标准适用于为建立、管理并评价一致的、全面的、可量化的服务级别协议提供指南	行业标准
T/CESA 1154	《信息技术服务从业人员能力评价指南设计与开发服务》	该标准规定了信息技术服务设计与开发专业从业人员的职责要求、职业序列及等级、各职责等级的准入条件和职业能力要求	该标准适用于提供相关专业信息技术服务的企业及有关组织进行从业人员的能力管理、能力评价和技能培训等	团体标准
T/CESA 1155	《信息技术服务从业人员能力评价指南集成实施服务》	该标准规定了信息技术服务集成实施专业从业人员的职责要求、职责序列及等级、各职责等级的准入条件和职业能力要求	该标准适用于提供相关专业信息技术服务的企业及有关组织进行从业人员的能力管理、能力评价和技能培训等	团体标准
T/CESA 1156	《信息技术服务从业人员能力评价指南运行维护服务》	该标准规定了信息技术服务运行维护专业从业人员的职责要求、职责序列及等级、各职责等级的准入条件和职业能力要求	该标准适用于提供相关专业信息技术服务的企业及有关组织进行从业人员的能力管理、能力评价和技能培训等	团体标准
T/CESA 1157	《信息技术服务从业人员能力评价指南云计算服务》	该标准规定了信息技术服务云计算从业人员的职责要求、职责序列及等级、各职责等级的准入条件和职业能力要求	该标准适用于提供相关专业信息技术服务的企业及有关组织进行从业人员的能力管理、能力评价和技能培训等	团体标准
T/CESA 1158	《信息技术服务从业人员能力评价指南信息安全服务》	该标准规定了信息技术服务信息安全专业从业人员的职责要求、职责序列及等级、各职责等级的准入条件和职业能力要求	该标准适用于提供相关专业信息技术服务的企业及有关组织进行从业人员的能力管理、能力评价和技能培训等	团体标准

综上所述，本题参考答案为 C 选项。

例题 10

试题答案：D

试题解析：本题考查信息技术服务标准。

《信息技术服务 从业人员能力评价要求》，该标准规定了信息技术服务从业人员的职业种类、能力要素等级和评价方法。

《信息技术服务 服务安全要求》，该标准提出了信息技术服务安全模型，规定了安全总则、生存周期和能力要素的安全要求。

《信息技术服务 服务基本要求》，该标准规定了信息技术服务中服务过程基本要求、信息技术咨询、设计与开发、信息系统集成实施、运行维护、数据处理和存储、运营等服务的活动内容和成果要求。

《信息技术服务 分类与代码》，该标准规定了信息技术服务的分类与代码，是信息技术服务分类、管理和编目的准则，为信息技术服务体系的建立提供了范围基础。（D 选项正确。）

综上所述，本题参考答案为 D 选项。

第 25 章
案例分析

25.1 考点分析

根据考试大纲，项目管理案例考试的出题范围主要分为两大部分。

理论部分：

- 项目管理知识体系：包括项目的整合管理、范围管理、进度管理、成本管理、质量管理、资源管理、沟通管理、风险管理、采购管理、配置与变更管理。
- 项目管理八大绩效域：包括干系人绩效域、团队绩效域、开发方法和生命周期绩效域、规划绩效域、项目工作绩效域、交付绩效域、度量绩效域、不确定性绩效域。
- 高级项目管理：包括项目集管理、项目组合管理、组织级项目管理和量化项目管理。
- 综合知识：包括信息系统治理、信息系统管理、信息系统工程。

计算部分：主要考查进度管理和成本管理的相关计算。

但是，从考试的实际情况来看，所考查的内容全部集中在项目管理的十大知识域。

案例分析历年考查知识点分布情况如表 25-1 所示。

表 25-1 案例分析历年考查知识点分布情况

试　题	考查知识点
2019 年 11 月试题	质量管理、资源管理、成本管理
2020 年 11 月试题	范围管理、配置管理、成本管理
2021 年 5 月试题	干系人管理、风险管理、进度管理
2021 年 11 月试题	范围管理、配置管理、进度与成本综合
2022 年 5 月试题	范围管理、风险管理、进度与成本综合
2022 年 11 月试题	沟通管理、配置管理、进度与成本综合
2023 年 5 月试题	信息系统工程、资源管理、进度与成本综合
2023 年 11 月第一批次试题	干系人管理、采购管理、进度与成本综合

续表

试　题	考查知识点
2023 年 11 月第二批次试题	干系人管理、采购管理、进度与成本综合
2023 年 11 月第三批次试题	绩效域、采购管理、进度与成本综合
2023 年 11 月第四批次试题	干系人管理、风险管理、进度与成本综合
2024 年 5 月第一批次试题	质量管理、采购管理、进度管理
2024 年 5 月第二批次试题	范围管理、整合管理、成本管理

25.2 试题精解

整合管理

案例试题

某海关拟建设电子人工智能平台，采用光学字符识别（OCR）技术，将多语种报关单、身份证件等文件转为电子文档，以提高报关效率。

项目由小张任项目经理，小张初步分析项目需求后，与发起人共同制定了项目章程，章程内容包括：项目目的、项目目标（60 天内提高报关效率）、项目描述、项目边界定义、项目退出标准、拟申请的财务资源、关键用户名单、项目审批要求、项目经理签名、发起人和批准人签名。项目章程获得批准，小张组建了项目团队。

电子人工智能平台的建设主要包括 6 个工作模块，其内容和特点如下。

（1）平台硬件交付：包括人工智能服务器、网络、高拍仪等的采购、搭建、测试等，需求明确，建设方法成熟，要求在训练数据到位前交付。

（2）数据采集和标注：要求数据小组一次性交付 50 万张报关单及身份证件图片、标注结果。

（3）OCR 模型调试：要求数据小组多次调试并交付模型，精度不断提高，直到实现关务部门认可的效果和性能。

（4）OCR 算法开发：创新程度高，团队没有同类项目开发经验，需要 3 天更新一次，确保开发方向正确。

（5）前端界面开发：需要展示界面风格，向关务部门多次演示操作步骤，尝试用各种选项澄清范围和需求，最后完成可接受的全部功能。

（6）平台操作测试：平台边研发边上线，完成一个功能模块，就需要向相关人员提供一次操作或维护培训，在最后一次培训结束后才算完成全部工作。

在进行项目验收时，海关技术负责人、关务部门代表首次受邀参与项目，他们在验收评审会上指出了诸多问题，包括平台关键功能不完整、项目计划不合理、算法精度差、识别速度慢等，表示不认可交付成果。

【问题 1】

请结合项目案例，指出项目章程的内容存在哪些缺陷。

【问题 2】

请结合项目案例，帮助小张为 6 个工作模块选择最适合的开发方法。

A. 预测型方法　B. 迭代型方法　C. 增量型方法　D. 敏捷型方法

（1）平台硬件交付。（ ）

（2）数据采集和标注。（ ）

（3）OCR 模型调试。（ ）

（4）OCR 算法开发。（ ）

（5）前端界面开发。（ ）

（6）平台操作测试。（ ）

【问题 3】

（1）请结合项目案例，指出小张应让相关干系人参与哪些项目工作，以避免验收阶段出现问题。

（2）有效执行干系人绩效域可以实现哪些预期目标？

【问题 4】

请结合项目案例，判断下列说法的正误（填写在对应栏内，正确的填写“√”，错误的填写“×”）。

（1）变更请求必须经过 CCB 的审批。（ ）

（2）CCB 应负责提出合理、可执行的变更方案。（ ）

（3）CCB 由主要干系人共同组成，包括用户单位的相关人员。（ ）

（4）批准的变更请求不应导致项目管理计划的变更。（ ）

（5）CCB 是项目的所有者权益代表。（ ）

（6）CCB 是作业机构，不是决策机构。（ ）

试题答案

【问题 1】

项目章程中缺少的内容有：

- 可测量的项目目标和相关的成功标准。
- 整体项目风险。
- 总体里程碑进度计划。

- 项目经理的职责和职权。
- 发起人的职权。

【问题 2】

（1）A；（2）A；（3）B；（4）D；（5）B；（6）C

【问题 3】

（1）为了避免在验收阶段出现问题，小张应让相关干系人（如海关技术负责人和关务部门代表）参与以下项目工作：

- 需求分析和确认。
- 项目章程和计划的制订。
- 平台硬件交付。
- 数据采集和标注。
- OCR 模型调试。
- OCR 算法开发。
- 前端界面开发。
- 平台操作测试。

（2）有效执行干系人绩效域可以实现的预期目标如下：

- 与干系人建立高效的工作关系。
- 干系人认同项目目标。
- 支持项目的干系人提高了满意度，并从中收益。
- 反对项目的干系人没有对项目产生负面影响。

【问题 4】

（1）×；（2）×；（3）√；（4）×；（5）√；（6）×

范围管理

案例试题

某集团公司希望对总部现有的信息系统进行升级改造，升级后的系统能够收集整合子公司的各类数据，实现总部对全集团人力资源、采购、销售信息的掌握、分析与预测。

小王担任项目经理，项目交付期为 60 天。小王研究了总部提出的需求后，认为项目核心在于各子公司的数据收集、数据可视化及数据分析预测功能。对各子公司的数据收集，可以以总部现有系统中的数据格式模板为基础，为各子公司建立数据上传接口。针对数据的分析与预测功能，由于涉及人工智能等相关算法，目前项目组还不具备相关方面的知识储备，因此项目组对该模块功能直接外包。小王将数据收集与数据可视化工作进行了 WBS 分解，WBS 的部分内容如下：

工作编号	工作任务	工　期	负 责 人
……	……	……	……
2	系统设计	20 天	王工
3	程序编制	30 天	任工
……	……	……	……
3.2.1	人力资源模拟编码	25 天	孙工
3.2.2	采购模块编码	20 天	赵工
3.2.3	销售模块编码	20 天	赵工
……	……	……	……
4	系统测试与验收	5 天	张工、李工
……	……	……	……

此外，虽然总部没有提出修改界面，但小王认为旧版的软件界面不够美观，于是让软件研发团队重新设计并更改了软件界面。

在试运行阶段，总部人员试用后，认为已经熟悉旧版的操作模式，对新版界面的布局极其不适应；各子公司的数据报送人员，认为数据上报的字段内容与自己公司的业务并不相关，填写困难。总部和各子公司的试用人员大部分认为新系统不是很好用。

【问题 1】（12 分）

（1）请结合案例，简要分析该项目经理在 WBS 分解中存在的问题。

（2）写出在进行 WBS 分解时，需要注意的事项。

【问题 2】（8 分）

请结合案例，指出除 WBS 分解的问题外，项目在范围管理中还存在哪些问题。

【问题 3】（3 分）

请描述项目范围说明书的内容。

【问题 4】（2 分）

请将下面（1）~（4）处的答案填写在对应栏内。

项目范围是否完成要以（1）来衡量，包括（2）、（3）、（4）。

试题答案

【问题 1】

（1）该项目经理在 WBS 分解中存在的问题包括：

- WBS 中未包含外包，应包含外包及管理所有的活动。

- WBS 中赵工负责两个核心模块，而且每个模块的工期都为 20 天，总工期才 60 天，有可能导致精力不足，影响工程进度。
- WBS 的系统测试与验收任务由两个人负责，违背了只由一个人负责的原则。
- 测试时间只预留了 5 天，时间太短。

（2）在进行 WBS 分解时，需要注意的事项如下：

- WBS 必须是面向可交付成果的。
- WBS 必须符合项目的范围。WBS 必须包括也仅包括为了完成项目的可交付成果所进行的活动。100% 原则（包含原则）认为，在 WBS 中，所有下一级的元素之和必须 100% 代表上一级的元素。如果 WBS 没有覆盖全部的项目可交付成果，那么最后提交的产品或服务是无法让用户满意的。
- WBS 的底层应该支持计划和控制。
- WBS 中的元素必须有人负责，而且只由一个人负责，尽管实际上可能需要多个人参与。
- WBS 应作为指导而不是原则。WBS 应控制在 4~6 层。
- WBS 应包括项目管理工作（因为管理是项目具体工作的一部分），也要包括分包出去的工作。
- WBS 的编制需要所有（主要）项目干系人的参与，需要项目团队成员的参与。
- WBS 并不是一成不变的。在完成了 WBS 之后的工作中，仍然有可能需要对 WBS 进行修改。

【问题 2】

项目在范围管理中还存在如下问题：

- 以总部现有系统中的数据格式模板为基础，需求调研不充分。
- 不应该由小王决定更改界面，需要走变更流程。
- 更改界面不属于项目范围说明书的内容，属于镀金。
- 详细的项目范围说明书及 WBS 缺少专家评审环节。

【问题 3】

项目范围说明书的内容包括：

- 产品范围描述。
- 产品验收标准。
- 项目可交付成果。
- 项目的除外责任。
- 项目的制约因素。
- 项目的假设条件。

【问题 4】

（1）范围基准；（2）项目范围说明书；（3）WBS；（4）WBS 词典

进度管理

案例试题

某项目的网络图如下所示：

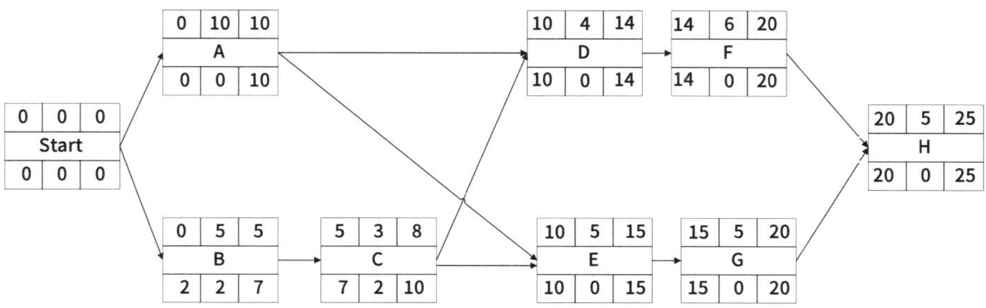

其中，各活动的正常完工时间、正常完工的直接成本、最短完工时间、赶工增加的直接成本如下表所示。另外，项目的间接成本为 500 元 / 天。

活 动	正常完工时间 / 天	正常完工的直接成本 / 百元	最短完工时间 / 天	赶工增加的直接成本 /（百元 / 天）
A	10	30	7	4
B	5	10	4	2
C	3	15	2	2
D	4	20	3	3
E	5	25	3	3
F	6	32	3	5
G	5	8	2	1
H	5	9	4	4
合 计		149		

【问题 1】（4 分）

请确定项目的关键路径。

【问题 2】（3 分）

根据网络图确定项目正常完工的工期是多少天？所需成本是多少？

【问题 3】（3 分）

讨论下列事件对计划项目进度的影响：

（1）活动 D 拖期 2 天。

（2）活动 B 拖期 2 天。

（3）活动 F 和活动 G 在规定进度的前 1 天完成。

【问题 4】（7 分）

项目想提前 1 天完工，基于成本最优原则，可以对哪些活动赶工？赶工后的项目成本是多少？

【问题 5】（8 分）

请基于项目整体成本最优原则，列出需要赶工的活动及其工期。

基于以上结果，确定赶工后的项目工期及所需成本。

试题答案

【问题 1】

项目的关键路径为 ADFH 和 AEGH。

【问题 2】

工期是 25 天。

所需成本是 25×500+14900=27400（元）。

【问题 3】

（1）进度将落后 2 天。理由：活动 D 在关键路径上。

（2）没有影响。理由：活动 B 的总时差为 2 天。

（3）进度将提前 1 天。理由：两条关键路径同时压缩 1 天，工期缩短 1 天。

【问题 4】

方案 1：可以对活动 D 和活动 G 各赶工 1 天。增加直接成本 400 元。

方案 2：可以对活动 H 赶工 1 天。增加直接成本 400 元。

方案 3：可以对活动 A 赶工 1 天。增加直接成本 400 元。

因此，可以对活动 A、D、G、H 赶工。

赶工后的项目成本是 500×24+14900+400=27300（元）。

【问题 5】

需要赶工的活动：

活动 D 赶工 1 天，压缩后活动 D 的工期为 3 天。

活动 G 赶工 1 天，压缩后活动 G 的工期为 4 天。

活动 H 赶工 1 天，压缩后活动 H 的工期为 4 天。

活动 A 赶工 2 天；压缩后活动 A 的工期为 8 天。

赶工后的项目工期为 21 天。

所需成本为 500×21+14900+1600=27000（元）。

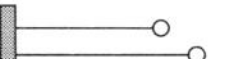

成本管理

案例试题

某项目计划工期为 10 个月，预算为 210 万元，第 7 个月结束时，项目经理进行了绩效评估，发现实际完成了总计划进度的 70%。项目的实际数据如下表所示：

月　份	PV / 万元	AC / 万元
1	30	35
2	50	55
3	70	80
4	90	95
5	110	120
6	130	140
7	150	145
8	170	
9	190	
10	210	

【问题 1】

根据项目数据表，可以确定（1）月份的实际花费最低，仅为（2）万元。

【问题 2】

计算项目第 7 个月底时 EV、CV、SV 的值。

【问题 3】

评估项目第 7 个月底时的绩效，并给出改进措施。

【问题 4】

如果在第 7 个月结束时，找到了影响绩效的原因并纠正了项目偏差，请计算 ETC 和 EAC。

试题答案

【问题 1】

（1）7；（2）5

【问题 2】

PV ＝ 150 万元，AC ＝ 145 万元

EV ＝ 210×70% ＝ 147（万元）

CV ＝ EV–AC ＝ 147–145 ＝ 2（万元）

SV ＝ EV–PV ＝ 147–150 ＝ –3（万元）

【问题 3】

CV>0，SV<0，成本节约，进度落后。

改进措施如下：

- 赶工，投入更多的资源或增加工作时间，以缩短关键活动的工期。
- 快速跟进，并行施工，以缩短关键路径的长度。
- 使用高素质的资源经验更丰富的人员。
- 经过甲方同意，减少活动范围或降低活动要求。
- 改进方法或技术，以提高生产效率。
- 加强质量管理，及时发现问题，减少返工，从而缩短工期。

【问题 4】

ETC ＝ BAC–EV ＝ 210–147 ＝ 63（万元）

EAC ＝ AC+ETC ＝ 145+63 ＝ 208（万元）

质量管理

案例试题

某金融机构信息化建设项目共有 100 多个，而质量管理部门仅有 5 名质量工程师。为了提升交付质量，质量管理部门决定引入外部力量协助开展质量管理工作，组建多层级质量管理体系，并委任部门具有丰富质量管理经验的张工负责此项工作。

考虑到组织信息化建设项目的体量，张工通过招标方式引入了第三方 QA 团队共计 20 人，负责项目级 QA 工作，并根据项目的重要程度，为每个项目配备 QA 人员负责项目的质量；质量管理部门的 5 名质量工程师则担任组织级 QA，对项目级 QA 进行监督检查，期望以此来保证项目级 QA 工作的客观性和有效性。

张工建立了标准的质量检查单，要求各项目级 QA 根据标准的质量检查单制订项目级的质量保证工作计划及检查单，并按照计划和检查单执行质量管理工作，同时要求组织级 QA 对项目级 QA 进行检查。

新的质量制度执行 3 个月后，项目经理纷纷向张工反馈：项目具有各方面的特殊性，项目质量检查单并不完全适用，有些检查项在项目工作中并没有涉及，而上级审计机构及客户要求的部分特定交付成果却不在检查单中，难以起到质量审计的作用。同时，组织管理层要求质量管理部门出具质量工作阶段报告，而张工发现当前并没有明确的度量指标能够对各项目团队的质量情况进行评价，对各项目级 QA 的工作也无法客观评价。

组织级 QA 向张工反馈：项目级 QA 工作不积极，不主动向组织级 QA 提交工作报告。

由于项目数量较多，难以检查到项目级 QA 的每个工作细节，组织级 QA 只能根据经验随机挑选一部分认为重要的环节进行检查，检查结果并不客观。

【问题 1】（12 分）

请结合案例，从质量管理和沟通管理的角度指出存在的问题。

【问题 2】（4 分）

项目质量管理包括（1）、（2）、（3）三个主要过程。依据质量数据采集、数据分析和数据表现出具质量报告属于（4）过程的工作。

【问题 3】（3 分）

请结合案例，填写合适的沟通方法。

（1）质量管理部门向高级管理层通过电子邮件汇报质量工作情况属于（ ）。

（2）组织级 QA 从项目管理平台获取项目质量管理工作信息属于（ ）。

（3）项目级 QA 与组织级 QA 之间的沟通方法适合采用（ ）。

【问题 4】（6 分）

为了解决当前的沟通问题，张工制订了项目级 QA 和组织级 QA 的沟通计划，计划中明确了汇报步骤、上报方式（通过电子邮件或会议）、上报频率。请帮助张工补充沟通管理计划中缺少的内容。

试题答案

【问题 1】

从质量管理和沟通管理的角度来看，存在的问题如下：

- 没有制订质量管理计划。
- 缺乏质量标准和质量规范，如“没有明确的度量指标能够对各项目团队的质量情况进行评价”。
- 管理质量缺少必要的评审环节，如“检查单并不完全适用，有些检查项在项目工作中并没有涉及”。
- 在管理沟通中没有做好质量审计工作。
- 控制质量存在问题，没有使用合适的质量管理工具，如“组织级 QA 只能根据经验随机挑选一部分认为重要的环节进行检查，检查结果并不客观”。
- 没有制订沟通管理计划。
- 没有建立信息发布、收集规则，如“不主动向组织级 QA 提交工作报告”。
- 监督沟通存在问题，如“难以检查到项目级 QA 的每个工作细节”。
- 项目缺乏阶段沟通，对于沟通没有书面记录。

【问题 2】

（1）规划质量管理；（2）管理质量；（3）控制质量；（4）管理质量

【问题 3】

（1）推式沟通；（2）拉式沟通；（3）互动沟通

【问题 4】

补充沟通管理计划中缺少的内容如下：

- 干系人的沟通需求。
- 需沟通的信息，包括语言、形式、内容和详细程度。
- 发布信息的原因。
- 负责沟通相关信息的人员。
- 负责授权保密信息发布的人员。
- 接收信息的人员或群体，包括他们的需要、需求和期望。
- 用于传递信息的方法或技术，如备忘录、电子邮件、新闻稿或社交媒体。
- 为沟通活动分配的资源，包括时间和预算。
- 随着项目的进展（如在项目不同阶段干系人社区的变化）而更新与优化沟通管理计划的方法。
- 通用术语表。
- 项目信息流向图、工作流程（可能包含审批程序）、报告清单和会议计划等。
- 来自法律法规、技术、组织政策等的制约因素等。

资源管理

案例试题

某市为了实现空气质量的精细化治理，规划了智慧环保项目。该项目涉及网格化监测、应急管理、执法系统等多个子系统。作为总集成商，A 公司非常重视此项目，委派李经理任项目经理，对公司研发部门与项目相关的各产品线研发人员及十余家供应商进行统筹管理。李经理明确了关键时间节点，在识别出项目干系人为客户和供应商后，开始了项目建设工作。

在项目建设 5 个月后，公司高层希望了解项目情况，要求李经理进行阶段性汇报。李经理对各方面的工作进展进行汇总，发现三个问题：

一是原本该到位的服务器、交换机，采购部门迟迟没有采购到位，部分研发完成的功能无法被部署到客户现场与客户进行演示确认。

二是 S 公司作为 A 公司的供应商，承担空气质量监测核心算法工作，一直与客户方直接对接，其进度已经不受李经理的掌控；S 公司作为核心算法国内唯一权威团队，可以确保算法工作按期交付，因此其认为不需要向李经理汇报工作进展情况。

三是公司研发部门负责人因其他项目交付的紧迫性更高，从该项目抽调两名研发人员张工、王工，项目目前研发人员的空缺需要后续补充。

李经理忧心忡忡，向公司高层汇报完项目进展情况后，公司政策研究院的相关领导表示国家在环境执法方面的法律法规本月初已经进行了较大改版，与项目相关子系统会有关联；营销副总裁听完汇报后表达了不满：该项目是公司的重点项目，希望作为全国性的标杆项目进行展示和推广，但当前各子系统的研发成果基本照搬了公司现有产品，没有任何创新性的体现，不利于公司后期的宣传推广。PMO 提醒李经理依据财务部门推送的数据，公司对部分供应商已经根据进度完成了第二个节点的款项支付，但当前 A 公司作为总集成商，与客户的第二个合同付款节点还未到，项目的成本支出和收益方面将面临较大的压力。人力资源负责人提醒李经理，项目成员张工和王工的本月绩效评价还未提交，截止日期还有 2 天。

【问题 1】（12 分）

请结合案例，指出李经理在资源管理和沟通管理方面存在的问题。

【问题 2】（5 分）

请将下面（1）~（5）处的答案填写在对应栏内。

本案例中，项目的组织结构是（1），李经理发现人员空缺时需要再选两三名研发人员进入项目，选择标准包括经验、（2）、（3）、（4）、（5）、成本、能力和国际因素。

【问题 3】（3 分）

请结合案例，帮助李经理补充他没有识别出的其他干系人。

【问题 4】（5 分）

请写出项目资源管理包含的过程，并描述每个过程的主要作用。

试题答案

【问题 1】

在资源管理方面存在的问题如下：

- 没有制订资源管理计划。
- 原本该到位的服务器、交换机，采购部门迟迟没有采购到位。
- S 公司作为 A 公司的供应商，一直与客户方直接对接，其进度已经不受李经理的掌控。
- 从该项目抽调张工、王工，一直没有补充其他研发人员。
- A 公司作为总集成商，与客户的第二个合同付款节点还未到，项目的成本支出和收益方面将面临较大的压力。
- 项目成员张工和王工的本月绩效评价还未提交。

在沟通管理方面存在的问题如下：

- 李经理应主动向公司高层汇报项目进展情况，而不是公司高层要求李经理进行阶段性汇报。
- S 公司不向李经理汇报工作进展情况。

- 营销副总裁听完汇报后表达了不满。
- 未及时与财务部门沟通，了解成本支出状态。不应该由 PMO 提醒李经理依据财务部门推送的数据。
- 没有制订沟通管理计划。

【问题 2】

（1）强矩阵；（2）可用性；（3）知识；（4）技能；（5）态度

【问题 3】

内部：高层领导（营销副总裁）、项目团队、PMO、采购部门、财务部门、研发部门、人力资源部门。

外部：用户、S 公司。

【问题 4】

项目资源管理包含的过程及其作用如下：

（1）规划资源管理是定义如何估算、获取、管理和利用团队以及实物资源的过程。本过程的主要作用是根据项目类型和复杂程度，确定适用于项目资源的管理方法和管理程度。

（2）估算活动资源是估算执行项目所需的团队资源，以及材料、设备、用品的类型和数量的过程。本过程的主要作用是明确完成项目所需的资源种类、数量和特性。

（3）获取资源是获取项目所需的团队成员、设施、设备、材料、用品和其他资源的过程。本过程的主要作用是：①概述和指导资源的选择；②将所选择的资源分配给相应的活动。

（4）建设团队是提高工作能力，促进团队成员互动，改善团队整体氛围，以提高项目绩效的过程。本过程的主要作用是改进团队协作、增强人际关系技能、激励员工、减少摩擦，以及提升整体项目绩效。

（5）管理团队是跟踪团队成员的工作表现、提供反馈、解决问题并管理团队变更以优化项目绩效的过程。本过程的主要作用是影响团队行为、管理冲突及解决问题。

（6）控制资源是确保按计划为项目分配实物资源，以及根据资源使用计划监督资源实际使用情况，并采取必要纠正措施的过程。本过程的主要作用是：①确保所分配的资源适时、适地用于项目；②当资源不再需要时，释放资源。

沟通管理

案例试题

某集团为了提升企业服务水平和办公效率，通过招投标选定 A 公司为其开发企业协同办公管理信息系统。A 公司组建了项目团队，任命小张担任项目经理，并将系统中的数据可视化模块外包给某一软件公司。

在制订项目管理计划的过程中，小张让负责研发的小陈制订沟通管理计划，作为项目管理计划的子计划。小陈认为编制沟通管理计划是一项重复性的工作，于是参考过去的项目管理计划，简单进行修改后放入项目计划文件夹下作为公共信息供大家查阅。完成后的沟通管理计划如下：

沟通内容	沟通方法	沟通时间	参与人员	沟通目的
每周工作例会	谈话	每周五 16:00	A 公司项目组成员	汇报进度，解决遇到的问题
方案评审	会议	阶段性	A 公司项目组相关成员	确定方案
项目阶段性总结	电子邮件	里程碑点	A 公司主管领导、项目组成员	阶段性汇报
软件开发技能培训	在线课程	临时	A 公司软件研发人员	提高软件研发技能
项目交流	电话	项目启动、结束时	A 公司项目组成员、客户、外包公司	各方了解项目情况

每次参加客户召集的项目沟通会议，小张都会根据项目组成员的空闲时间临时安排参会人员。参会人员不固定，新的参会人员对之前会议需要确认的内容毫不知情。这种情况时有发生，引起客户强烈不满，沟通不好，效率也不高。

在项目进行中，客户要求对数据可视化模块增加新功能。经变更确认后，小张打电话通知外包公司增加新功能。但在进行项目验收时，发现新功能并未实现。

【问题 1】（6 分）

请指出小陈制订的沟通管理计划中已列出内容的不合理之处。

【问题 2】（10 分）

在下表中补充沟通管理过程，并写出该项目在沟通管理各过程中存在的问题。

沟通管理过程	存在的问题
过程 1：规划沟通	
过程 2：	
过程 3：控制沟通	

【问题 3】（8 分）

（1）常用的沟通方法一般分为几类？

（2）案例中沟通管理计划表中所提到的沟通方法分别属于哪类沟通？

试题答案

【问题 1】

沟通管理计划中已列出内容的不合理之处如下：

- 每周工作例会不应该采用谈话沟通方式。

- 每周工作例会的沟通目的不只是汇报进度和解决遇到的问题，还包括评估风险、控制成本、保证质量、分配资源等。
- 方案评审会议的参与人员中没有项目相关领导、客户等重要干系人。
- 软件开发技能培训没有明确的培训时间。
- 项目交流不应该采用电话沟通方式，可以采用视频会议或者会议等沟通方式。
- 项目交流的沟通时间不应该是项目启动、结束时，可以是临时的。
- 项目启动时应召开项目启动会议，而不是项目交流会议。
- 项目结束时应召开项目总结会议，而不是项目交流会议。

【问题 2】

沟通管理过程	存在的问题
过程 1：规划沟通	①不应该由负责研发的小陈制订沟通管理计划。 ②制订沟通管理计划没有结合项目实际情况，只参考了以往的项目管理计划。 ③沟通管理计划不够详细、不够完善；只是简单地修改以往的沟通管理计划。 ④没有将沟通管理计划整合到项目管理计划中；将沟通管理计划放在项目计划文件夹下作为公共信息供大家查阅不妥。 ⑤制订沟通管理计划后，没有对其进行评审。
过程 2：管理沟通	①项目沟通会议不应该由客户召集，应该由项目经理组织。 ②不应该临时安排有空闲时间的项目成员参加项目沟通会议，应该提前通知与会议主题相关的项目组成员参加。 ③项目沟通会议没有会议记录，导致新的参会人员对之前会议需要确认的内容毫不知情。 ④项目经理没有制定会议管理制度以提高沟通效率。 ⑤项目经理未能及时与客户沟通，引起客户强烈不满。
过程 3：控制沟通	①与外包公司涉及变更的沟通没有书面记录，只是打电话通知对方。 ②与外包公司涉及变更的沟通没有得到对方的确认，并形成书面文件。 ③没有检查是否按照沟通管理计划来执行沟通。 ④针对客户强烈不满、沟通不好、效率也不高的问题，没有及时调整沟通策略。

【问题 3】

（1）常用的沟通方法一般分为三类，即互动沟通、推式沟通和拉式沟通。

（2）谈话——互动沟通；会议——互动沟通；电子邮件——推式沟通；在线课程——拉式沟通；电话——互动沟通。

风险管理

案例试题

A 公司承接了某金融机构数据中心智能运维系统建设项目，任命张伟为项目经理。考虑到公司在人工智能算法领域技术薄弱，为了确保系统满足客户要求，经公司采购部推荐，张伟将项目的算法实现部分外包给国内知名服务商。项目组成立后，张伟依据前期同类项目案例整理出了项目风险单，并按照风险可能对成本造成的影响进行了优先级排序。考虑到项目预算有限，张伟安排项目组的几位骨干人员针对高优先级的风险分头制定应对措施并要求立即落实。

风险及应对措施清单内容如下：

风险序号	优先级	风　险	对成本的影响/万元	发生概率	应对措施	负责人
1	高	客户需求不明确	>15	低	加强需求调研，细化需求并请客户书面确认	工程师 A
2	高	客户需求变更	10~15	中	加强客户沟通	张伟
3	高	算法服务商人手不够，或能力不足	8~12	高	在外包合同中明确人员要求	采购部
4	中	客户相关部门不配合，或场地、设备准备不足	5~8	高	无	
5	中	人员技能不足	3~4	高	无	

项目启动后，有同事反馈，算法工程师技能不足，可能影响项目进度，张伟随即联系了采购部。与服务商沟通后，采购部向张伟反馈无法解决该问题，因为外包合同中对人员数量要求比较明确，对人员技能要求并不明确，服务商认为没有违反合同。

在开发阶段，客户提出希望增加网络设备监控节点，张伟认为已经跟领导确认过需求了，不建议改动。客户反馈说，一个月前领导层发生了变动，新上任领导提出了新的要求。无奈之下，张伟只能按照客户要求安排人员尽快实施变更。

在测试阶段，由于未提前申请资源，无法搭建测试环境。张伟紧急协调客户各个处室，虽然问题得以解决，但是项目进度因此落后了 3 天。

在项目验收前，客户认为系统没有满足期望，希望推迟验收时间。由于需求没有经过客户书面确认，为了顺利验收，张伟只能按照客户要求继续调整系统，直至客户同意验收。

在项目验收后，由于项目成本远超预算，公司管理层对张伟的工作很不满意。

【问题 1】（12 分）

请结合案例，指出张伟在项目风险管理中存在的问题。

【问题 2】（8 分）

（1）请指出张伟针对风险 1~4 采取的应对措施分别属于哪种风险应对策略。

（2）请简述在实施定量风险分析过程中经常使用的数据分析技术。

【问题 3】（5 分）

项目整合管理过程的目标包括：（　）、（　）、（　）、（　）、（　）。

试题答案

【问题 1】

张伟在项目风险管理中存在的问题如下：

- 没有结合本项目的实际情况编制风险管理计划，仅参考同类项目案例整理出了项目风险单。
- 风险识别及应对措施的制定需遵循全员参与原则，不能只由几位骨干人员参与。
- 没有对风险进行全面识别。
- 没有按照风险发生概率和风险对成本的影响进行综合排序，仅按照风险对成本的影响进行了排序。
- 针对部分风险，没有提前制定好风险应对措施；风险应对措施执行不到位。
- 没有做好风险控制工作，没有及时进行风险审计和绩效对比，未及时纠偏。
- 项目组成员的风险意识不足。
- 与客户缺乏沟通，产生了不必要的项目风险和隐患。

【问题 2】

（1）张伟针对风险 1~4 采取的应对措施分别属于的风险应对策略如下：

风险 1——减轻策略；风险 2——减轻策略；风险 3——转移策略；风险 4——接受策略。

（2）在实施定量风险分析过程中经常使用的数据分析技术主要包括：

- 模拟：使用模型来模拟单个项目风险和其他不确定性来源的综合影响，以评估它们对项目目标的潜在影响。模拟通常采用蒙特卡洛分析。
- 敏感性分析：有助于确定哪些单个项目风险或不确定性来源对项目结果具有最大的潜在影响。
- 决策树分析：用决策树在若干备选行动方案中选择一个最佳方案。在决策树中，用不同的分支代表不同的决策或事件，即项目的备选路径。每个决策或事件都有相关的成本和单个项目风险（包括威胁和机会）。
- 影响图：在不确定条件下进行决策的图形辅助工具。它将一个项目或项目中的一种情境表现为一系列实体、结果和影响，以及它们之间的关系和相互影响。

【问题 3】

项目整合管理过程的目标包括：

- 资源分配。
- 平衡竞争性需求。
- 研究各种备选方法。
- 裁剪过程以实现项目目标。
- 管理各个项目管理知识领域之间的依赖关系。

采购管理

案例试题

某市生态环境部门为了提升环境综合治理能力，持续改善空气质量，决定建设智慧环境综合治理信息化平台。该平台包含 20 个子系统，包括各方面数据监测采集系统、数据传输平台、数据综合分析平台、环境执法平台和决策支持系统等。A 公司作为总集成单位中标了该项目，委任拥有多年环保信息化工作经验的张经理担任项目经理，负责项目的统筹管理工作。

智慧环境综合治理信息化平台中的油烟监测子系统包含监测设备和管理软件，实现辖区内餐饮企业的油烟排放数据监测和管理。生态环境部门向张经理推荐了与该部门有过合作经历的 S 公司作为油烟监测设备供应商，张经理调研了 S 公司的相关案例后，与 S 公司签订了设备采购合同。

智慧环境综合治理信息化平台建设基本完成后投入试运行，环境执法部门提出油烟监测系统中数据误报，监测数据的精确度也未能达到执法管理要求，要求 A 公司予以解决。同时，根据上级环境监测机构要求，要求张经理提高系统中油烟监测的频率，并增加基于监测数据的分析和报警功能。

张经理考虑后认为工作量不大，便联系 S 公司修改设备监测频率，同时通知本公司软件研发团队开发新功能。不久，S 公司回复其提供的监测设备不支持批量修改监测频率，只能逐个更换控制单元，工作量大且更换成本高。A 公司和 S 公司发生了纠纷，均不愿承担变更引发的成本。同时，张经理发现软件研发团队对于新功能研发的工作量也远超预期，而且由于增加了新功能还引发了新的缺陷，项目面临成本超支的风险。

【问题 1】（10 分）

请结合案例，指出张经理在采购管理和变更管理方面存在的不足。

【问题 2】（6 分）

请写出执行变更管理的工作程序。

【问题 3】（4 分）

请写出成本控制的目标。

【问题 4】（5 分）

判断正误：

（1）识别潜在卖方属于实施采购过程的活动。

（2）索赔管理属于控制采购过程的工具和技术。

（3）规划采购管理活动的最后成果是签订的合同。

（4）在控制采购过程中，合同管理的一个重要方面就是管理各个供应商之间的沟通。

（5）控制采购的质量，包括采购审计的独立性和可信度，是采购系统可靠性的关键决定因素。

试题答案

【问题 1】

张经理在采购管理方面存在的不足如下：

- 没有明确的供应商选择标准。张经理选择了生态环境部门推荐的与该部门有过合作经历的 S 公司作为油烟监测设备供应商。
- 对供应商没有进行综合评估。张经理只调研了 S 公司的相关案例，就与 S 公司签订了设备采购合同。
- 没有明确的验收标准。投入试运行，环境执法部门提出油烟监测系统中数据误报，监测数据的精确度也未能达到执法管理要求。
- 对合同变更没有达成共识。

张经理在变更管理方面存在的不足如下：

- 没有规范的变更流程。
- 没有对变更的影响进行评估。
- 对变更审批没有达成共识。

【问题 2】

执行变更管理的工作程序如下：

①变更申请。

②对变更的初审。

③变更方案论证。

④变更审查。

⑤发出通知并实施。

⑥实施监控。

⑦效果评估。

⑧变更收尾。

【问题 3】

项目成本控制的目标包括：

- 对造成成本基准变更的因素施加影响。
- 确保所有变更请求都得到及时处理。
- 当变更实际发生时，管理这些变更。
- 确保成本支出不超过批准的资金限额，既不超出按时段、WBS 组件和活动分配的限额，也不超出项目总限额。

- 监督成本绩效，找出并分析与成本基准间的偏差。
- 对照资金支出，监督工作绩效。
- 防止在成本或资源使用报告中出现未经批准的变更。
- 向干系人报告所有经批准的变更及其相关成本。
- 设法把预期的成本超支控制在可接受的范围内等。

【问题 4】

（1）×（规划采购）；（2）√；（3）×（实施采购）；（4）√；（5）√

干系人管理

案例试题

某省交通运输厅信息中心对省内高速公路部分路段的监控系统进行升级改造，该项目是省重点项目，涉及 5 个系统集成商、1 个软件供应商、3 个运维服务商以及 10 个路段管理单位。项目工期仅为两个月，沟通管理的好坏决定了项目的成败。

小张作为项目经理，在项目建设全过程中建立了项目领导小组的周例会制度，制订了详细的沟通计划，并根据项目发展阶段，识别出不同阶段的关键干系人，形成了干系人登记册；根据沟通需求的不同，设置了不同的沟通方式，细化了相应的沟通管理策略（见下表），并完善了沟通管理计划。在项目执行中，周报告采用邮件的方式发布，出现的问题采用短信的方式定制发送，使项目如期完工并得到省交通运输厅的好评。

项目阶段	沟通管理策略
需求分析与设计	通过让系统集成商、软件供应商与路段管理单位进行面对面沟通，尽快获取到系统建设的详细需求和设备的具体选型，项目需求和设备方案需得到路段管理单位的签字认可
集成	系统集成商、软件供应商、路段管理单位、省交通运输厅信息中心等需要密切配合，每一个变更都需要得到路段管理单位的确认，并通知省交通运输厅信息中心
测试	系统集成商、软件供应商、运维服务商都需要参与，路段管理单位、省交通运输厅信息中心进行验收测试

【问题 1】（8 分）

（1）请结合案例，计算该项目的沟通渠道总数。

（2）请指出项目经理的如下活动对应的管理过程（从候选答案中选择正确选项，将该选项的编号填入对应栏内）。

活　动	所属过程
建立了项目领导小组的周例会制度	
根据项目发展阶段，识别出不同阶段的关键干系人	
在项目执行中，周报告采用邮件的方式发布，出现的问题采用短信的方式定制发送	

A. 规划沟通　　　　B. 管理沟通

C. 控制沟通　　　　D. 识别干系人

E. 规划干系人参与　　　　F. 管理干系人参与

【问题 2】（6 分）

（1）请结合案例中的以下干系人，分别写出干系人影响 / 作用方格对应的项目阶段（将正确答案填入对应栏内）。

①省交通运输厅信息中心 ②系统集成商 ③软件供应商 ④运维服务商 ⑤路段管理单位

序号	干系人影响/作用方格	项目阶段
(1)	纵轴：权力（低—高）；横轴：影响（低—高） 高权力低影响：②③；高权力高影响：⑤ 低权力低影响：④；低权力高影响：①	
(2)	纵轴：权力（低—高）；横轴：利益（低—高） 高权力低利益：⑤；高权力高利益：① 低权力低利益：②③；低权力高利益：④	
(3)	纵轴：影响（低—高）；横轴：作用（低—高） 高影响低作用：（空）；高影响高作用：①⑤ 低影响低作用：（空）；低影响高作用：②③④	

【问题 3】（6 分）

在试运行阶段，项目经理分析的干系人参与程度见下表。此时，项目经理是否需要干预？如何干预？

干 系 人	不知晓	抵制	中立	支持	领导
省交通运输厅信息中心					C D
系统集成商				C D	

续表

干系人	不知晓	抵制	中立	支持	领导
软件供应商				C D	
A 运维服务商	C			D	
B 路段管理单位			C		D

注：C 表示当前参与程度，D 表示所需参与程度。

【问题 4】（5 分）

从候选答案中选择正确选项，将该选项的编号填入对应栏内。

工作绩效报告是（1）的输入，工作绩效数据是（2）的输入，问题日志是（3）的输入，制订干系人管理计划活动属于（4）过程，分析绩效与干系人进行沟通，提出变更请求属于（5）过程。

A. 管理沟通　　B. 监督沟通

C. 识别干系人　　D. 管理干系人参与

E. 规划干系人参与　　F. 监督干系人参与

试题答案

【问题 1】

（1）沟通渠道总数 $=N(N-1)/2=(1+5+1+3+10)\times19/2=190$（条）

（2）A；D；B

【问题 2】

（1）集成

（2）需求分析与设计

（3）测试

【问题 3】

项目经理需要干预。

- 与 A 运维服务商进行沟通，让其支持项目。
- 与 B 路段管理单位进一步沟通，明确自己对项目的领导职责。

【问题 4】

（1）A；（2）B、F；（3）B、F；（4）E；（5）F

项目绩效域

案例试题

数字化城市管理通过信息化手段和移动通信技术手段来处理、分析和管理整个城市的所有部件和事件信息，促进城市人流、物流、信息流、交通流的通畅与协调。

2023年，某县为了提高该县的运营效率，利用已有的海量数据，实现数字化城市管理，启动了数字化城市管理项目，项目建设期为8年。作为政府重点项目，为了扶持当地民营企业，将项目建设工作交给A公司牵头负责。

A公司过去一直做银行信息管理系统，为了完成好该项目，他们仔细研究了数字化城市管理的相关文档，参考了其他城市的数字化城市管理建设项目，发现城市管理建设要牵涉到多个政府部门。在调研中还发现，尽管目前县政府已经汇集了来自各部门关于城市运营的海量数据，但没有统一的数据标准，导致出现数据不规范、难以融合、利用率不高等问题。尤其是交通数据，来源于多个系统，各系统建设时间先后不一、标准不同、数据多而散乱、数据多源异构现象明显，导致海量交通数据一直未得到有效利用。因此，为了满足不同系统间的数据整合和共享需求，A公司打算建立统一的数据元标准，指导与规范城市数字化建设。

【问题1】（10分）

请结合案例，分析项目存在的问题和风险。

【问题2】（5分）

什么是数据元？制定数据元标准应遵循哪些过程？

【问题3】（5分）

请将下面（1）~（5）处的答案填写在对应栏内。

在国家“十四五”规划中，数字产业化发展的重点包括：云计算、大数据、（1）、（2）、（3）、（4）和（5）。

【问题4】（5分）

请结合案例，判断下列说法的正误（填写在对应栏内，正确的填写“√”，错误的填写“×”）。

（1）根据模型应用目的的不同，可以将数据模型划分为概念模型、实体模型和物理模型三类。（ ）

（2）概念模型把现实世界中的客观对象抽象为某一种信息结构，这种信息结构不依赖具体的计算机系统，也不对应某个DBMS。（ ）

（3）物理模型的基本元素包括表、字段、视图、存储过程、触发器等。（ ）

（4）A公司在项目过程中要重点关注数据的采集过程。（ ）

（5）数据元和元数据是一个概念的不同说法，二者可以等同。（ ）

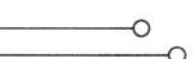

试题答案

【问题 1】

项目存在的问题和风险如下：

- 作为政府重点项目，为了扶持当地民营企业，将项目建设工作交给 A 公司牵头负责。应该公开招标。
- 城市管理建设要牵涉到多个政府部门，有沟通风险。
- 城市运营有海量数据，但没有统一的数据标准，导致出现数据不规范、难以融合、利用率不高等问题。
- 各系统建设时间先后不一、标准不同、数据多而散乱、数据多源异构现象明显，导致海量交通数据一直未得到有效利用。

【问题 2】

数据元是数据库、文件和数据交换的基本数据单元。制定数据元标准应遵循的过程如下表所示。

步骤	说明
描述	用于描述数据的内容、覆盖范围、质量、管理方式，以及数据的所有者、数据的提供方式等信息，是数据与用户之间的桥梁
界定业务范围	通过对业务范围的明确界定，确定所要研究的数据元的范围
开展业务流程分析与信息建模	数据虽然是任何业务的核心所在，但并不能脱离业务流程而单独存在，它总是服务于业务流程。因此，通过对业务流程的透彻分析，并建立清晰的数据模型，可以厘清整个业务流程中涉及的所有数据元
借助信息模型，提取数据元，并按照一定的规则规范其属性	GB/T 18391《信息技术 数据元的规范与标准化》清晰地给出了如何对数据元进行描述的方法，以及如何赋予数据元属性的值。比如，如何描写数据元的定义，如何对数据元进行命名，如何区分数据元的数据类型等
对于代码型的数据元，编制其值域，即代码表	代码表的编写可以按照 GB/T 7026《标准化工作导则 信息分类编码标准的编写规定》进行
与现有的国家标准或行业标准进行协调	这一步是非常重要的工作。编制数据元标准，首先，要与相应的国家标准保持一致。如果能直接使用现有的国家标准，则可直接使用，或者在国家标准的基础上进行扩展；其次，要与相关的行业标准保持一致。最后，还必须考虑与本行业或领域内已有标准保持最大兼容性，因此要全面考虑协调性和配套性

【问题 3】

（1）物联网；（2）工业互联网；（3）区块链；（4）人工智能；（5）虚拟现实和增强现实

【问题 4】

（1）×（根据模型应用目的的不同，可以将数据模型划分为概念模型、逻辑模型和

物理模型三类）

（2）√

（3）√

（4）×（要重点关注数据的标准化）

（5）×（元数据被定义为提供关于信息资源或数据的一种结构化数据，是对信息资源的结构化描述；数据元是数据库、文件和数据交换的基本数据单元）

配置与变更管理

案例试题

某公司中标了医院的信息管理系统。该公司指派小王担任项目经理，并组建相应的项目团队。由于人手有限，小王让负责项目质量工作的小杨同时担任配置管理员。小杨编写并发布了质量管理计划和配置管理计划。

小杨利用配置管理软件对项目进行配置管理。为了方便项目管理，小杨给小王开放了所有配置权限。当有项目团队成员提出配置变更请求时，小杨直接决定是否批准变更请求。小杨为项目创建了三个文件夹，分别用来存放开发库、受控库和产品库。将经过认定的文档或经过测试的代码等能够形成配置基线的文件存放到受控库中，并对其进行编号。在项目开发过程中，某软件人员打算对某段代码进行简单的修改，于是他从配置库中检出待修改的代码段，修改完成并经测试没问题后，检入配置库。小杨认为代码改动不大，依然使用之前的版本号，并删除了旧的代码。公司在质量审计过程中，发现在项目管理方面存在诸多问题。

【问题 1】（10 分）

请结合案例，简要分析该项目在配置管理方面存在的问题。

【问题 2】（8 分）

请结合案例，描述在升级过程中配置库变更控制流程。

【问题 3】（5 分）

请简述质量审计的目标。

【问题 4】（2 分）

在候选答案中选择正确选项。

通常来说，质量管理人员不应具备 ______ 权限。

A. 产品库代码的 Check　　B. 产品库文档的 Check

C. 受控库代码的 Check　　D. 受控库文档的 Check

试题答案

【问题 1】

该项目在配置管理方面存在的问题如下：

- 没有配置审计。
- 小杨身兼数职，应该配备专职的配置管理员。
- 不能由小杨一人编写并发布质量管理计划和配置管理计划，并且计划没有通过审核。团队成员应该参与编写和发布，并且要对计划进行审核。
- 不能给小王开放所有配置权限。
- 小杨直接决定是否批准变更请求，缺少配置控制委员会。
- 配置控制存在问题，开发库由开发人员自行管理，不需要检出配置库。对文件修改后，没有经过审核就存入了配置库。
- 更新后，不应该再使用之前的版本号。
- 更新后，应保留所有版本的代码。

【问题2】

现以某软件产品升级为例，其流程如下：

①将待升级的基线（假设版本号为V2.1）从产品库中取出，放入受控库中。

②程序员将待修改的代码段从受控库中检出（Check out），放入自己的开发库中进行修改。代码被检出后即被“锁定”，以保证同一段代码同一时间只能被一个程序员修改。例如，如果甲正对其进行修改，那么乙就无法将其检出。

③程序员将开发库中修改好的代码段检入（Check in）受控库。检入后，代码的“锁定”被解除，其他程序员就可以检出该段代码了。

④软件产品的升级修改工作全部完成后，将受控库中的新基线存入产品库中（软件产品的版本号更新为V2.2，旧的V2.1版本并不删除，继续在产品库中保存）。

【问题3】

质量审计的目标是：

- 识别全部正在实施的良好实践及最佳实践。
- 识别所有违规做法、差距及不足。
- 分享所在组织或行业中类似项目的良好实践。
- 积极、主动地提供协助，以改进过程的执行，从而帮助团队提高生产效率。
- 强调每次审计都应对组织经验教训知识库的积累做出贡献等。

【问题4】

C

高级项目管理

案例试题

A 公司准备研发一款手机无线充电器，项目启动时间为 2018 年 1 月，项目整体交付时间为 2018 年 6 月。

按照资源配置和专业分工，公司将此项目初步拆分为 7 个项目，其中项目 A~C 负责产品主体的研发和生产，项目 E 和项目 F 关注产品规格和外观设计，项目 D 负责技术攻关，项目 G 关注功能性附件。

2018 年 2 月，在采购核心芯片时遇到困难，为了不影响整体进度，又单独成立了 H 组负责研究可替代芯片的选型和采购。

同时，公司专门成立了由副总经理牵头的协调小组，负责管理这 8 个启动时间不一、关键节点不一，却又内部项目关联的项目。

【问题 1】（9 分）

（1）请简述项目管理、项目集管理和项目组合管理的概念。

（2）请结合案例，分析该项目适合使用哪种方式进行管理，并简述理由。

【问题 2】（6 分）

请结合案例，从变更、计划、监控三个属性阐述项目 A 的项目经理与协调小组的职责的差异。

【问题 3】填空题（5 分）

项目组合管理绩效域代表了一系列良好实践，包括（1）、（2）、（3）、（4）、项目组合干系人参与、（5）和项目组合风险管理。

【问题 4】（5 分）

请判断以下描述是否正确。

（1）项目集内的所有项目通过共同的目标相关联，该目标对发起组织而言具有非常重要的战略意义。（ ）

（2）项目集效益管理贯穿于整个项目集期间，以确保产生预期的效益和成果。（ ）

（3）项目集收尾阶段包括项目集组件的移交和收尾。（ ）

（4）可以根据项目集收益的实现情况，将项目集生命周期划分为项目集定义阶段、项目集交付阶段和项目集收尾阶段三个过程。（ ）

（5）项目组合生命周期由启动、规划、执行、收尾四个阶段组成。（ ）

试题答案

【问题 1】

（1）项目管理、项目集管理和项目组合管理的概念如下：

项目管理是指把各种知识、技能、手段和技术应用于项目活动中，以达到项目的目标和要求。

项目集管理是指在项目集中应用知识、技能、工具和技术来满足项目集的要求，获得分别管理各项目集组件所无法实现的收益和控制。

项目组合管理是指将项目、项目集以及其他方面的工作内容组合起来进行有效管理，以保证满足组织的战略性业务目标。

（2）该项目适合使用项目集管理的方式进行管理。

理由：该项目是多个项目组共同研发一个新产品系列，不仅需要资金、技能、干系人的共享与关联，而且需要成本、人员、进度等方面的组合调整，统一协调，以实现组织共同收益为目标的项目集合。

【问题 2】

变更：

- 项目经理应尽量让变更最小化。
- 协调小组要预测并拥抱变化。

计划：

- 项目经理为交付物提供详细的项目计划。
- 协调小组为详细的项目计划提供高层指导。

监控：

- 项目经理监控产生项目交付物的任务和工作。
- 协调小组在治理框架下监控项目工作。

【问题 3】

（1）项目组合生命周期；（2）项目组合战略管理；（3）项目组合治理；（4）项目组合产能与能力管理；（5）项目组合价值管理

【问题 4】

（1）正确

（2）正确

（3）错误（项目集收尾阶段包括项目集移交和收尾或提前终止，或者将工作移交给另一个项目集）

（4）正确

（5）错误（项目组合生命周期由启动、规划、执行、优化四个阶段组成）

第 26 章
论文写作

26.1 考点分析

根据考试大纲，项目管理论文考试的出题范围定位于以下 4 个方面。

- 项目管理知识体系：项目立项管理，项目的整合管理、范围管理、进度管理、成本管理、质量管理、资源管理、沟通管理、风险管理、采购管理、配置与变更管理。
- 项目管理八大绩效域：包括干系人绩效域、团队绩效域、开发方法和生命周期绩效域、规划绩效域、项目工作绩效域、交付绩效域、度量绩效域、不确定性绩效域。
- 高级项目管理：包括项目集管理、项目组合管理、组织级项目管理和量化项目管理。
- 信息系统工程：包括软件工程、数据工程、安全工程等专业技术知识应用。

但是，从考试的实际情况来看，所考查的内容全部集中在项目管理的十大知识域。

论文写作历年考查知识点分布情况如表 26-1 所示。

表 26-1 论文写作历年考查知识点分布情况

试　题	考查知识点
2019 年 11 月试题	论信息系统项目的整合管理、论信息系统项目的沟通管理
2020 年 11 月试题	论信息系统项目的成本管理、论信息系统项目的采购管理
2021 年 5 月试题	论信息系统项目的范围管理、论信息系统项目的合同管理
2021 年 11 月试题	论信息系统项目的招投标管理、论信息系统项目的进度管理
2022 年 5 月试题	论信息系统项目的干系人管理
2022 年 11 月试题	论信息系统项目的质量管理
2023 年 5 月试题	论信息系统项目的风险管理
2023 年 11 月第一批次试题	论信息系统项目的干系人管理
2023 年 11 月第二批次试题	论信息系统项目的工作绩效域
2023 年 11 月第三批次试题	论信息系统项目的合同管理

续表

试　题	考查知识点
2023 年 11 月第四批次试题	论信息系统项目的资源管理
2024 年 5 月第一批次试题	论信息系统项目的进度管理
2024 年 5 月第二批次试题	论信息系统项目的成本管理

26.2 试题精解

论信息系统项目的范围管理

论文试题

项目范围管理必须清晰地定义项目范围，其主要是确定哪些工作是在项目中应该做的，哪些工作不应该包括在项目中。

请以“论信息系统项目的范围管理”为题进行论述。

1．概要叙述你参与管理过的一个信息系统项目（项目的背景、规模、发起单位、目的、内容、组织结构、周期、交付的成果等），并说明你在其中承担的工作（项目背景要求是本人真实经历，不得抄袭及杜撰）。

2．请结合你所叙述的信息系统项目，围绕以下要点论述你对信息系统项目范围管理的认识，并总结你的心得体会。

（1）项目范围管理过程。

（2）根据你所描述的项目范围，写出核心范围对应的需求跟踪矩阵。

3．请结合你所描述的项目范围和需求跟踪矩阵，给出项目的 WBS。（要求与叙述的项目保持一致，符合 WBS 原则，至少分解至 5 层。）

写作要点

第一部分评分要点：分别论述以下内容。

1．项目范围管理过程。

（1）规划范围管理。

（2）收集需求。

（3）定义范围。

（4）创建 WBS。

（5）确认范围。

（6）控制范围。

2．需求跟踪矩阵的主要内容。

（1）功能点与上游需求的对应关系。

（2）功能点与下游设计、组件、测试用例的对应关系。

3．WBS 图的内容要点。

（1）树形或列表：按阶段划分（生命周期各阶段在第 2 层，可交付成果在第 3 层，依次分解至 5 层以上），或按交付成果划分（可交付成果在第 2 层，依次分解至 5 层以上）。

（2）面向可交付成果。

（3）每一层的要素之和是下一层的工作之和。

（4）每个工作要素都应该被具体指派给一个层次，不能被指派给多个层次。

（5）包含项目所有的工作要素。

（6）工作要素必须有人负责，且只由一个人负责。

（7）同一级元素大小相似。

（8）包含管理和外包的工作。

（9）应控制在 4~6 层。

第二部分评分要点： 根据考生的论述，确定其描述的项目范围管理过程是否合适，具体的需求跟踪矩阵和 WBS 图的绘制是否合理、是否与所述项目一致，WBS 是否符合 WBS 分解原则和要点，其是否具有信息系统项目范围管理的实际经验。要求项目真实、逻辑清晰、条理清楚、论述得当。

论信息系统项目的进度管理

论文试题

项目进度管理是指为了保证项目按时完成，对项目所需的各个过程进行管理。

请以“论信息系统项目的进度管理”为题进行论述。

1．概要叙述你参与管理过的一个信息系统项目（项目的背景、规模、发起单位、目的、内容、组织结构、周期、交付的成果等），并说明你在其中承担的工作（项目背景要求是本人真实经历，不得抄袭及杜撰）。

2．请结合你所叙述的信息系统项目，围绕以下要点论述你对信息系统项目进度管理的认识。

（1）根据你所叙述的项目，写出你制订的进度管理计划的主要内容。

（2）根据你所叙述的项目，结合各子过程的主要成果，说明你是如何执行进度管理过程的。

（3）根据你所叙述的项目，说明你是如何进行资源优化的。

写作要点

第一部分评分要点：分别论述以下内容。

1．进度管理计划的主要内容。

- 项目进度模型：需要规定用于制定项目进度模型的进度规划方法论和工具。
- 进度计划的发布和迭代长度：使用适应型生命周期时，应指定发布、规划和迭代的固定时间段。
- 准确度：定义需要规定活动持续时间估算的可接受区间，以及允许的紧急情况储备。
- 计量单位：需要规定每种资源的计量单位，例如，用于测量时间的人时数、人天数或周数，用于计量数量的米、升、吨、千米或立方码。
- 工作分解结构（WBS）：为进度管理计划提供框架，保证了与估算及相应进度计划的协调性。
- 项目进度模型维护：需要规定在项目执行期间，如何在进度模型中更新项目状态，记录项目进展。
- 控制临界值：需要规定偏差临界值，用于监督进度绩效。它是在需要采取某种措施前允许出现的最大差异，通常用偏离基准计划中的参数的某个百分数来表示。
- 绩效测量规则：需要规定用于绩效测量的挣值管理（EVM）规则或其他规则。
- 报告格式：需要规定各种进度报告的格式和编制频率。

2．执行进度管理过程的要点。

（1）制订项目进度计划。

- 定义项目里程碑和阶段目标。
- 制定详细的项目时间表，包括开始日期、结束日期和关键事件。
- 使用甘特图、网络图（如 CPM/PERT 图表）或项目管理软件来可视化项目时间线。
- 根据团队成员的技能和经验，将任务分配给最合适的成员，确保能够高效完成任务。

（2）监控项目进度。

- 定期收集项目状态更新，包括已完成的工作量、花费的时间和遇到的任何问题。
- 比较实际进度与计划进度，识别任何偏差或延迟。
- 记录所有进度信息，确保所有团队成员和利益相关者都能访问这些信息。

（3）分析偏差，采取纠正措施。

- 当发现进度落后于计划时，分析造成偏差的原因。
- 考虑是否需要调整资源、重新分配任务或修改时间表。
- 根据偏差分析的结果，制定并实施纠正措施。
- 可以增加资源、调整任务顺序或重新安排项目截止日期。
- 调整进度计划，以确保项目能够按时完成。
- 在必要时，与团队成员和利益相关者沟通变更，确保大家了解新的时间表和期望。

（4）记录和报告。

- 详细记录项目进展、问题和解决方案等信息，以便后续分析和改进。
- 定期编制项目进度报告，向项目干系人汇报项目进展和成果。

3．资源优化技术要点。

（1）资源平衡：为了在资源需求与资源供给之间取得平衡，根据资源制约因素对开始日期和结束日期进行调整的一种技术。如果共享资源或关键资源只在特定时间可用，而且数量有限，或者被过度分配，比如一个资源在同一时段被分配至两个或多个活动，就需要进行资源平衡。

（2）资源平滑：对进度模型中的活动进行调整，从而使项目资源需求不超过预定的资源限制的一种技术。相对于资源平衡而言，资源平滑不会改变项目关键路径，完工日期也不会延迟。

第二部分评分要点：根据考生的论述，确定其描述的项目进度管理计划是否合适，具体的执行进度管理过程和资源优化是否合理、是否与所述项目一致，其是否具有信息系统项目进度管理的实际经验。要求项目真实、逻辑清晰、条理清楚、论述得当。

论信息系统项目的成本管理

论文试题

请以“论信息系统项目的成本管理”为题进行论述。

1．概要叙述你参与管理过的一个信息系统项目（项目的背景、规模、发起单位、目的、内容、组织结构、周期、交付的成果等），并说明你在其中承担的工作（项目背景要求是本人真实经历，不得抄袭及杜撰）。

2．请结合项目管理实际情况，围绕以下要点论述你对信息系统项目成本管理的认识。

（1）根据你所叙述的项目，写出项目成本基准的形成过程。

（2）根据你所叙述的项目，画出项目的 S 曲线图。

（3）结合你所叙述的项目，根据成本控制的目标，写出在项目进展过程中你是如何进行成本控制的。

写作要点

第一部分评分要点：分别论述以下内容。

1．项目成本基准的形成过程：成本基准是经过批准的、按时间段分配的项目预算，不包括任何管理储备，只有通过正式的变更控制程序才能变更，用作与实际结果进行比较的依据。成本基准是不同进度活动经批准的预算的总和。

①估算成本：基于项目范围、资源需求（包括人力、物力、时间等）及历史项目数据，进行初步的成本估算。采用类比估算法和参数估算法相结合的方式，估算出项目各阶段的成本。

②制定预算：将成本估算结果分配到项目的各个工作包中，形成详细的成本预算。在此过程中，考虑了风险储备金和管理储备金的设置，以应对不确定性因素。

③根据 WBS 估算各活动的成本，形成工作包成本。

④汇总各工作包成本（考虑应急储备），得到控制账户的成本。

⑤汇总各控制账户的成本，得到成本基准。

⑥成本基准审批：成本基准需经项目发起人或高级管理层审批通过，方可生效。

2．项目的 S 曲线图：结合所描述的项目状态绘制包含时间段的 S 曲线，其中坐标标识（横纵坐标）和成本基准曲线不可少。曲线绘制参考如下：

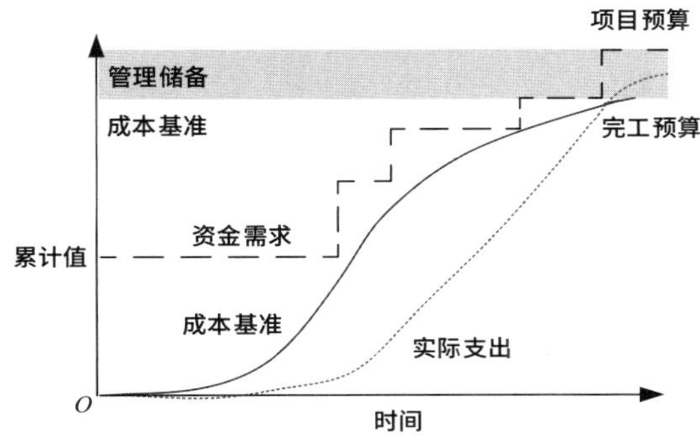

3．如何进行成本控制：控制成本是监督项目状态，以更新项目成本和管理成本基准变更的过程。本过程的主要作用是在整个项目期间保持对成本基准的维护。

①定期成本审查：每月 / 每周召开成本审查会议，对比实际成本与成本基准，识别成本偏差。

②偏差分析：对成本偏差进行深入分析，找出原因（如资源分配不当、需求变更等），并采取相应的措施加以纠正。

③变更管理：严格控制项目变更，对可能影响成本的变更进行充分评估，确保变更的合理性和经济性。

第二部分评分要点：根据考生的论述，确定其描述的项目成本管理过程是否合适，成本基准形成过程是否完整，绘制的项目 S 曲线图是否合理，其是否具有信息系统项目成本管理的实际经验。要求项目真实、逻辑清晰、条理清楚、论述得当。

论信息系统项目的质量管理

论文试题

请以“论信息系统项目的质量管理”为题进行论述。

1．概要叙述你参与管理过的一个信息系统项目（项目的背景、规模、发起单位、目的、内容、组织结构、周期、交付的成果等），并说明你在其中承担的工作（项目背景要求是本人真实经历，不得抄袭及杜撰）。

2．请结合你所叙述的信息系统项目，围绕以下要点论述你对信息系统项目质量管理的认识。

（1）项目质量管理过程（包含工作内容、目的、涉及的角色和主要工作成果）。

（2）根据你所叙述的项目，详细阐述你是如何进行质量管理的。

（3）根据你所叙述的项目，帮助 QA 团队制定一份质量核对单。

写作要点

第一部分评分要点：论述的要点要覆盖题目要求的三个方面，但又不局限于这三个方面。

1．项目质量管理过程。

（1）规划质量管理。

- 工作内容：规划质量管理是识别项目及其可交付成果的质量要求、标准，并书面描述项目将如何证明符合质量要求、标准的过程。
- 目的：规划质量管理过程旨在确定项目的质量标准，并决定如何通过管理质量过程与控制质量过程来达到这些标准。
- 角色：项目经理、质量保证（QA）团队、开发团队、测试团队、项目发起人和客户代表。
- 主要成果：质量管理计划、质量检查表。

（2）管理质量。

- 工作内容：管理质量是把组织的质量政策用于项目，并将质量管理计划转化为可执行的质量活动的过程。
- 目的：提高实现质量目标的可能性；识别无效过程和导致质量低劣的原因；使用控制质量过程的数据和结果向干系人展示项目的总体质量状态。
- 角色：项目经理、质量保证团队、开发团队、测试团队、项目发起人和客户代表。
- 主要成果：质量报告。

（3）控制质量。

- 工作内容：为了评估绩效，确保项目输出完整、正确且满足客户期望，而监督和记录质量管理活动执行结果的过程。
- 目的：控制质量过程旨在检查具体的工作过程或可交付成果的质量，并记录检查结果，确定是否符合质量测量指标和高层级质量标准。如果不符合，则要找出原因，并提出纠偏建议（针对工作过程）或缺陷补救建议（针对可交付成果）。
- 角色：项目经理、质量保证团队、开发团队、测试团队、项目发起人和客户代表。
- 主要成果：缺陷报告、测试结果和最终的质量评估报告。

2．如何进行质量管理。

- 制订详细的项目质量管理计划，明确质量目标、质量标准、质量控制程序和责任分配。

- 实施定期的代码审查，确保代码符合编程规范和最佳实践。
- 建立全面的测试策略，包括自动化测试和手动测试，以覆盖所有关键功能。
- 设立定期的质量审计，由独立的 QA 团队执行，以验证项目过程和产品是否遵循质量管理计划。
- 采用持续集成和持续部署流程，以确保代码质量和系统的稳定性。
- 组织定期的团队会议，讨论与质量相关的议题，分享最佳实践，并解决遇到的问题。

3．帮助 QA 团队制定一份质量核对单。

QA 团队质量核对单（示例）				
序号	**核对项**	**检查标准**	**是否通过**	**备注**
1	需求文档	需求完整、清晰且可追溯		
2	设计文档	设计符合架构原则，易于理解和维护		
3	代码审查	代码经过至少两次同行评审，无重大缺陷		
4	测试计划	测试用例覆盖所有功能点，包括边界条件和异常处理		
5	性能测试	系统在高负载下表现稳定，响应时间符合 SLA（服务级别协议）		
6	安全性	应用了最新的安全补丁，进行了渗透测试，无严重漏洞		
7	兼容性测试	系统在不同的浏览器和设备上运行正常		
8	用户文档	提供了详细的用户手册和 FAQ		
9	培训资料	为内部团队和最终用户提供培训资料		
10	用户反馈	收集了早期的用户反馈，解决了发现的问题		

第二部分评分要点：根据考生的论述，确定其描述的项目质量管理过程是否合适、结合项目质量管理实践是否合适，质量核对单是否合理，其是否具有信息系统项目质量管理的实际经验。要求项目真实、逻辑清晰、条理清楚、论述得当。

论信息系统项目的资源管理

论文试题

项目资源管理可以确保项目经理和项目团队在正确的时间和地点使用正确的资源，包括实物资源和人力资源的管理。

请以“论信息系统项目的资源管理”为题进行论述。

1．概要叙述你参与管理过的一个信息系统项目（项目的背景、规模、发起单位、目的、内容、组织结构、周期、交付的成果等），并说明你在其中承担的工作（项目背景要求是本人真实经历，不得抄袭及杜撰）。

2．请结合你所叙述的信息系统项目，围绕以下要点论述你对信息系统项目资源管理的认识。

（1）项目资源管理过程。

（2）请根据你所叙述的项目，说明资源管理中实物资源与人力资源在获取资源和管理控制方面有哪些不同之处。

写作要点

第一部分评分要点：分别论述以下内容。

1．项目资源管理过程。

（1）规划资源管理。

（2）估算活动资源。

（3）获取资源。

（4）建设团队。

（5）管理团队。

（6）控制资源。

2．在资源管理中，实物资源与人力资源在获取资源方面有如下不同之处。

（1）获取方式。

实物资源通常通过购买、租赁、借用或内部制造等方式获取。这些资源可能包括原材料、机械设备、办公用品、计算机硬件等。

人力资源则通过招聘、选拔、培训和雇佣等人力资源管理活动来获取。这涉及寻找合适的候选人，评估他们的技能和潜力，然后将其纳入组织中。

（2）成本类型。

实物资源的获取成本通常直接关联到市场价值，包括购买价格、运输费、安装调试费等。

人力资源的获取成本则除基本的薪资外，还包括招聘广告费、面试成本、培训费、福利及可能的招聘机构费用等。

（3）时间框架。

实物资源的获取可能相对快速，一旦支付或谈判完成，资源即可投入使用。

人力资源的获取则可能需要更长的时间，因为它涉及招聘流程、背景调查、合同谈判及入职培训等环节。

（4）灵活性和适应性。

实物资源的调整和更换通常更为直接，比如替换损坏的设备或升级技术。

人力资源的调整则更加复杂，涉及员工的技能发展、团队协作、职业路径规划和员工满意度等问题。

（5）长期投资。

实物资源的价值可能随着时间折旧，而其投资回报主要体现在提高生产效率或降低运营成本上。

人力资源的投资则可能带来更高的长期价值，因为员工的技能和经验会随着时间积累而增值，从而提高组织的竞争力和创新能力。

（6）法律和合规性。

实物资源的获取需遵守贸易法规、进口关税条例、环保标准等。

人力资源的获取则需遵守劳动法、平等就业机会、工作安全与健康等法律法规。

3．在资源管理中，实物资源与人力资源在管理控制方面有如下不同之处。

（1）管理目标不同。

实物资源的管理目标主要是确保实物资源的有效利用和合理配置，减少浪费和损失，提高资源使用效率。这包括资源的采购、保管、使用、维护和报废等各个环节的管理。

人力资源的管理目标则更加侧重于激发团队成员的积极性和创造力，提升团队整体绩效。这包括通过培训、激励、考核等手段，提高员工的专业技能和工作能力，促进团队协作和沟通，确保项目目标的顺利实现。

（2）管理策略不同。

实物资源的管理策略通常侧重于资源的优化配置和成本控制。通过制订合理的采购计划和库存策略，减少库存积压和资金占用；通过加强物资的保管和维护，延长物资的使用寿命；通过优化生产流程和提高生产效率，降低资源消耗和浪费。

人力资源的管理策略则更加关注员工的发展和团队建设。通过制订个性化的培训计划和职业发展规划，帮助员工提升专业技能和综合素质；通过建立健全的激励机制和绩效评估体系，激发员工的工作积极性和创造力；通过加强团队建设和沟通协作，提升团队的整体绩效和凝聚力。

（3）绩效考核指标不同。

实物资源的绩效可以通过使用率、效率比率、维护成本和使用寿命等指标来衡量。

人力资源的绩效则可能通过生产力、质量指标、员工满意度和团队协作等软性指标来评估。

第二部分评分要点：根据考生的论述，确定其描述的项目资源管理过程是否合适，资源管理中实物资源与人力资源在获取资源和管理控制方面的不同之处是否合理、是否与所述项目一致，其是否具有信息系统项目资源管理的实际经验。要求项目真实、逻辑清晰、条理清楚、论述得当。

论信息系统项目的风险管理

论文试题

项目风险管理旨在识别和管理未被项目计划及其他过程所管理的风险。如果不妥善管理这些风险，它们可能会导致项目偏离计划，无法达成既定的项目目标。

请以“论信息系统项目的风险管理”为题进行论述。

1．概要叙述你参与管理过的一个信息系统项目（项目的背景、规模、发起单位、目的、内容、组织结构、周期、交付的成果等），并说明你在其中承担的工作（项目背景要求是本人真实经历，不得抄袭及杜撰）。

2．请结合你所叙述的信息系统项目，围绕以下要点论述你对信息系统项目风险管理的认识。

（1）根据你所叙述的项目，详细阐述你是如何进行风险识别和风险应对的。

（2）根据你所叙述的项目，写出该项目的风险登记册，并描述风险登记册的具体内容在项目风险管理整个过程中是如何逐步完善的。

写作要点

第一部分评分要点：分别论述以下内容。

1．项目风险识别和风险应对过程。

（1）风险识别。

①明确目标与范围：需要清晰地定义项目、业务或个人目标，以及实现这些目标所需的活动范围。这有助于确定潜在风险的影响领域。

②收集信息。

- 历史数据：回顾过去类似项目或活动的经验教训，识别重复出现的风险。
- 环境分析：分析外部环境（如政策变化、市场趋势、技术革新等）和内部环境（如组织文化、资源状况、员工能力等）的潜在影响。
- 专家访谈：与领域专家、利益相关者沟通，获取专业见解和意见。

③风险识别常用的方法有：专家判断、数据收集（头脑风暴、核查单、访谈）、数据分析（根本原因分析、假设条件和制约因素分析、SWOT 分析、文件分析）、人际关系与团队技能、提示清单、会议等。

④实施定性、定量风险分析：对识别出的风险进行量化评估，包括发生的可能性和影响程度，以确定优先级。

（2）风险应对。

①制定风险应对策略：为每种风险应对策略都制订详细的执行计划，包括责任人、时间表、所需资源等。

- 避免：通过改变计划或行动方案来消除风险源，如取消高风险项目或活动。
- 减轻：采取措施降低风险发生的可能性或影响程度，如增加冗余系统、加强培训等。
- 转移：通过保险、合同或外包等方式将风险转移给第三方。
- 接受：对于无法避免、减轻或转移的风险，选择接受其后果，并准备应急计划以减轻影响。

②实施风险应对：制定和实施策略以降低风险负面影响或利用风险正面影响的过程。

③监督风险。

- 持续监控：定期跟踪风险的状态，评估应对策略的有效性，并调整计划以应对新出现的风险。
- 沟通：与团队成员、利益相关者保持沟通，确保他们了解风险状况及应对策略。
- 应急响应：为可能发生的重大风险制订应急响应计划，确保在风险发生时能够迅速有效地采取行动。

2. 风险登记册的具体内容及其逐步完善过程。

（1）风险登记册的具体内容。

登记册（示例）：

风险ID	风险名称	风险描述	风险分类	概率	影响	优先级	应对策略	责任人	计划时间	状态	备注
R01	供应商交付延迟	关键设备或服务的供应商可能因各种原因导致交付延迟，影响项目进度	采购风险	中等	项目延期，成本增加	高	1. 选择多家供应商作为备选 2. 加强与供应商的沟通和协调，确保及时交付	采购经理	2024-7-18	跟踪中	

（2）风险登记册的具体内容在项目风险管理整个过程中逐步完善。

- 风险识别阶段：在项目初期，通过各种方法（如 SWOT 分析、头脑风暴、专家访谈等）识别潜在风险，并将初步信息记录在风险登记册中。此时，风险登记册主要包含风险 ID、风险描述和风险分类等基本信息。
- 风险评估阶段：随着项目的深入，对识别出的风险进行进一步分析，评估其潜在影响和发生概率，并据此确定优先级。评估结果将被更新到风险登记册中，包括潜在影响、发生概率和优先级等字段。
- 风险应对规划阶段：针对评估后的风险，制定具体的应对策略、分配责任人、制订时间计划和分配所需资源，并将这些信息记录在风险登记册中。此时，风险登记册的内容将更加详细和完整。
- 风险监控与应对实施阶段：在项目执行过程中，持续监控风险的状态，跟踪应对策略的实施情况，并根据需要调整计划。任何新的风险发现、应对策略的变更或风险状态的更新都将及时反映在风险登记册中。
- 项目收尾阶段：项目结束后，对风险登记册进行最终审查，总结风险管理过程中的经验教训，并将已关闭的风险从风险登记册中移除。同时，将未解决的风险或对未来项目有借鉴意义的风险保留在风险登记册中，以供未来参考。

第二部分评分要点：根据考生的论述，确定其描述的项目风险识别和风险应对过程是否合适，风险登记册的内容是否完整，风险登记册内容完善的过程是否合理、是否与所述项目一致，其是否具有信息系统项目风险管理的实际经验。要求项目真实、逻辑清晰、条理清楚、论述得当。

论信息系统项目的工作绩效域

论文试题

请以“论信息系统项目的工作绩效域”为题进行论述。

1．概要叙述你参与管理过的一个信息系统项目（项目的背景、规模、发起单位、目的、内容、组织结构、周期、交付的成果等），并说明你在其中承担的工作（项目背景要求是本人真实经历，不得抄袭及杜撰）。

2．请结合你所叙述的信息系统项目，围绕以下要点论述你对信息系统项目工作绩效域的认识。

（1）结合项目情况，详细阐述项目工作绩效域的绩效要点。

（2）根据你所叙述的项目，说明哪些工作绩效（要点）是需要重点管理的。

写作要点

序号	评分点	内　容	分值	评分档				得分
				优	良	中	差	
1	项目概述	（1）项目描述是否完整、真实 （2）所承担的工作是否符合项目经理定位	10	9~10	7~9	4~7	0~4	
2	项目工作绩效域要点	（1）理论认识绩效要点是否全面 （2）理论认识绩效要点是否正确	15	17~20	14~17	7~14	0~7	
3	项目实践	（1）结合实际，整合管理是否恰当 （2）解决问题的方法与能力	15	13~15	10~13	6~10	0~6	
4	重要绩效要点	（1）项目过程 （2）项目制约因素 （3）专注于工作过程和能力 （4）管理沟通和参与 （5）管理实物资源 （6）处理采购事宜 （7）监督新工作和变更 （8）学习和持续改进	15	9~10	7~9	4~7	0~4	
5	综合分析与表达能力	（1）切合题意，具有一定的理论水平和实践能力 （2）论文结构合理、逻辑清晰 （3）文字通顺、论述得当	20	17~20	14~17	7~14	0~7	
合　计			75					

希赛软考辅导图书

Broadview
网络规划
设计师
考试教程
希赛网软考学院 主编

Broadview
网络工程师
教程

全国计算机技术与软件专业技术资格（水平）考试辅导用书
Broadview
信息系统
项目管理师
考试百题精解
希赛软考研究院 主编

全国计算机技术与软件专业技术资格（水平）考试辅导用书
Broadview
系统架构
设计师
考试百题精解
希赛软考研究院 主编

全国计算机技术与软件专业技术资格（水平）考试辅导用书
Broadview
软件
设计师
考试百题精解
希赛软考研究院 主编

反侵权盗版声明

电子工业出版社依法对本作品享有专有出版权。任何未经权利人书面许可，复制、销售或通过信息网络传播本作品的行为；歪曲、篡改、剽窃本作品的行为，均违反《中华人民共和国著作权法》，其行为人应承担相应的民事责任和行政责任，构成犯罪的，将被依法追究刑事责任。

为了维护市场秩序，保护权利人的合法权益，我社将依法查处和打击侵权盗版的单位和个人。欢迎社会各界人士积极举报侵权盗版行为，本社将奖励举报有功人员，并保证举报人的信息不被泄露。

举报电话：(010)88254396；(010)88258888

传　　真：(010)88254397

E－mail：　dbqq@phei.com.cn

通信地址：北京市万寿路173信箱　电子工业出版社总编办公室

邮　　编：100036